3

유림

3

儒林 ◆ 1부 3권

군자유종 君子有終

군자에 이르는 길

퇴계 이황 군자의 덕에 하늘과 백성이 감동하다

열림원

유림3

1판 1쇄 발행 2005년 6월 30일
1판 19쇄 발행 2006년 2월 23일

지은이 최인호
펴낸이 정중모
펴낸곳 도서출판 열림원
주간 김이금
책임편집 김수진 · 최해경
디자인 박소희 · 권영진 · 윤혜민 · 고은이
제작 송정훈
영업 김석현 · 배한일 · 정범용
관리 김명희 · 강정희 · 김은성 · 정소연
등록 1980년 5월 19일(제406-2003-026호)
주소 경기도 파주시 교하읍 문발리
     출판문화정보산업단지 513-15
전화 031-955-0700
팩스 031-955-0661
홈페이지 www.yolimwon.com
이메일 editor@yolimwon.com

• 책값은 뒤표지에 있습니다.

ISBN 89-7063-471-1 04810
ISBN 89-7063-468-1 (세트)

차례

제 6 장

공자천주 孔子穿珠

사람에 이르는 길

1

노나라 애공 11년, 기원전 484년.

공자는 마침내 노나라로 돌아오게 된다. 이때 공자의 나이 68세
였다. 일찍이 56세의 나이 때 주유열국을 시작하였으니 13년 만에
고향으로 돌아온 것이었다. 옛말에 10년이면 강산도 변한다고 하였
으니 13년 만에 돌아오는 공자였으므로 모든 것은 급변하여 있었
다. 우선 노나라의 임금이었던 정공이 죽고 그 뒤를 이어 애공이 왕
위에 올랐으며, 권신이었던 계환자도 죽고 계강자가 나라를 다스리
고 있었다. 아내 올관씨도 별세하였으며, 국력은 기울어 황폐하여
있었다. 그러나 무엇보다 변한 것은 공자 자신이었다.

떠날 때만 해도 56세 때였으므로 공자 스스로 말하였던 '지천명
(知天命)'의 나이였지만 돌아올 때는 귀에 듣는 대로 모든 것을 순
조로이 이해하게 된 '이순(耳順)'의 나이였다. 신체는 노쇠하였고,

제자들은 하나 둘씩 곁을 떠나고 있었다. 나이에 따른 신체변화뿐 아니라 공자의 마음 역시 크게 변해 있었다. 13년에 걸친 혹독한 여정의 결과로 공자는 자신의 정치적 이상을 결코 현실적 정치에는 접목시킬 수 없음을 뼈저리게 느낀 것이었다.

공자는 비로소 깨달았다.

정치적 이상을 통해 국가를 바로잡으려는 외부적 노력보다 학문적 사상을 개발하여 내적 자아를 완성하려는 노력이 훨씬 더 값어치가 있다는 사실을.

고향으로 돌아온 공자가 73세로 숨을 거둘 때까지 6년간 더 이상 노나라의 정치에 뛰어들지 아니하고 오로지 학문에 정진하였던 것은 바로 그런 이유 때문이었을 것이다.

오늘날 산동성 곡부(曲阜)에 있는 공자의 묘에는 비문이 새겨져 있다.

위대한 완성자, 최고의 성인, 문화를 전파하는 왕.

묘비에 새겨진 비문처럼 공자가 '위대한 인격의 완성자'이며 '위대한 사상의 완성자'라고 불린 것은 공자의 돌아온 후 죽을 때까지 공자가 6년 동안 펼쳐 보인 눈부신 가르침에서 비롯되었던 것이다.

한 가지 특기할 만한 것은 노나라로 돌아올 때 공자가 구슬 하나를 갖고 있었다는 점이었다.

이 구슬은 '아홉 구비나 구부러진 구멍이 있는 진귀한 물건'이었는데, 이 구슬을 어디서 얻었는가는 알려진 바가 없다. 추측컨대 천하를 주유하기 시작할 무렵 위나라에서 얻은 보물인 듯 보여진다. 공자는 줄곧 이것을 품속에 간직하고 다녀 마치 공자의 부적과 같은 물건이었다.

"어찌하여 그 구슬을 그토록 소중하게 갖고 다니시는 겁니까?"

어느 날 이를 궁금히 여긴 자로가 묻자 공자는 대답하였다.

"이 구슬에는 아홉 개의 구멍이 있다. 나는 이 구멍에 실을 꿰려 한다."

공자의 대답은 '구슬이 서 말이라도 꿰어야 보배' 라는 우리나라 속담처럼 진귀한 구슬이라 할지라도 그 구멍에 실을 꿰어야만 보배가 될 수 있음을 말함으로써 자신이 뛰어난 재능을 가지고 있다 하더라도 현명한 군주를 만나야만 정치적 이상을 펼쳐 보일 수 있음을 간접적으로 드러낸 표현이었던 것이다.

공자의 이 표현은 적절한 비유였다.

공자 스스로가 아무리 아홉 개의 구멍을 가진 진귀한 구슬이라 하더라도 이를 실로 꿰는 군자가 나오지 않는다면 쓸모없는 물건에 지나지 않았기 때문이었다.

"어떻게 한 구슬 속에 들어 있는 아홉 개의 구멍에 실을 꿸 수 있겠습니까. 이는 불가한 일일 것입니다."

제자들은 공자의 말을 듣고 모두 머리를 흔들면서 대답하였다. 그러나 공자는 13년 동안 내내 구슬을 품속에 넣고 다니면서 이를 골똘히 궁리하였던 것이다.

실제로 공자는 실을 세워 요리조리 돌려서 구불구불한 구멍 속으로 밀어 넣었지만 도저히 실이 꿰어지지 않았다. 제자들은 한결같이 스승이 쓸데없는 일에 몰두하고 있다고 생각하고 있을 정도였다.

그런데 뜻하지 않은 곳에서 공자는 그 방법을 터득할 수 있었다.

공자가 진(陳)나라를 지날 때의 일이었으니 가장 고통스러운 시기였다. 그 무렵 공자는 들판에서 포위되어 양식마저 떨어져 곤경에 빠져 있었다. 그러나 공자는 강송도 하고 악기를 타며 노래를 하는 일을 그치지 않아 자로로부터 '군자도 곤경에 빠질 때가 있습니까' 하고 노골적인 비난을 받게 되던 무렵이었다.

어느 날 공자는 근처에서 누에를 치기 위해서 뽕을 따는 아낙네를 만나게 된다. 그 아낙네라면 실을 꿰는 방법을 알고 있을 것 같아 공자가 직접 나서서 아낙네에게 그 비결을 물었다. 그러자 아낙네는 이렇게 대답하였다.

"조용히 생각하십시오. 생각을 조용히 하십시오.(密爾思之 思之密爾)"

아낙네의 대답은 공자에게 있어 벽력과도 같은 것이었다. 공자는 즉시 강송과 노래를 그치고 아낙네의 가르침대로 혼자서 조용히 생각하기 시작하였다.

그때 마침 공자의 눈앞으로 개미떼의 모습이 보였다. 먹이를 운반하는 개미들의 모습을 조용히 생각하고, 또 생각을 조용히 하며 지켜보던 공자는 마침내 한 가지 방법을 깨달았다.

공자는 즉시 개미를 잡아다가 개미 허리에 실을 매었다. 그리고 개미를 구슬의 한쪽 구멍에 밀어 넣고 다른 출구 쪽 입구에 꿀을 발라 유인했다. 그러자 실을 매고 있던 개미가 꿀을 찾아 출구를 나옴으로써 실이 꿰어진 것이었다.

공자는 아낙네가 하였던 '조용히 생각하십시오'라는 말 중 '조용한 밀(密)'에서 '꿀밀(蜜)'을 떠올렸으며, 개미를 본 순간 꿀을 연상함으로써 마침내 비결을 터득해낼 수 있었던 것이다.

그러나 뽕밭의 여인으로부터도 가르침을 얻은 공자의 이 태도보다 더 주목할 것은 구슬을 꿰는 천주(穿珠)의 비결을 통해 언젠가는 자신도 현명한 군주를 만나서 실이 꿰어진 보배가 될 것을 확신하는 공자의 집념을 엿볼 수 있다는 점일 것이다.

그러나 공자의 집념과 열정은 결국 수포로 돌아가게 된다.

자신을 '상인을 기다리는 아름다운 옥(美玉)'으로 비유했던 공자는 자신을 팔아주는 상인을 만나지 못했다. 또한 자신을 '아홉 개의 구멍을 가진 진귀한 구슬'로 생각하고 있던 공자는 실을 꿰어주는 군주를 만나지 못한 채 노나라로 돌아올 수밖에 없었던 것이다.

그러나 여전히 공자는 실이 꿰어진 구슬을 자신의 부적처럼 소중하게 간직하고 있었는데, 아이러니컬한 것은 13년의 천하주유가 아홉 개의 구멍에 실을 꿰어주는 군주를 만나기 위한 순회였다면 노나라에 있어 공자의 말년기 6년은 아홉 개의 구멍에 학문과 사상을 실로 꿰는 대발분의 절정기였던 것이다.

공자천주(孔子穿珠).

문자 그대로 '공자가 구슬을 꿰다'라는 뜻의 이 말은 그런 의미에서 정반대의 양면성을 지닌 야누스적 교훈을 우리에게 던지고 있다. 공자는 뽕잎을 따는 여인이 말하였던 '조용히 생각하십시오, 생각을 조용히 하십시오'라는 가르침에서 개미를 통해 실을 꿰는 비결뿐 아니라 말년기의 삶을 정리할 수 있었으니 묘비에 새겨진

'위대한 완성자'란 칭송은 공자의 그런 통찰력을 기리고 있음인 것이다.

2

공자가 노나라로 돌아오자마자 애공은 공자에게 물었다.

"정치란 과연 무엇입니까?"

이에 공자는 짤막하게 대답하였다.

"정치는 신하를 선임(選任)하는 데 달려 있습니다."

공자의 대답은 '인사가 만사'라는 속설과 일치되는 내용이지만 현명한 사람을 널리 구하여 등용하기보다는 자기 비위에 맞는 주위 사람들을 등용하기 쉬운 정치의 속성을 바로잡으려는 충정에서 나온 대답이었다.

계강자가 같은 질문을 하였을 때도 공자는 마찬가지로 짤막하게 대답하였을 뿐이다.

"곧은 사람을 천거하여 그릇된 사람 위에 놓으면 그릇된 사람도 곧아집니다."

많은 사람들은 고향에 돌아오자마자 행한 공자의 두 가지 대답이 자신의 위대한 경륜을 몰라준 노나라의 위정자에 대한 가시 돋친 대답이라고 설명하고 있지만 이미 고향에 돌아왔을 때부터 정치와는 절연 선고를 하였던 공자였으므로 공자 자신도 더 이상 벼슬에는 관심이 없었다.

또한 노나라의 조정에서도 비록 폐백을 갖추어 공자를 초빙하였지만 그에게 알맞은 벼슬을 주려 하지 않았다. 설혹 정치에 관한 미련이 남아 있다고 하더라도 무능한 애공과 한층 더 무도해진 권신 계강자의 탐욕을 목격하고는 노나라의 정치 환경이야말로 자신의 이상을 실천해볼 곳이 못 된다는 사실을 공자는 뼈저리게 느꼈을 것이다.

사마천의 『사기』는 이러한 상황을 다음과 같이 표현하고 있다.

……노나라에서는 공자를 끝내 등용에 쓰지 아니하였다. 공자 또한 벼슬 구하는 것을 단념하고 있었다.

특히 공자는 계강자의 탐욕과 부정에 대해서 크게 못마땅하게 생각하고 있었다. 그렇지 않아도 공자는 계강자의 아버지였던 계환자가 제나라로부터 보내온 예기들을 물리치지 않고 이에 탐닉하자 '여자를 앞세워 나라를 망치려는 계략이라네. 나라의 기둥들이 저 꼴이라면 남은 것은 오직 파멸일 뿐, 모름지기 군자는 멀리 도망가서 한가로이 여생을 보낼 뿐'이라고 노래 부르며 주유천하에 나섰던 것이다. 그러나 그의 아들 계강자의 부정부패는 계환자를 훨씬 능가하는 것이었다. 계강자는 노나라 제일의 재상가였으면서도 권력을 이용하여 부를 축적하려 하였다.

그 무렵 노나라의 전세(田稅)는 구부(丘賦)를 따르고 있었다.

구부는 정나라의 재상 자산(子産)이 만든 세금제도로 논밭 일 구마다 전세로 군마 한 필과 소 세 마리나 그에 해당하는 곡식을 징수하는 제도였다.

그러나 이것으로도 성이 차지 않은 계강자는 새로운 세법으로 개정하여 일 구마다 전세를 따로 받고 말 한 필과 소 세 마리를 겹쳐 받으려고 했던 것이다. 말하자면 기존의 전부(田賦) 이외에 세금을 더 중과하는 악법이었던 것이다. 그러나 계강자는 이 악법을 시행하기 전 공자에게 사람을 보내어 의견을 물어보도록 하였다. 이는 공자로부터 개정되는 세법을 사전에 인증 받았음을 널리 알림으로써 백성들의 비난을 피해보려는 교활한 수법이었다.

계강자는 공자의 제자인 염유를 보내어 의견을 물어보도록 하였다. 그러나 공자는 '나는 모른다'고만 대답할 뿐이었다. 세 번째가 되었을 때 계강자는 몸소 공자를 찾아가 다음과 같이 묻는다.

"당신은 국로(國老)로서 당신의 의견을 들어 정치를 행하려 하는데, 어찌하여 좋은 의견을 말하지 않습니까?"

그러나 공자는 여전히 '나는 모른다'고만 대답할 뿐이었다. 자신을 정치적으로 이용하려는 계강자의 교활한 속셈을 꿰뚫어본 이상 굳이 입을 열어 대답할 필요성을 느끼지 않은 때문이었다. 계강자가 돌아간 후 공자는 자신의 제자이자 계강자의 가재인 염유를 불러 말하였다.

"내가 너에게 말하는 것은 전혀 개인적인 사견이다."

어디까지나 사적인 의견임을 전제한 후 공자는 다시 말을 이었다.

"군자의 행동은 예법에 들어맞아야 하고, 베푸는 것은 되도록 후하게 하며, 일은 알맞은 방법으로 하며, 거두어들이는 것은 되도록 가벼이 하여야 한다. 그렇다면 구부로도 충분한 것이다. 만약 예법을 헤아리지 않고 끝없이 탐욕스럽다면 비록 전부를 모두 거두어들인다고 하더라도 또 부족하게 될 것이다. 그러니 계강자가 법도대로 행한다고 하자면 주공의 법전이 있으니 그대로 따르면 될 것인데, 만약 구차히 행하고자 한다면 나를 무엇 때문에 찾아오는지 모르겠다."

그러나 계강자는 다음 해인 기원전 480년 공자의 나이 69세 때부터 새로운 세법을 시행할 것을 결심한다. 이에 공자는 계강자에 대한 비난보다 그 밑에서 벼슬을 하고 있는 제자 염유에게 분노로써 표현하고 있다. 『논어』에 그러한 장면이 나오고 있다.

계씨는 주공보다 부유했는데, 염유는 그를 위해서 세금을 더 거두어들임으로써 그의 부를 더해주었다.

……이에 공자가 말씀하셨다.

"그는 이제 내 제자가 아니다. 너희들은 이제 전고(戰鼓)를 울리며 그를 공격해도 좋다."

공자가 계강자를 정치가가 아니라 더러운 도둑으로 보고 있음은 『논어』의 「안회편」에 나오는 장면을 통해서도 잘 알 수 있음이다.

계강자가 나라 안에 도적이 많은 것을 근심하고 공자에게 그 대책을 물었다. 이에 공자는 다음과 같이 대답하셨다.

"진실로 당신 자신이 탐욕하지 않다면 비록 상을 준다고 해도 백성들은 도적질을 하지 않게 될 것입니다."

원래 계강자는 계환자의 아들이었으나 정실의 소생이 아니었다. 첩의 아들로 태어난 그는 권력을 세습받기 위해서 전처의 아들을 죽이고 후계자가 된 부정한 인물이었다. 그보다도 공자를 분노케 하였던 것은 계강자가 국왕인 애공보다 더 많은 부를 축척한 도적이라는 점이었다. 그러므로 큰 나라 도둑인 계강자가 도둑이 들끓어 그 대책을 묻자 솔선수범해야 한다고 공자는 따끔하게 일침을 가했던 것이다.

『논어』에는 이러한 계강자와 공자와의 대화가 여러 군데 실려 있는데, 대부분 계강자의 부정부패를 꾸짖는 내용이다.

계강자가 공자에게 정치에 대해서 물었다.

공자가 대답하셨다.

'정치(政治)의 정은 올바르다(正)의 뜻이니 당신께서 올바르게 솔선수범한다면 그 누가 감히 부정할 수 있겠습니까.'

계강자가 정치에 대해서 공자에게 물었다.

"만약 무도한 자를 죽임으로써 도를 지키는 방향으로 나아갈 수 있다면 그를 죽여도 옳겠습니까."

이에 공자는 대답하였다.

"당신이 정치를 하는 데 있어 어찌 살인을 할 필요가 있겠습니까. 당신이 선을 먼저 행하려 한다면 백성들도 선하게 되는 것입니다. 군자의 덕이 바람과 같다면 소인의 덕은 풀과 같은 것입니다. 풀 위에 바람이 불면 반드시 바람에 쏠리게 마련입니다.(君

子之德風 小人之德草 草上之風必偃)"

공자는 이처럼 계강자를 도적으로 보고 있었다. 그런 의미에서 공자와 노자의 사상이 물과 기름처럼 서로 유리되어 있는 것처럼 보이지만 어느 부분에서는 일치되고 있다. 일찍이 노자도 '세도부리는 도둑', 즉 나라 도둑에 대해서 다음과 같이 경책하고 있는 것을 보면 알 수가 있다.

"들에 있는 논밭은 거칠어지고 여염집 광은 비어 있는데도 비단옷 차려입고, 날이 선 칼을 차고, 맛난 음식을 싫증내며, 재물이 가득하면 이를 일러 세도부리는 도둑이라 한다."

노자의 말처럼 공자도 계강자를 '세도부리는 도둑'으로 여기고 있었던 것이다. 그러나 이렇게 세도부리는 나라 도둑일수록 입으로는 백성을 위한다는 공치사를 자주하는 법. 계강자는 다시 공자에게 물었다.

"백성들로 하여금 공경스럽고 충성되며 부지런히 할 수 있게 하려면 어떻게 하면 되겠습니까."

이에 공자는 대답했다.

"백성들을 장중하게 대하면 자연 공경스러워지고, 효도와 자애로써 대하면 자연 충성스러워지고 선인들을 등용하고 무능한 사람을 가르쳐주면 자연 부지런히 힘쓰게 될 것입니다."

이처럼 공자는 계강자의 질문에 원칙적인 대답만 할 뿐 직접 정치에는 관심조차 없었다. 그러나 계강자가 공자에게 '당신은 국로로서 어찌 의견을 말하지 않습니까' 하고 비난을 받을 정도로 나라의 원로 노릇은 하고 있었던 것으로 보인다. 비록 학문에 정진하고, 제자들을 가르치는 데 전념하고 있었지만 노나라의 중요한 국사에는 관여하고 있었던 것으로 보인다. 『논어』의 「계씨편」에는 이에 관한 기록이 나와 있다.

이때는 기원전 482년 공자의 나이 70세 때의 일이었다.

어느 날 계강자가 군사를 일으켜 전유(顓臾)를 정벌하려 하였다. 전유는 오늘날 산동성 비현(費縣) 서북쪽에 있는 나라로 대대로 노나라의 속령이었다. 그런데 느닷없이 계강자가 이를 정벌하려 하였던 것이다. 당황해진 염유와 자로가 공자를 찾아뵙고 아뢰었다.

"계씨가 전유를 공격하려고 하고 있습니다."

이 말을 들은 공자가 말하였다.

"구(求, 염유의 이름)야, 그것은 너의 잘못이 아니겠느냐. 전유는 옛날 선왕께서 동몽산의 제주로 삼고 그곳에 봉한 나라이며, 또한 노나라의 영역 안에 있는 나라이다. 노나라를 떠받드는 신하의 나라인데 어찌하여 그를 친다는 것이냐."

공자의 말은 사실이었다.

'동몽산(東蒙山)'은 지금의 산동성 몽음현(蒙陰縣) 남쪽에 있는 산으로 다른 이름으로는 몽산이라고도 불리운다. 하늘과 땅에 제사를 지내는 신령한 산으로 알려져 있는데, 선대로부터 노나라와 군신의 예를 갖춘 속령이었던 것이다.

공자의 질책에 염유가 변명하여 대답하였다.

"계씨가 치려는 것이지 저희 두 사람은 모두 원치 않은 일입니다."

그러자 공자가 대답하였다.

"구야, 옛 사관이었던 주임(周任)은 이렇게 말하였다. '자기 힘을 다하여 벼슬자리에 나아가되 만약 감당할 수 없게 되면 벼슬은 그만 둔다'는 것이다. 위태로운데도 붙잡아두지 못하고 넘어지려 하는데도 부축해주지 못한다면 그런 신하는 어디에다 쓰겠느냐. 또한 너의 말도 잘못이다. 범과 들소가 우리 밖으로 나가거나 궤 속에 넣어둔 신귀(神龜)와 구슬이 깨어졌다면 그것은 누구의 잘못이겠느냐."

공자의 질책은 평소에도 언짢게 생각하고 있던 염유에 대한 불만에서 비롯된다. 계강자를 도와 가렴주구에 나선 염유의 변명이 못마땅해서 신하된 도리로 계씨를 말리지 못한 불찰을 준엄하게 꾸짖고 있음인 것이다.

이는 공자가 평소에 염유에 대해 갖고 있던 선입견에서 비롯된 생각이었을 것이다.

그것은 염유도 마찬가지였었다. 염유 자신도 스승 공자를 '귀신을 동원해서 따진다 해도 결함을 찾을 수 없는 완전한 성인'이라고 존경하면서도 자신이 유가의 도를 실천하는 제자로서는 능력이 부족함을 스스로 인정하고 있었던 것이다. 이는 염유가 공자에게 '저는 선생님의 도를 좋아하지 않는 것은 아니나 힘이 모자랍니다'라고 고백한 내용을 봐서라도 알 수 있음인 것이다.

염유로부터 그런 고백을 듣자 공자는 염유를 다음과 같이 꾸짖고 있다.

"힘이 모자라는 자는 중도에 그만두게 되어 있는데, 지금 자네는 스스로 움츠리고 있을 뿐이네.(力不足者 中道而廢 今女畫)"

공자의 대답은 준엄한 진리인 것이다.

최선을 다해 도를 향해가는 구도자는 결코 멈추지 않는다. 마치 부처의 초기 경전에 나오는 『숫타니파타』 속의 시경처럼 진리의 길을 가는 사람은 개 짖는 소리에도 멈추지 않는 나그네처럼 밤길을 혼자서 쉬지 않고 가고 있는 것이다. 그러므로 구도자는 '소리에 놀라지 않는 사자와 같이 그물에 걸리지 않는 바람과 같이 흙탕물에 더럽혀지지 않는 연꽃과 같이 무소의 뿔처럼 혼자서 가고 있는 존재'인 것이다.

구도자는 그 길을 가다가 쓰러질지언정 스스로 움츠려 되돌아보지는 않는 것이다. 따라서 염유가 '힘이 모자랍니다.(力不足也)'라고 말하였을 때 '힘이 모자란 것이 아니라 스스로 움츠리고 있다'고 질타하고 있는 것이다.

그러나 이러한 공자의 꾸짖음에도 불구하고 염유는 다시 변명하여 말하였다.

"지금 전유는 성이 견고하고 또 계씨의 도성인 비읍(費邑)에 가까이 있습니다. 지금 빼앗지 않으면 반드시 후세에 자손들의 걱정거리가 될 수 있을 것입니다."

그렇게 간곡히 말해도 자신의 말뜻을 전혀 헤아리지 못하고 여전히 변명에 몰두하고 있는 염유의 태도를 지켜본 후 공자는 착잡한 표정으로 다시 말을 이었다.

"구야, 군자는 그가 바라는 것은 버려둔 채 말하지 아니하고, 또 그것을 변호하려 드는 것을 미워한다. 내가 듣건대 국가를 다스리는 사람은 백성이 많고 적음을 걱정하지 않고 고르지 못함을 걱정하며, 가난함을 걱정하지 않고 불안함을 걱정한다고 하였다. 고르면 가난함이 없어지고, 화목하면 백성들의 숫자가 적지 않게 되고, 평안하면 기울어지지 않게 되는 것이다. 그러므로 먼 데 사람들이 복종하지 않으면 문화적인 덕을 닦아서 그들이 따라오도록 할 것이며, 따라오면 이들을 편안하게 해주는 것이다. 지금 유(由, 자로의 이름)와 구는 계씨를 돕고 있는데, 먼 데 사람들이 복종하여 따라오도록 하지 못하였고, 나라의 민심이 이탈되어 서로 떨어져 나가게 되었는데도 이를 막고 지키지 못하고 있다. 그러고도 한 나라 안에서 전쟁을 일으킬 획책이나 하고 있으니 나는 계씨의 걱정이 전유에 있지 아니하고 바로 제 집안에 있을 것을 두려워하고 있는 것이다."

공자가 이처럼 강경하게 제자인 염유를 꾸짖고 있는 것은 염유가 그럴듯한 궤변으로 신하로서의 잘못을 인정하지 않고 모두 자신의 상관인 계강자의 탓으로 돌리는 변명을 꾀하고 있었기 때문이었다.

평소에 공자는 말만 번지르르한 사람을 싫어하고 있었다. 특히 변명에 대해서는 극단적인 혐오감을 갖고 있었다. 『논어』에 보면 자로가 나이 어린 자고(子羔)를 정치에 나가게 하자 공자는 아직 배움에 익숙지 못한 자고를 정치에 나가게 한다고 자로를 심하게 꾸짖은 적이 있었다. 이때 자로가 '백성을 다스리고 국가에 사직을 돌보는 것도 배움이 아닙니까' 하고 변명을 하자 공자는 자로를 책망하여 다음과 같이 말한다.

"나는 이 때문에 말재주꾼을 싫어한다."

이와 같이 변명을 싫어한 공자의 극언은 변명이 교묘한 회피에 불가하며 자신의 게으름을 감추는 교묘한 말장난에 지나지 않음을 경책하는 가르침에서 비롯된 것이다.

20세기의 성자 슈바이처도 변명에 대해서 경계하고 있다.

"타인이나 사실에 변명을 찾지 말고 모든 사건에 있어서 자기 자신의 문제로 환원하여 사물의 궁극적인 원인을 자기 자신에게서 찾아야 한다."

슈바이처의 말처럼 변명은 결국 자기 자신에게서 비롯된 본질의 문제를 남에게 전가함으로써 책임을 회피하는 거짓인 것이다.

따라서 공자는 전유를 공격하려는 계강자의 잘못을 '그것은 너의 잘못이 아니겠느냐' 하고 일차로 꾸짖고 다시 염유가 '그것은 계씨가 치르는 것이지 저희 두 사람은 원치 않은 일입니다' 라고 연이어 변명하자 '너의 말은 분명히 잘못이다' 라는 말로 꾸짖고 있는 것이다. 그러나 이런 공자의 극언에도 염유는 다시 변명한다. '지금 공격하여 빼앗지 않으면 반드시 후세에 화근이 될 것입니다.'

그러자 공자는 '군자는 그가 바라는 것은 버려둔 채 말하지 아니하고 또 그것을 변명하려는 것을 미워한다.(君子疾夫舍曰欲之而必爲之辭)' 라고 질책하고 있는 것이다.

이처럼 공자는 말을 앞세우고 말만 번지르르한 사람을 싫어하고 있었다. 말재주로 다른 사람에게 아첨하는 것은 사리를 얻기 위해 자신을 속이는 행위이며, 본심의 덕을 해치는 위선이기 때문이었다. 아첨꾼과 말만 잘하는 말재주꾼에 대해서 공자는 『논어』의 곳곳에서 다음과 같이 경책하고 있다.

"말을 좋게 하고 얼굴빛을 곱게 하는 사람 중에는 어진 이가 적다.(巧言令色鮮矣仁)"

공자의 이 말에서 '발라맞추는 말과 알랑거리는 낯빛' 이라는 뜻의 '교언영색'이란 고사성어가 나온 것. 이는 남의 환심을 사기 위해서 아첨하는 말과 보기 좋게 꾸미는 표정을 말하는 것이다.

또 공자는 '말 잘하는 사람보다 어눌하나 말에 진실이 깃든 사람을 좋아하여 의지가 굳고 꾸밈이 없고 말수가 적은 사람만이 인(仁)에 가깝다'고 결론을 내리고 있는 것이다.

『논어』의 「공야장편」에는 이러한 공자의 사상을 나타내 보이는 중요한 장면이 나오고 있다.

공자의 제자 중에 중궁(仲弓)이란 사람이 있었다. 노나라 사람으로 공자보다 29세나 아래였는데, 일찍이 공자 자신이 '염옹(冉雍, 중궁의 이름)은 임금노릇을 하게 할 만하다'라고 칭찬할 수 있을 만큼 덕망이 많은 사람이었다. 그러나 중궁은 말주변이 없었다. 따라서 사람들은 이렇게 말하곤 하였다.

"염옹은 어질지만 말재주가 없습니다."

이에 대해 공자는 중궁을 이렇게 감싸고 있다.

"약삭빠른 구변으로 남의 말을 막아서 자주 남에게 미움만 받을 뿐이니, 그가 어진지는 모르겠으나 말재주는 어디에다 쓰겠는가."

그리고 나서 공자는 좌구명(左丘明)의 예를 들어 말하고 있다.

"말을 잘하고 얼굴빛을 좋게 하고 공손을 지나치게 함을 옛날 좌구명이 부끄럽게 여겼는데, 나 또한 이를 부끄러워하노라. 원망을 감추고 그 사람과 사귀는 것을 좌구명이 부끄러워하였는데, 나 또한 이를 부끄럽게 여기노라.(巧言令色足恭 左丘明恥之

丘亦恥之 匿怨而友其人 左丘明恥之 丘亦恥之)"

좌구명은 공자와 같은 무렵에 살던 노나라의 대부였다. 공자의 선배로서 공자는 평소에 그를 마음속 깊이 존경하고 있었다. 말년엔 눈이 멀어 장님이 된 좌구명은 이로 인해 맹좌(盲左)라고도 불리웠다. 좌구명이 말하였던 '공손을 지나치게 한다'는 주공(足恭)에는 두 가지의 해석이 있다. 하나는 그냥 추상적으로 지나치게 공손함을 말하는 것으로 이때는 '주공'이라 발음하고, 또 하나는 다리의 움직임을 지나치게 겸손하게 하는 모습을 가리키는 것으로 이때는 '족공'으로 발음하는데, 이 두 가지의 해석 모두 겸손이란 미덕을 넘어선 허위인 것이다.

겸손의 본질은 내면적이며 공손한 마음에 있는 것이지, 외면적으로 겸손을 위장하면 그것은 차라리 교만에 가까운 것이다.

과공비례(過恭非禮).

'지나치게 공손하면 예에 어긋난다'는 뜻과 일맥상통하는 말. 공자는 지나치게 겸손함을 아첨으로 보았으며 상대방이 사귀기 싫은 저열한 인간임에도 불구하고 싫어하는 원망의 감정을 감추고 그 사람과 사귀는 것은 위선이며 자기기만임을 분명하게 못 박고 있는 것이다.

이처럼 변명과 번지르르한 말만 앞세우는 말재주꾼을 혐오하는 공자는 특히 재여(宰予)에게 보인 태도를 보면 더 분명하게 드러난다.

재여의 자는 자아(子我)로 공자의 제자 중 가장 말을 잘하는 사람으로 손꼽히고 있다. 그러나 이로 인해 공자는 재여가 뛰어난 재능을 갖고 있었음에도 그를 게으르고 말이나 화려하게 꾸미는 궤변론자로 못마땅하게 여기고 있었다. 『논어』에도 이러한 재여를 꾸짖는 장면이 여러 번 나오고 있다.

애공이 재여에게 사(社)에 대해서 묻자 재여가 대답하였다.
"하나라에서는 소나무를 심고, 은나라 사람들은 잣나무를 심었고, 주나라 사람들은 밤나무를 심었었습니다."
"어째서 밤나무를 심었을까?"
애공이 묻자 재여가 대답하였다.
"백성들로 하여금 두려워 떨게(慄) 하려는 뜻이겠지요."
이 말을 듣고 공자께서 말씀하셨다.
"다된 일을 얘기하지 말고, 끝난 일을 간하지 말고, 지난 일을 탓하지 말아야 한다."

애공이 땅의 신에게 제사를 지내는 사에 무슨 나무를 심는 게 좋겠는가 하고 물었을 때 재여는 주나라에서 밤나무를 심었던 이유를 설명하면서 백성들이 무서움에 떨도록 위압정치를 펴야 한다는 논리를 교묘한 변술로 설명하고 있는 것이다.

즉 밤나무 '율(栗)' 자와 '두려워 떤다' 는 뜻의 '율(慄)' 자의 음이 같은 것을 이용한 교묘한 궤변으로 애공의 독재를 은근히 부추기고 있음인 것이다. 결국 재치 있는 수사는 되지만 독재자에게 아첨하는 교언이었던 것이었다.

『논어』의 「공야장편」에는 이러한 말재주꾼 재여에 대한 비난이 더욱 분명하게 드러나고 있다.

어느 날 재여가 낮잠을 자고 있었다. 이를 본 공자가 말씀하셨다.

"썩은 나무에는 조각할 수 없고 거름흙으로 쌓은 담장은 흙손질을 할 수 없게 된다.(朽木不可雕也 糞土之牆不可杇也) 그러니 내가 재여에게 뭐라고 꾸짖을 수 있겠느냐."

이 대목은 『논어』 전편을 통해서 가장 신랄하고 준엄한 꾸짖음으로 낮잠 정도 잔 것으로 너무 심하게 제자를 몰아세우는 것이 아닌가 하고 생각할 수도 있지만 평소에는 말을 잘하면서도 행동은 못 미치며, 자신의 말재주만 믿고 게으름에 빠져 있는 제자를 질타하는 스승의 간절한 충정도 엿보이게 하는 장면인 것이다.

그러고 나서 공자는 또 이렇게 말하였다.

"전에 나는 남을 대함에 있어 그의 말을 듣고 그의 행실을 믿었지만 이제 나는 남을 대함에 있어 그의 말을 듣고서도 그의 행실을 살피게 되었는데, 재여로 인해 이렇게 태도가 바뀌게 된 것이다."

언행일치(言行一致).

말과 행동이 서로 같음을 비로소 재여로 인해 믿지 않게 되었다는 공자의 선언은 공자가 얼마나 말을 앞세우는 말재주꾼을 싫어하고 있는가를 보여주는 산증거인 것이다.

이는 훗날 맹자가 재여에 대해 '그들의 지혜가 성인을 알아보기에 충분하였고, 그들이 좋아하는 것에만 아첨하기에까지는 이르지 아니하였다'라고 평가하고 재여가 스승 공자를 '내가 선생님에 대해서 살펴본 것은 요임금, 순임금보다도 더 현명하시다는 것이다'라고 존경하였던 예를 들어 재여를 공자의 제자 중 가장 뛰어난 인물로 평가했던 것과는 달리 공자는 유독 재여에 대해서만은 가장 엄격한 꾸중을 퍼붓고 있었던 것이다.

『논어』의「양화편」에는 이러한 재여와 공자 간의 열띤 대화의 한 장면이 나오고 있다. 이 장면을 보아도 제자들에게 항상 너그럽고 관대한 공자가 유독 재여에 대해서만큼은 냉정하였음을 여실히 드러난다.

어느 날 재여가 공자에게 여쭈었다.

"스승님, 3년의 상은 기한이 너무 오래됩니다. 군자가 3년의 예를 지키지 못하면 예는 반드시 무너질 것이고, 3년 동안이나 음악을 못하면 음악이 반드시 붕괴될 것입니다."

공자에게 예에 대해서 따지는 재여의 태도는 거인 골리앗에게 감히 돌팔매질로 도전하는 양치기소년 다윗을 연상시킨다. 왜냐하면 공자는 어려서부터 예를 갖추는 장난을 하며 성장할 만큼 예를 숭상하는 사의 신분이었기 때문이었다.

『사기』에도 '공자는 소싯적부터 놀이를 할 때는 언제나 제기를 벌려놓고 예를 갖추는 장난을 하였다'고 기록하고 있듯이 공자에 있어 예는 모든 인간의 규범과 행동의 기준이 되고 있었던 것이다.

"살아 계시면 예로써 섬겨 드리고, 돌아가시면 예로써 장사지내고, 예로써 제사지내 드려야 한다."

공자의 이 말은 '예를 배우지 않으면 설 곳이 없게 된다.(不學禮無以立)'라고 자신의 아들 공리에게 가르쳐준 내용처럼 예를 인간 행동의 절대가치로 본 공자에게 감히 재여가 정면도전하고 있음인 것이다.

재여의 말은 여기에서 그치지 않았다.

현란한 수사법의 제1인자답게 재여는 화려한 비유로 말을 잇고 있는 것이다.

이는 이미 묵은 곡식이 없어지고 햇곡식이 나며, 불씨를 일으키기 위해서 수(燧)나무를 비벼 뚫는 데도 나무 종류가 완전히 바뀌는 기간이니 복상도 3년상으로 계속 할 것이 아니라 일년으로 끝낸다 하더라도 충분하리라 생각하고 있습니다."

재여의 말을 모두 듣고 나서 공자가 물었다.

"그러면 너에게 묻겠다. 너는 일년 만에 복상을 끝내고 쌀밥을 먹고, 비단옷을 입는 것이 네 마음에 편하겠느냐?"

스승의 질문에 재여는 망설이지 않고 단숨에 대답했다.

"편하겠습니다."

감히 공자 앞에서 '편하다'고 대답한 재여를 통해 그 무렵 공자를 스승으로 하는 유가들이 얼마나 주위 사람들로부터 허례허식만을 숭상하는 비생산적인 형식주의자로 손가락질당하고 있었던가를 미뤄 짐작할 수 있음인 것이다.

실제로 훗날 '묵자(墨子)'는 공자를 비롯한 유가들을 다음과 같이 공격하고 있을 정도였다.

유가들은 예와 음악을 번거로이 꾸미어 사람들을 어지럽히고, 오랜 기간 동안 상(喪)을 입고 거짓 슬퍼함으로써 부모를 속인다. 운명을 믿고 가난에 빠져 있으면서도 고상하게 잘난 체하고, 근본을 어기고 할일을 버리고서 편안하게 게으르게 지낸다. 먹고 마시기를 탓하면서 일하는 데는 태만히 하고, 헐벗고 굶주린 것에 빠지고 얼어 죽고 굶어 죽는 위협에 놓여도 이를 벗어나려 하지 않는다. 이것은 마치 거지와도 같으니, 두더지처럼 숨어서 숫양처럼 찾다가 발견되면 멧돼지처럼 튀어나온다. 군자들이 이러한 행동을 비웃으면 성을 벌컥 내면서 '시원치 않은 자들이 어찌 훌륭한 유를 알아보겠는가' 하고 무시한다. 그들은 여름에는 곡식을 구걸하다가 오곡이 다 거두어지면 대갓집 초상들을 찾아다니는데, 자식과 식구들을 모두 거느리고 가서 실컷 먹고 마신다. 몇 집 초상만을 치르고 나면 충분히 살아갈 수 있게 되는 것이다. 남의 집 재물을 근거로 하여 충분히 살고 남의 들에 의지하여 부를 쌓는다. 부잣집에 초상이 나면 곧 크게 기뻐하면서 '이것이야말로 먹고 입는 꼬투리다'라고 말한다

물론 묵자의 공격은 후대의 일이었지만 공자 당대에도 이러한 비난이 끊이지 않고 있었을 것이다.

따라서 일년으로 복상을 끝내자는 재여의 제안은 지나치게 허례에 빠지기보다는 현실과 타협하자는 절충안이었던 것이다.

재여가 서슴지 않고 '편합니다' 라고 반발하자 공자는 분노하며 말한다.

"네가 편하거든 그렇게 하라. 원래 군자는 상중에는 맛있는 걸 먹어도 달지 않고, 음악을 들어도 즐겁지 않고, 편히 지내도 편하지 않기 때문에 그렇게 하지 않는 것이다. 그러나 너는 그렇게 해도 마음이 편하다니 그렇게 하도록 하라."

마침내 재여가 나가자 공자는 한탄하여 말하였다.

"어질지 못하구나, 재여는. 자식은 3년이 되어야 부모의 품을 벗어난다. 따라서 3년의 상은 천하에 통용되는 상례인 것이다. 재여도 자기 부모로부터 3년 동안은 품속에서 사랑을 받았을 터인데."

이상의 예에서 볼 수 있듯이 공자는 변명이나 말을 번지르르하게 잘하는 말재주꾼을 몹시 싫어함을 잘 알 수 있을 것이다.

실제로 공자의 언변에 대해서 『사기』는 기록하고 있다.

"공자가 향리에 있을 때에는 부형장로(父兄長老)들에게 너무나 공손했던 나머지 말을 잘 못하는 바보처럼 보였으나 종묘나 조정에 있을 때에는 달변으로 사리를 따지고 조목조목 시비를 가렸다. 그러나 결코 함부로 말하는 법은 없었다."

말을 함부로 하지 않고 아꼈던 공자. 너무나 공손한 나머지 '말을 잘 못하는 바보'로 보였던 공자. 이것이 바로 공자가 지닌 위대한 덕목인 것이다.

그러나 어쨌든 이처럼 명분 없는 전쟁에는 극구 반대하던 공자였지만 부정한 방법으로 권력을 찬탈한 불법자에게는 가차 없이 전쟁을 통해 응징하려 하였다. 그 어떤 폭력도 반대하던 공자로서는 매우 이례적인 일로 『논어』에 나오는 이 기록은 공자가 직접적으로든 간접적으로든 국가의 원로로서 정치에 관여하였던 마지막 장면인 것이다.

이때가 기원전 481년 노나라의 애공 14년, 공자의 나이 71세 때의 일이었으니 죽기 불과 2년 전의 일이었다.

이 무렵 이웃 제나라에서는 정변이 일어났다.

진항(陳恒)이라는 권신이 임금이었던 간공(簡公)을 시해하는 사건이 일어났던 것이다. 진항은 진성자(陳成子), 또는 전상(田常)이라고도 불리우던 제나라의 대부였다. 그는 암암리에 사병을 훈련시켜 왕위를 찬탈하고자 하였다. 호시탐탐 기회를 노리던 진항은 어느 날 간공을 시해하고는 백성들의 지지를 얻기 위해서 자연서(子淵棲)란 선비를 찾아간다.

자연서는 제나라의 백성과 관리들이 존경해 마지않던 학식이 높던 군자였다. 진항은 기골이 장대하고 무섭게 생긴 중무장한 병사들을 대동하고 자연서에게 찾아가 다음과 같이 말하였다.

"내가 왕을 죽인 것은 썩은 사직을 바로잡고 나라를 부흥시키려는 일념이었소. 그러니 나를 지지하여 주시오."

이에 자연서는 조금도 동요하지 않고 대답했다.

"당신은 나에게 무엇을 바라는가. 나를 지혜롭다고 생각하는가. 신하가 그 임금을 시해하는 것을 지혜로운 사람은 지지하지 않는다. 또 당신은 나를 어질다고 생각하는가. 자신의 이익을 챙기기 위해서 그 임금을 배반하는 것을 어진 사람은 싫어한다. 당신은 내가 용감한 사람이라고 생각하는가. 무력으로 나를 위협하고 겁주어서 내가 두려워 당신에게 굴복한다면 나는 용감한 자가 아니다. 나에게 지인용(智仁勇)의 세 가지 덕목이 없다면 내가 당신에게 무슨 도움이 되겠는가. 반면에 내가 이 세 가지의 덕목을 가졌다면 내가 어찌 당신을 따를 수가 있겠는가."

이에 진항은 할말을 잃고 물러서 돌아올 수밖에 없었다. 이 소문을 들은 공자도 역시 몹시 분개하였다. 지인용의 덕이라면 하늘 아래 그 누구에게도 뒤지지 않을 공자가 아니겠는가.

『논어』의 「헌문편」에는 이 소식을 들고 보인 공자의 결연한 태도가 나오고 있다.

어느 날 공자는 목욕하고 입조하여 애공에게 고하였다.

"진항이 그의 임금을 죽였으니 청컨대 그를 토벌하여 주십시오."

그러나 이 말을 들은 애공은 이렇게 대답할 뿐이었다.

"나에게 고하지 말고 세 집안 사람들에게 가서 말하여라."

애공이 이처럼 미루자 공자는 실망하여 말하였다.

"나는 대부의 말석에 있던 몸이라 감히 고하지 않을 수 없었다. 그런데 임금은 세 집안 사람들에게 말하라고만 하셨다."

임금의 어명이었으므로 공자는 어쩔 수 없이 삼환씨를 찾아가 똑같이 말하였다.

"진항이 그의 임금을 죽였으니 이는 무도한 짓입니다. 청컨대 진항을 토벌하여 주십시오."

그러나 공자의 말을 들은 세 집안 사람들도 선뜻 나서려 하지 않았다. 왜냐하면 제나라는 노나라보다 강국이었으므로 함부로 공격할 수 없는 입장이었기 때문이었다.

이에 공자는 다시 말하였다.

"나는 대부의 말석에 있는 몸이니 감히 고하지 않을 수가 없었다.(以吾從大夫之後不敢不告也)"

공자가 보인 마지막 정치적 참여라고 할 수 있는 이 장면은 『좌전(左傳)』에도 실려 있다. 좌전은 이름이 가리키듯 공자가 존경하였던 좌구명이 공자의 춘추를 해설한 책으로 따라서 『좌씨춘추』라고도 불리우는 고전이다. 독립된 역사적 이야기와 문장의 교묘함과 인물 묘사의 정확함으로 특히 고전문학의 규범이라는 평을 듣고 있는 명저로 이 책 속에는 공자의 행동이 기록되어 있다.

애공 14년 6월 경신년에 제나라의 진항이 그의 임금 임(壬)을 서주(舒州)에서 모살하였다. 이 소식을 들은 공자는 사흘 동안 재계(齋戒)를 한 후 입궐한 다음 애공을 찾아가 제나라를 토벌 할 것을 세 번이나 요청하였다. 이에 애공이 말하였다.

"노나라는 제나라보다 약한 지 이미 오래되었는데, 당신이 그들을 정벌하라고 하니 도대체 어떻게 하란 말이오?"

공자가 대답하였다.

"그것은 걱정할 바가 못 됩니다. 진항이 그의 임금을 죽였으니 백성들 중에 그를 지지하지 않는 자들이 반 이상 넘을 것입니다. 따라서 노나라 백성들에다가 제나라 백성의 반을 더 보태면 반드시 승리할 수 있을 것입니다."

그러나 이 말을 들은 애공은 시선을 피하며 말하였다.

"계씨들에게 가서 얘기해보시오."

공자는 물러나와 사람들에게 말하였다.

"나는 대부의 말석에 있는 몸이라 감히 말하지 않을 수 없었다."

신하가 임금을 죽이는 불의를 보고도 말하지 않음은 불충이었으므로 말석이긴 하지만 신하된 도리로서 고하긴 한다. 그러나 그것을 결정하는 것은 주군과 실권자인 계씨들일 뿐 자신과는 상관없다는 말로 더 이상 정치에 관심이 없다는 뜻을 극명하게 드러내 보인 태도인 것이다. 공자는 이처럼 오직 남은 여생을 학문에 전념하면서 제자들을 위한 교육과 인류의 영원한 교과서라고 할 수 있는 경전의 편찬에 전념하였을 뿐 더 이상 정치적 문제는 도외시하고 있었던 것이다.

그 대신 공자의 뒤를 이어 그의 제자들은 하나 둘씩 본격적으로 정계에 뛰어든다. 뿐 아니라 공자는 자신의 제자들을 적극적으로 추천하고 있다.

실제로 『논어』에는 제자들을 추천하는 공자의 행동이 기록되어 있다.

어느날 계강자가 공자에게 물었다.

"중유(仲由, 자로의 자)는 정치에 종사케 할 만한 인물입니까?"

공자는 대답하였다.

"유는 과감성이 있으니 정치에 종사하는 게 무슨 문제이겠습니까."

계강자가 다시 물었다.

"사(賜, 자공의 이름)는 정치에 종사케 할 만한 인물입니까?"

"사는 통달한 사람이니 정치에 종사케 하는 것이 무슨 문제이겠습니까."

"구(求, 염유의 이름)는 정치에 종사케 할 만한 인물입니까?"

그러자 공자는 대답하였다.

"구는 재간이 많으니 정치에 종사케 하는 게 무슨 문제이겠습니까."

공자의 대답처럼 이들은 곧 정치일선에서 눈부신 활약을 한다.

이미 계강자의 가신으로 뛰어난 정치적 능력을 발휘하고 있던 염유를 필두로 자공은 노나라의 외교관으로 불과 10년 사이에 다섯 나라의 형세를 자신의 손아귀에 집어넣고 마음대로 조정하였던 불세출의 정치가였다. 공자는 제나라의 임금을 죽인 진항이 노나라를 정벌하려 하자 자공을 파견하여 정벌의 대상을 노나라에서 오나라로 바꾸는 데 성공하였던 것이다.

또한 자로 역시 공자의 추천으로 벼슬을 하다가 위나라로 가서 공회(孔悝)의 읍재가 된다. 평소 공자는 자신에게 곧잘 정면으로 덤벼들고 따지는 자로에 대해서 깊은 신임을 갖고 있었다.

자로는 성격이 무사답게 용감했을 뿐 아니라 군사에도 뛰어난 재능을 갖고 있었다. 본시 그는 공자보다 아홉 살 정도밖에 어리지 않았는데, 어렸을 때부터 백리 넘는 길에 쌀을 날라다 부모를 봉양할 정도로 가난한 집안 출신이었다. 그러나 공자의 문하로 들어온 뒤로는 거친 성품을 누르고 꾸준히 공자를 좇아 수양을 쌓았다.

공자는 자로의 이러한 성급하고도 용감한 기질을 사랑하였다. 그래서 평소에도 칭찬하고 있었다.

"한마디로써 송사에 판결을 내릴 수 있는 사람은 중유일 것이다. 그는 승낙한 일을 미뤄두는 일이 없다."

"자로는 가르침을 듣고 그것을 미처 실천하지 못했으면 또 다른 가르침을 듣게 될까 두려워하였다."

"다 떨어진 형편없는 옷을 입고서도 여우털이나 담비털 옷을 입은 사람과 함께 서 있어도 부끄러워하지 않을 사람은 오직 중유뿐이다."

스승으로부터 가르침을 받으면 곧바로 이를 고치려고 반성하고 가난해도 부끄러워하지 않을 뿐 아니라 용감하고 곧은 자로의 성격을 칭찬하면서도 또한 공자는 자로의 이런 성급한 성격을 몇 번씩 경책하고 있다. 그것은 『논어』에 나오는 공자의 말을 통해 잘 알 수가 있다.

"중유는 용맹하기로는 나보다 더하지만 사리를 재량할 줄을 모른다."

심지어 공자는 자로의 운명에 대해서 예언까지 하고 있다.

"중유 같은 사람은 제명에 죽지 못할 것이다."

실제로 노나라 애공 15년(기원전 480년). 공자의 나이 72세 되던 해 위나라에서 내란이 일어난다. 자로가 모시고 있는 공회가 내란에 휩쓸렸다는 말을 듣고 공자는 걱정하여 부르짖는다.

"자고는 돌아오겠지만 자로는 죽을 것이다."

자고는 나이가 어렸음에도 불구하고 자로가 데리고 위나라로 들어가 함께 벼슬에 올랐던 사람이었다. 이로 인해 공자로부터 꾸중을 들었던 바로 그 제자. 실제로 자로는 위기에 처한 공회를 구하기 위해서 단신으로 적중에 뛰어들어 싸우다가 비참한 최후를 마쳤던 것이다. 마침내 자로가 죽었다는 소식을 듣자 공자는 '아아, 하늘이 나를 끊어버리는구나' 하고 애통해한다. 수제자였던 안회가 죽었을 때 '하늘이 나를 망치는구나' 하고 탄식을 하였던 것보다 더 절망하였던 것을 보면 공자가 얼마나 자로를 사랑하였던가를 미뤄 짐작할 수 있음인 것이다.

공자의 또 다른 제자 자유는 무성(武城)에서 읍재(邑宰)를 지내게 되는데, 그의 이름은 언언(言偃)이고 오나라 사람이었다. 공자보다 45세나 아래로 공자가 노나라로 돌아올 때 24세의 청년이었고, 공자가 죽을 때에도 29세에 불과하였으니 젊은 나이에 그런 벼슬을 하였던 것으로 보인다.

공자는 특히 이 젊은 자유를 사랑하였다. 자유는 특히 문학에 뛰어나고 젊은 나이였음에도 불구하고 행동도 방정하며 모든 면에 올바른 인물이었다. 『논어』에는 공자가 자유를 사랑하였던 두 장면이 나오고 있다.

자유가 무성의 읍재가 되었는데, 공자가 말씀하셨다.
"그대는 쓸 만한 사람을 구했는가."
자유가 대답하였다.
"담대멸명(澹臺滅明)이란 사람을 구했습니다."
"그가 어째서 쓸 만한 사람이라고 생각하는가."
그러자 자유가 대답하였다.
"그는 좁은 지름길을 다니지 않고 공무가 아니면 제 방에 찾아오는 일이 없습니다."

20대의 젊은 나이에 벌써 이처럼 사람을 보는 안목을 가졌던 자유에 대해 공자는 각별한 애정을 나타내 보인다. 그것은 공자가 자유에게 유머가 섞인 농담을 하였다는 것을 보면 잘 알 수가 있다. 공자의 모든 어록을 집대성한 『논어』나 공자의 일생을 기록한 『사기』의 「공자세가」를 봐도 그 어디에도 공자가 농담을 하는 장면은 보이지 않는다. 근엄한 스승으로서 가르침을 펴야 했던 공자는 제자들에게 함부로 흐트러진 모습을 보이거나 실없는 농지거리를 건네지 않았을 것이다.

예수와 석가에서도 마찬가지였다. 모든 사실을 비유로써 설명하고 풍부한 휴머니티가 넘쳤던 예수도 농담을 하거나 재미를 위한 빈말을 삼가고 있다. 심지어 성경 어디에도 예수가 웃었다는 기록이 없으므로 중세까지 수도원에서는 웃음을 터부시하고 있을 정도였다. 물론 성서에 보면 예수가 울었던 기록은 나오고 있다.

자신을 따르던 마리아의 오빠 나자로가 죽었다는 말을 듣자 비통한 마음으로 무덤에 가서 '나자로야 나오너라' 하고 외침으로써 나자로를 부활시킨 예수는 눈물을 흘리며 운다. 이 장면을 요한은 이렇게 기록하고 있다.

"예수께서는 눈물을 흘리셨다. 그래서 유다인들은 '저것 보시오. 나자로를 무척 사랑하셨던가 봅니다' 하고 말하였다."

이처럼 눈물을 흘렸던 예수가 웃지 않았을 리는 없을 것이다. 그러나 성서 그 어디에도 예수가 웃었다는 기록이 없으므로 '성서는 신의 말을 전하는 것' 으로 절대시하였던 스콜라철학에서는 수도원에서 웃음을 금지하고 있었던 것이다.

이는 석가의 경우도 마찬가지였다.

생전에 팔만사천의 설법을 하였던 부처의 경우에도 부처의 농담은 엿보이지 않고 있다. 이는 예수와 부처를 교조로 하는 종교의 권위 때문일 가능성이 높지만 자칫하면 두 성인을 인간과 달리 신격시하려는 의도적인 형식주의일 가능성도 있는 것이다. 스스로 '사람의 아들' 이라고 못박은 예수가 웃지 않았을 리는 없을 것이며, 누구보다 생로병사의 인간적 고통을 꿰뚫어보았던 석가가 따뜻한 웃음을 보이지 않았을 리는 없는 것이다.

공자도 마찬가지였다. 준엄한 스승이었지만 인간미 넘쳤던 공자였으므로 그 역시 자주 웃고, 자주 농담을 하였을 것이다. 그러나 공자가 자신의 입으로 어린 제자 자유에게 '아까한 말은 농담이었다.(前言戲也)'라고 한 것이 공자가 했던 유일한 농담인 것이었다.

공자의 유일한 농담의 배경은 이렇다.

어느 날 공자는 무성이라는 고을로 찾아갔다. 그곳은 공자의 제자 자유가 읍재로 있는 곳이었다.

공자는 거리에서 현악에 맞춰 부르는 노랫소리를 들었다. 현악은 거문고와 비파의 음악으로 자유가 그 고을을 예와 악으로 다스렸기 때문에 고을사람들이 모두 현악에 맞추어 노래를 부르고 있었던 것이었다. 공자는 자유가 자신의 가르침대로 예악의 정치를 펴는 것을 보고 내심 흐뭇하였다. 그래서 빙그레 웃으며 이렇게 말하였다.

"너는 어찌하여 닭을 잡는 데 소 잡는 칼을 쓰느냐?"

이 말은 작은 고을을 다스리는 데 어찌 큰 나라를 다스리는 대도(大道)가 필요한가, 라고 묻는 것이었다. 물론 이 말은 공자가 농담으로 한 것이었다. 비록 다스리는 데는 크고 작은 차이가 있지만 그 다스림에 있어서는 반드시 예악을 써서 교화해야 한다는 것이 공자의 지론이었다. 당시 대부분이 예악의 방법을 사용치 않고 있는데, 오직 자유만이 스승의 뜻을 받들어 그 가르침을 실천하고 있었기 때문에 공자가 예악으로 민풍(民風)을 교화하고 있는 것을 보고는 매우 대견하고 기뻐서 그렇게 말했던 것이었다.

그런데 자유는 스승이 농담을 하고 있다는 것을 미처 눈치 채지 못하고 정중하게 변명을 한다.

"저는 예전에 스승님께서 '군자가 도를 배우면 사람을 사랑하고, 소인이 도를 배우면 부리기 쉽다.(君子學道則愛人 小人學道則易使也)'고 하신 말씀을 들었습니다."

이는 지위가 낮고 높고 간에 모두 배워야하므로 비록 작은 고을이기는 하지만 정도인 예악으로써 다스려야 한다는 공자의 말을 인용한 것이다. 자유는 이처럼 가르침을 그대로 따랐을 뿐이라고 자기변명을 한 것이었다.

자유는 스승의 가르침을 좇아서 비록 작은 고을이었지만 예악으로 백성들을 다스리고 있었던 것이다.

그럼에도 불구하고 칭찬은커녕 '할계언용우도(割鷄焉用牛刀)', 즉 '닭 잡는 데 어찌 소 잡는 칼을 쓰겠는가' 하는 스승의 핀잔을 듣자 자유는 당황해서 변명하였던 것이다.

이 말은 '작은 목적을 위해 너무 거창한 준비나 과대한 노력을 들이는 것'을 비유하는 말이었는데, 자신의 농담에도 불구하고 자유가 당황해하자 공자는 곧 태도를 바꾸어 정색을 하고 다음과 같이 말을 하는 것이다.

"애들아, 자유의 말이 옳다."

공자는 자신을 수행하고 있는 제자들을 돌아보며 말하였다. 공자는 제자들이 자신의 가르침을 그대로 실천하고 있는 자유의 태도를 그대로 본받기를 바라는 마음에서 그렇게 말한 다음 이렇게 덧붙이고 있다.

"방금 내가 한 말은 농담이었느니라."

이 장면은 『논어』에 나오는 데, 비록 20대의 청년이었지만 대견한 애제자에게 흐뭇한 마음을 농담으로 표현하고 있는 공자의 인간미가 돋보이는 명장면인 것이다.

이처럼 공자의 제자들은 하나씩 둘씩 공자의 곁을 떠나 정치일선으로 나아간다.

『사기』의 「중니제자열전」에는 이들말고도 다른 제자들의 활약상이 기록되어 있다.

"……자하는 거보의 읍재가 되었으며, 자화는 노나라의 사신이 되어 제나라로 나갔고, 재여는 제나라에서 벼슬을 하고 있었다."

이는 공자의 수제자 중 대부분이 학문의 길을 버리고 정치의 길로 나선 것을 나타내고 있는 것이다. 『사기』에는 '공자는 시·서·예·악을 가지고 가르쳤는데, 제자는 대략 3천 명이나 되었으며, 육예(六藝)에 통달한 사람들만도 72명이나 되었다'고 기록하고 있다. 물론 3천 명은 공자에게 한 번이라도 가르침을 받았던 사람들의 총숫자일 것이며, 실제로 공자를 스승으로 모시고 공부했던 제자는 70여 명이었을 것이다. 공자 자신은 『논어』에서 자기 제자들을 평하고 있다.

"덕행에는 안연, 민자건, 염백우, 중궁이 있고, 언어에는 재아와 자공이 있고, 정사에는 염유와 계로가 있고, 문학에는 자유와 자하가 있다."

공자 스스로가 10명의 제자들을 거론하였다 해서 흔히 이들을 '공문십철(孔門十哲)'이라 부르고 '덕행', '언어', '정사(政事)', '문학'을 공문사과(孔門四科)라고 부르고 있었던 것이다. 공문십철 중

염백우는 나환자가 되어 학문의 길에서 탈락되었으며, 나머지 대부분의 제자들은 이처럼 학문을 버리고 정치로 나아갔던 것이다. 끝까지 스승을 좇아 공문에 남아 있던 제자들은 안연, 민자건(閔子騫), 자하 등 서너 사람에 불과하였다. 그중 공자가 가장 사랑하여 자신의 후계자로 삼았던 안연은 공자보다 3년이나 앞서 단명하여 죽었다.

자신보다 30여 세나 적었던 안회를 공자는 특히 아끼고 사랑하고 있었다. 공자 스스로 평한 공문십철 가운데에서도 첫 번째로 꼽힐 정도로 덕행이 뛰어났던 안회에 대해서 공자는 '안회는 그의 마음이 석 달을 두고 인을 어기지 않으나 나머지 사람들은 하루나 한달에 한 번 인에 이를 따름이다'라고까지 극찬하고 있었던 것이다. 자기 학문의 후계자로 지목하고 있던 안회가 자기보다 먼저 죽자 공자는 '하늘이 나를 망치는구나. 하늘이 나를 망치는구나.(天喪予 天喪予)' 하고 두 번이나 탄식하면서 성대하게 장사를 치러주었다.

자신의 감정을 좀처럼 드러내지 않던 공자는 안회의 장사를 치를 때 자기 친자식 이상으로 장사를 치르는 태도로 임하였는데, 『논어』에는 이 장면이 나오고 있다.

안회가 죽자 문인들이 성대하게 장사를 지내고자 하였다. 그러자 공자께서 말씀하셨다.

"안 된다."

그러나 문인들은 성대하게 장사를 치렀다. 이에 공자께서 말씀하셨다.

"안회는 나를 친아버지처럼 생각했었는데, 나는 그를 친자식 처럼 대해주지 못하였다. 그것은 나 때문이 아니고 너희들 때문 이다."

공자의 이 말은 안회가 자신을 친아버지처럼 섬기고 있어 자신도 안회를 친자식처럼 대해주고 싶었지만 어느 한 사람만 편애하는 스승 으로서의 모습을 차마 보여줄 수 없어 공평하게 사랑을 나누어주느라 각별한 애정을 주지 못하였다는 인간적인 탄식이었던 것이었다.

그러므로 공문십철 중에 공자의 뒤를 좇아 학문에 정진했던 사람 은 오직 민자건과 자하뿐이었다.

물론 민자건에게도 정계로부터 유혹이 없었던 것은 아니었다. 민 자건은 이름이 민손(閔損)으로 공자보다 15세 아래의 제자였는데 특히 효행에 뛰어난 사람이었다.

일찍이 공자는 민자건의 효행을 칭찬하는 말을 남긴다.

"효성스럽다, 민자건이여. 그의 부모형제들이 칭찬하는 말에 다 른 사람들도 감히 이의를 제기하지 못한다."

실제로 당대 최고의 서예가로 아버지가 반역자로 처형된 데다가 어릴 때부터 키가 작고 못생겨서 남의 업신여김을 받았던 구양순 (歐陽詢, 557~641)은 당고조의 칙령을 받들어 『예문유취(藝文類 聚)』 백권을 편찬하였다. 이 책의 「설원(說苑)편」에서 민자건의 효 행에 대해 이야기하고 있다.

민자건은 동생이 하나 있었다. 그의 어머니가 죽자 아버지는 다른 여인을 들어 재취하였다. 그리하여 또 두 아들을 낳았다. 어느 날 민자건의 아버지가 관가에 가려고 외출을 하는데 마침 마부가 없었다. 그래서 아들 민자건을 불러 수레를 끌도록 하였다. 그날은 몹시 추운 한겨울이었다. 추위에 떨고 있던 민자건이 수레를 끌자 수레도 저절로 떨렸다. 이상히 여긴 아버지가 민자건에게 물었다.

"네가 어디 아픈 거냐. 아니면 추워서 떨고 있는 거냐?"

그러자 민자건이 손을 내저으며 말하였다.

"아닙니다. 춥지 않습니다."

그러나 이번에는 말고삐를 놓치는 것이 아닌가. 그때 아버지가 그의 팔을 잡아주다가 문득 그의 옷이 매우 얇다는 것을 알았다. 아버지는 집으로 돌아와서 그의 계모가 낳은 아이들을 불러 팔을 만져보았는데 그들의 옷은 매우 두툼하였다. 그러자 아버지는 계모를 불러 꾸짖었다.

"내가 당신에게 장가를 든 것은 무엇보다 어미를 잃은 두 자식 때문이었소. 그런데 당신은 나를 속이고 있으니 당장 집을 나가시오."

이로써 후처는 집에서 쫓겨나게 되었다. 민자건이 이를 막아 세우고 난 뒤 아버지 앞에 무릎을 꿇고 말하였다.

"어머니가 계시면 한 아들만 옷이 얇지만 어머니가 떠나가시면 네 아들이 모두 헐벗게 됩니다."

민자건의 말을 들은 아버지는 차마 말을 하지 못하고 계모를 불러들였으며, 계모도 더 이상 차별을 하지 못하여 화평하였다고 한다. 민간에는 민자건의 계모가 자기 자식에게는 솜을 두어 입히고 민자건에게는 갈대꼬리(蘆花)를 두어 입히다가 아버지에게 발각되었다는 것으로 얘기가 바뀌어 전해지고 있었다.

이처럼 덕행과 효행이 뛰어난 민자건을 세도가들이 그대로 둘 리가 없었을 것이다.

그 무렵 계강자는 자신의 채읍인 비를 다스릴 적임자를 찾지 못하고 있었다. 비는 대대로 계손씨의 도성이었다. 이미 전유로부터 배신을 당해 정벌까지 하였던 계강자는 충성스럽고 덕행이 뛰어난 후임자를 고르고 있었다. 계강자는 민자건의 소문을 듣자 아버지에게 효성이 깊은 민자건이야말로 자신의 도성을 다스릴 충분한 자격이 있다고 생각하였던 것이다.

그래서 사람을 보내어 민자건에게 말하였다.

"나는 그대를 비 땅의 읍재로 삼으려 한다. 그러니 이를 사양하지 말고 받아들여 주기를 바란다."

효행이 뛰어난 의인이었을 뿐 아니라 권세에도 굴하지 않는 의기를 지녔던 민자건은 단숨에 이렇게 거절하였다고 『논어』는 기록하고 있다.

"제발 저를 위해 사절하여 주십시오. 만약 다시 저를 부르신다면 저는 반드시 문수(汶水)가에 나아가 숨을 것입니다."

이처럼 공자 스스로 정하였던 공문십철의 10대 제자 중 민자건과 자하 두 사람만 빼어놓고는 모두 학문을 버리고 정계로 나아가거나 질병으로 중도하차하는 운명을 맞게 된다. 이는 예수의 경우와는 정반대 현상인 것이다.

예수도 산에 들어가 밤을 새우며, 하느님께 기도한 후 12명의 제자를 뽑는다. 이들 중 예수를 단돈 은전 서른 닢에 팔아넘긴 배신자 가롯 유다를 빼어놓으면 모든 제자들은 스승이었던 예수의 복음을 전파하기 위해서 순교하였는데, 이에 비하면 공자의 제자들은 대부분 학문의 길을 버리고 벼슬을 하였던 것이다.

석가의 경우도 마찬가지였다. 석가의 제자들도 스승이 열반하자 제1대 수법제자인 마하가섭(摩訶迦葉)의 사회로 왕사성 밖에 있는 필발라굴에서 5백여 성승(聖僧)이 모여 경전을 결집하는 작업에 정진하였던 경우와도 대비되는 일인 것이다.

이를 통해 알 수 있듯이 예수와 석가는 인간을 구원하고, 인간의 미망을 깨우치기 위해 사바세계로 뛰어든 천지창조 이전부터 준비된 영원의 빛이라면, 공자는 철저하게 인간 그 자체였던 위대한 인격의 완성자인 것이다.

그런 의미에서 공자는 기독교와 불교를 창시한 교주인 예수와 석가와는 달리 철학자이자 사상가였으며, 성인이라기보다는 철인이었던 것이다. 바로 이 점이 공자가 예수, 석가와 더불어 세계 3대 성인으로 추앙받으면서도 공자가 창시한 유교가 종교나 신앙으로 발전되지 못하고 후대의 양명학이나 성리학 같은 인간학의 학문으로 발전한 중요한 이유일 것이다.

공자가 스스로 제정한 10대 제자 중 말년에 공자가 편저한 경전과 고대문화 연구의 성과를 다시 해석하고 또 후세에 전하여 공자의 학문을 계승하는 데 공헌하였던 사람은 복상(卜商)이라고 불리었던 제자가 유일하다. 그의 자는 자하로 위나라 사람이었다.

자하는 공자보다 44세나 아래였으니, 45세나 아래였던 자유와 더불어 공자의 제자 중에서 가장 막내였다. 다른 제자들이 모두 정계로 나아가 벼슬을 하였던 것에 비해 자하는 주유열국을 끝내고 노나라로 돌아와 73세의 나이로 죽을 때까지 6년간 학문에 정진하였던 스승의 곁에서 경전의 편저를 도왔을 뿐 아니라 중국의 옛 문헌 및 고대문화에 대해서 깊은 연구를 하였던 수제자였다.

불교의 경전이 25년간 시자로 있었고, 석가의 사촌아우되며 뛰어난 미모와 빼어난 총기로 항상 석가의 곁에서 총애를 받았던 10대 제자 중의 한 사람이었던 아난다가 마침내 법상 위에 올라 '비구의 여러 권속들이 부처님을 떠나서는/넓고 넓은 허공에 퍼진 별들이/달(月)을 여읜 것처럼 광범치 못하노라' 하고 노래 부른 후 '이와 같이 내가 들었다. 어느 때 부처님께오서 아무 곳에 계시면서 아무 것을 말씀하셨고 이 말씀을 인간과 하늘이 받들어 행하였다' 라고 말함으로써 경전을 기록하는 제1성이 되었던 것이다.

그러므로 모든 초기 경전의 시작은 아난다가 기억하는 '이와 같이 내가 들었다.(如是我聞)' 라는 문장으로 시작되고 있음인 것이다.

마찬가지로 공자의 말씀을 기록한 『논어』의 편찬도 자하의 작품이라는 설이 유력하게 전해오고 있다.

전해오는 전설에 의하면 중요한 유가의 경전들은 모두 그 전승에 있어 자하와 관련이 있다고 한다. 이러한 전설들은 그대로 믿을 수는 없지만 자하가 『시』『서』『악』『춘추』와 같은 경전에 누구보다 깊이 연구하고 박학하였다는 것은 이미 증명된 사실이다.

모택동이 애독했던 책으로 전쟁 중에서도, 외지로 출장 갈 때도 항상 곁에 두었던 고전 중에『용재수필(容齋隨筆)』이란 책이 있다. 이 책은 송대의 홍매(洪邁)가 지은 책이다. 그는 남송의 사대부 가정에서 태어나 4대에 걸쳐 재상에 이르렀던 당대 최고의 지식인이었다.

　안질 때문에 눈이 나빠졌을 때에도 특별히 읽기 편하게 글씨를 확대해서까지 탐독하였던 이 책은 모택동이 죽기 전에 마지막으로 다시 한 번 읽고 싶어 했을 정도였다.

　이 책에 나오는 '할 말과 못할 말을 가리지 못하면 곧 화를 당한다', '재앙은 혀에서 비롯된다', '경솔한 말 한 마디에 7백 리의 국토를 잃는다' 라는 구절 등은 오늘날에도 정치가들이 명심해야 할 구절이며, '종기는 그대로 두었다간 끝내 곪아 터지고 만다', '공을 이룬 사람은 시기하는 무리를 조심하라', '천하에 쓸모없는 사람은 하나도 없다', '위기상황에서는 전례 없는 진급도 필요한 법이다' 라는 구절들은 오늘날에도 경제난국을 헤쳐가는 경세지략인 것이다.

　일찍이 명조의 감찰어사였던 이한(李翰)으로부터 '이 책은 사람들에게 선을 권하고 악을 버리도록 경계하고 있으며, 사람들을 기쁘게도 하고 경악하게도 한다. 이 책은 사람들의 견문을 넓혀주고 옳고 그름을 판단할 수 있도록 일깨워주며 의심을 해소하고 사리를 밝게 한다. 이 책은 세속을 교화시키는 데도 도움을 준다' 라고 극찬을 받았던 송나라의 대표적 서적으로, 홍매는『자하경학(子夏經學)』에서 공자의 제자인 자하를 다음과 같이 평가하고 있다.

공자의 제자 중 오직 자하만이 여러 경전에 관해서 홀로 저서가 있다. 비록 그러한 전기나 잡언을 다 믿을 수는 없다고 하지만 요컨대 그는 다른 사람들과는 다른 것이다. …… 춘추에 있어서는 자하가 단 한 마디도 더 보탤 수가 없다고 하였으니 일찍이 그것에 대해서 자하가 연구한 일을 뜻하는 것이다. 『공양전(公羊傳)』을 쓴 공양고(公羊高)도 그것을 자하로부터 전수받은 것이며, 『논어』에 있어서는 『정현(鄭玄)』이 자하가 편찬한 것이라 하였다. 후한 서방(徐防)이 상소문에서 『시』 『서』 『예』 『악』은 공자가 편정(編定)하였으나 그 장구의 뜻을 밝히는 일은 자하에서부터 비롯된 일이다' 라고 말한 것도 이를 증명해주고 있는 것이다.

물론 자하가 여러 유가의 경전들을 전수하였다는 말은 대부분이 한대의 이야기여서 그대로 믿기는 어렵다. 그러나 대부분 경전의 전수근원을 자하에게 두었던 것은 그가 공자의 제자들 중에서 학문에는 가장 뛰어난 인물이었음을 알려주고 있는 것이다.

그런 의미에서 자하는 예수의 제자 중 예수의 어머니였던 마리아를 모시며 유일하게 천수를 누렸고 4대 복음 중에서 가장 핵심적인 「요한복음」과 「계시록」을 쓴 요한을 연상시킨다.

요한은 다른 사가들과는 달리 예수의 행적을 처음부터 끝까지 따라다녔고, 예수로부터 가장 많이 사랑받는 제자였으나 복음 속에서 자신의 존재를 다만 '사랑받은 제자' 라는 익명으로 숨기고 있다. 이는 자하도 마찬가지여서 유가의 성전이라고 할 수 있으며 공자의 가르침을 전하는 가장 확실한 근본 문헌인 『논어』를 편찬하면서도 자신의 존재를 가능하면 최소한으로 인용하고 있을 뿐인 것이다.

자하의 이름이 직접 거론되고 있는 것은 공자의 제자들인 자하, 자공, 증자 등의 말을 간추려놓은 「자장편」에 집중되고 있을 뿐인데, 그 내용을 추려보면 대충 이렇다.

자하가 말하였다.
"널리 배우되 독실하게 뜻을 가지고, 간절히 묻고 가까운 것으로부터 생각하면 인은 그 가운데 있는 것이다."

자하가 말하였다.
"모든 장인은 공장에 있으면서 자기 일을 완성하고, 군자는 학문을 통해 자기의 도에 이른다."

자하가 말하였다.
"소인은 잘못을 저지르면 반드시 꾸며댄다."

자하가 말하였다.
"군자는 신뢰를 얻은 뒤에 백성을 부릴 수가 있다. 신뢰가 없으면 자기들을 학대한다고 여긴다. 또한 신뢰를 얻은 뒤에 임금에게 간해야 한다. 신뢰가 없으면 자기를 비방한다고 여긴다.(君子 信而後 勞其民 未信則以爲厲己也 信而後 諫 未信則以謗己也)"

자하가 말하였다.

"큰 덕은 한계를 넘어서는 안 되지만 작은 덕은 약간의 한계를 넘어도 괜찮다."

자하가 말하였다.

"어진 이를 어진 이로 대하되 낯빛을 좋게 하며, 부모를 섬기되 능히 그 힘을 다하며, 임금을 섬기되 능히 그 몸을 다하며, 친구를 사귀되 말함에 신의가 있으면 누가 아직 학문하지 않았다고 말하더라도 나는 필히 그가 학문하는 사람이라고 말할 것이다."

일찍이 공자로부터 '자장은 지나치고 자하는 미치지 못한다'라는 말을 들음으로써 '독실하게 이를 삼갔으나 규모가 협소하였으므로 미치지 못하는 단점'을 가졌다는 평가를 가졌던 자하였지만 자하는 이처럼 결국 스승 공자의 사상을 후세에까지 전파시킨 1등 공신이었던 것이다.

『사기』의 「중니제자열전」에 의하면 자하는 말년에 아들을 잃고 지나치게 애통해한 나머지 너무 울어 눈이 멀었다고 한다.

눈이 먼 자하.

비록 눈이 멀어 육안(肉眼)은 장님이 되었으나 그로 인해 심안(心眼)은 더욱 밝아졌기 때문일까, 사람들이 찾아와 자하에게 '당신의 스승 공자는 어떤 사람이었습니까' 하고 물으면 앞을 못 보는 자하는 기쁜 얼굴로 다음과 같이 말하였다고 한다.

"군자는 세 가지 변함이 있습니다. 멀리서 바라보면 엄숙하고, 가까이서 보면 온화하고, 말을 들어보면 정확합니다.(君子 有三變 望之儼然 則之也溫 聽其言也厲) 내가 아는 스승께서는 이처럼 세 가지의 변함을 모두 갖고 계시던 분이셨습니다."

만약 맹인 자하가 없었더라면 공자의 사상은 맥이 끊겼을지도 모른다.

이에 대해 『사기』는 「유림전(儒林傳)」에서 공자가 죽은 뒤의 시대 상황을 다음과 같이 전하고 있다.

공자가 죽은 뒤에 70여 명의 제자들은 각각 제후의 나라로 흩어져 큰 자는 사부(師傅)나 경상(卿相)이 되었고, 작은 자는 사대부를 가르치거나 나머지 사람들은 숨어서 나타나지 않았다. 그러므로 자로는 위나라에, 자장은 진나라에, 담대(澹臺)와 자우(子羽)는 초나라에, 자하는 서하에 살면서 벼슬을 했고, 자공은 제나라에서 인생을 마쳤던 것이다. 그리고 전자방(田子方), 단간목(段干木), 오기(吳起), 금골희(禽滑釐)의 무리들이 모두 자하 같은 이에게 공부를 하여 임금의 스승이 되었다. 이때 오직 위나라의 문후만이 학문을 좋아했고, 이 뒤로 쇠퇴하여 마침내 진나라 시황에까지 이르게 되었다. 전국시대에는 온 천하가 서로 다투었던 시대이니 이로 인해 유술(儒術)은 이미 사라져버린 셈이었다. 그러나 제, 노 지방에서만은 유학자들이 끊이지 않았다. 그리고 제나라 위왕(威王)과 선왕(宣王) 시대(BC 357~299)에 맹자와 순경(荀卿)의 무리가 모두 공자의 학문을 계승하여 윤색(潤色)함으로써 학문으로 그 시대에 드러났다.

『사기』에 나오는 '······마침내 진나라 시황에까지 이르게 되었다. 전국시대에는 온 천하가 다투었던 시대이니 이로 인해 유술은 이미 사라져버린 셈이었다' 라는 구절은 이른바 천하통일을 한 진나라의 시황제가 저지른 '분서갱유(焚書坑儒)'를 가리키는 말이었다. 그 사건의 배경은 다음과 같다.

기원전 222년 제나라를 끝으로 6국을 평정하고 전국시대를 마감한 시황제는 주왕조 때의 봉건제도를 폐지하고 사상 처음으로 중앙집권제를 채택한다.

그리하여 중앙집권제인 군현제를 실시한 지 8년째 되던 해 기원전 213년, 시황제가 베푼 함양궁(咸陽宮)의 잔치에서 순우월(淳于越)이란 박사가 '현행 군현제도 하에서는 황실의 무궁한 안녕을 기하기가 어렵다'고 봉건제도로 환원할 것을 진언하였다. 시황제가 신하들에게 순우월의 의견에 대해 가부를 묻자 중앙집권제의 입안자인 승상 이사(李斯)가 대답하였다.

"봉건시대에는 제후들간의 침략전이 그치지 않아 천하가 어지러웠으나 이제는 통일되어 안정을 찾았사오며 법령도 모두 한 곳에서 발령되고 있습니다. 하오나 옛 책을 배운 선비 중에는 그것만을 옳게 여겨 새로운 법령이나 정책에 대해 비난하는 선비들이 있습니다. 하오니 차제에 그런 선비들을 엄단하심과 더불어 백성들에게 꼭 필요한 의약(醫藥), 복서(卜筮), 종수(種樹, 농업)에 관한 책과 진나라 역사서 외에는 모두 수거하여 불태워 없애소서."

시황제가 이사의 진언을 받아들여 관청에 제출된 무수한 책들을 속속 불태웠는데, 이 일을 가리켜 '분서'라 한다. 당시는 종이가 발명되기 전이었으므로 책은 모두 글자를 적은 대조각을 엮어서 만든 죽간(竹簡)이었다. 그래서 한번 잃으면 복원할 수 없는 귀중한 것들이었다.

또한 이듬해 아방궁(阿房宮)이 완성되자 시황제는 불로장수의 신선술법을 닦는 방사(方士)들을 불러들여 후대했다. 그들 중에 특히 노생(盧生)을 신임하였으나 그는 많은 재물을 사취한 후 시황제의 부덕을 비난하면서 종적을 감추어버렸다. 시황제는 크게 진노하였는데, 이번에는 시중에 염탐꾼을 감독하는 관리들로부터 '황제를 비방하는 선비들을 잡아가뒀다'는 보고가 들어왔다. 노여움이 극도에 달한 시황제는 엄중히 심문한 끝에 460명의 유생들을 산채로 구덩이에 파묻어 죽였다. 이 일을 가리켜 '갱유'라 하였던 것이다.

'책을 불사르고 선비를 산 채로 구덩이에 파묻어 죽인다'는 '분서갱유'는 바로 여기서 비롯된 말. 이로 인해『사기』에 기록된 대로 유술은 이미 사라져버린 셈이었던 것이다.

만약 맹인이었던 자하가『논어』를 저술하지 않았더라면 공자의 사상은 이처럼 불타고 생매장되어버림으로써 흔적도 없이 사라져버렸을지도 모른다.

그러나 다행히 공자의 고향이었던 노나라와 제나라에서는 유학자가 그치지 않았고, 마침내 공자의 사후 백년 후에 태어난 유교의 중시조라고 할 수 있는 '맹자'에게 바통터치를 함으로써 비로소 공자의 유가사상은 공맹사상으로 계승 발전될 수 있었다. 만약 맹인 자하가 없었더라면 유교의 파도는 맹자에까지 이르지 못하였을지도 모른다.

여기에는 맹인 자하와 더불어 또 한 사람의 일등공신이 있었는데, 그의 이름은 증삼(曾參)으로 자는 자여(子輿)라 불리운 제자이다. 그는 노나라 사람으로 공자보다 46세가 아래로 자하와 더불어 막내제자였다. 따라서 맹인 자하와 증삼은 흔히 공자의 사상을 전파한 쌍두마차로 불리고 있다.

증삼은 비록 공자 스스로 선정하였던 10제자에 들지는 않았지만 공자의 사상을 후세에까지 전파하는 데 앞장서고 후배나 제자들로부터 큰 존경을 받았으므로 증자라는 존칭으로 불리웠던 인물이었다.

따라서 증자는 예수 스스로 뽑았던 12제자가 아니었으면서도 기독교를 유대인뿐 아니라 이방인들에게까지 전파하는 데 뛰어난 역할을 하였던 바오로를 연상시킨다. 당대 최고의 지식인이었던 바오로에 의해서 초기 기독교는 사상적 체계를 갖출 수 있었다. 증자 역시 공자의 손자였던 공급(孔伋, 子思)에게 공자의 사상을 전수하고, 자사는 그것을 맹자에게 전수함으로써 마침내 유가의 도통은 공자에게서 증자를 통해 맹자에게로까지 전해질 수 있었던 것이다. 그 때문에 유가에서는 흔히 증자를 '종성(宗聖)'이라고까지 떠받들기도 한다.

증삼은 그의 아버지 증석(曾晳)과 함께 공자에게서 배웠다. 공자의 제자 중 특히 효행이 뛰어난 사람이었다. 따라서 공자가 지은 『효경』도 공자가 증삼을 위해서 효도를 설명한 내용이라고 알려져 있다.

『논어』에도 증삼의 언행이 몇 군데 기록되어 있다. 특히 다음과 같은 내용을 보면 증자가 다른 제자들보다도 공자의 사상을 깊이 꿰뚫고 있었음을 알 수 있다.

> 어느 날 공자께서 말씀하셨다.
> "삼(증자의 이름)아, 나의 도는 하나로 관통되어 있다."
> 증자가 대답하였다.
> "그렇습니다."
> 공자께서 나가시자 다른 제자가 물었다.
> "무슨 뜻입니까?"
> 증자가 말하였다.
> "선생님의 도는 충(忠)과 서(恕)일 따름이다."

이처럼 스승의 학문을 깊이 이해하고 있던 증자는 매일 하루 세 가지에 대해서 깊이 반성한 것으로 유명하였다.

"나는 매일 내 자신에 대해서 세 가지를 반성한다. 남과 일을 꾀함에 있어 불충실하지는 않았는가. 친구들과 사귐에 있어 신의를 잃지는 않았는가. 스승에게서 배운 것을 익히지 않은 바가 없었는가."

이렇게 스승의 가르침을 이행하는 데 철두철미한 증자였으므로 그는 특히 후배들로부터 큰 존경을 받았다. 그는 공자의 손자인 공급에게 할아버지의 사상을 전수하면서 이렇게 말하였다고 한다.

"선비는 뜻이 넓고 꿋꿋해야만 하는 것이니, 그 임무는 무겁고 갈 길이 멀기 때문이다. 인(仁)을 자기 임무로 삼고 있으니 어찌 무겁지 않겠느냐. 죽은 뒤에라야 갈 길을 멈추니 또한 갈 길이 먼 것이 아니겠느냐."

맹자는 공자의 손자인 공급에게서 유교를 전수받았으므로 엄밀히 따지면 증자는 맹자의 직계 스승이 되는 것이다. 따라서 맹자는 공자의 제자이면서 특히 증자를 각별히 존경하고 있었는데, 공자의 제자 중에서 유일하게 증삼이 '증자'라는 존칭으로 불리우게 된 것은 맹자의 강력한 영향 때문이었는지도 모른다.

맹자는 『이루(離婁)』 상편에서 증자의 효행을 기술하고 있다.

증자는 아버지 증석에게 끼니마다 반드시 술과 고기를 올렸고, 아버지가 다 먹고 난 뒤 그 음식이 또 남아 있는가 물으면 언제나 또 있다고 대답하였다고 한다. 이는 증자가 부모님의 몸을 봉양하였을 뿐 아니라 부모님의 정신까지도 봉양하고 있었다는 뜻이다.

또한 맹자는 『진심(盡心)』 하편에도 증자의 효행을 기록하고 있다.

아버지 증석은 생전에 고욤(小柿)을 즐겨 먹었다. 증자는 차마 아버지 생각에 고욤을 먹을 수 없었다.

『논어』에도 증자의 효행을 기록하고 있는데 그 내용은 다음과 같다.

증자가 병이 나자 제자들을 불러놓고 말하였다.

"내 발을 펴보아라. 내 손을 펴보아라. 『시경』에 '전전긍긍하며 깊은 못가에 서 있듯, 얇은 얼음판을 밟고 가는 듯한다' 고 하였다. 그러므로 이제부터는 내 걱정을 면하게 되었음을 알게 되었다. 얘들아."

죽기 직전 제자들을 불러놓고 자신의 손과 발을 보여준 증자의 태도는 생전에 부모로부터 물려받은 신체발부를 손상시키지 않으려고 깊은 못가에 서 있듯 전전긍긍하며, 얇은 얼음판을 밟고 가듯 아슬아슬하게, 무척 조심하며 살아온 증자의 태도를 엿보게 한다. 죽기 직전에 자기 몸에 아무런 손상도 받지 않았음을 확인받고 자기 몸을 조금도 손상시키지 않으려는 평생의 걱정을 덜게 되었다고 고백하였던 것이다. 증자의 이런 태도는 『효경』에 나오는 말에서 비롯된 것이었다.

우리의 몸은 부모에게서 받은 것이니, 다치지 않는 것이 효도의 시작이며, 출세하여 후세에 이름을 날려 부모를 드러내는 것이 효도의 끝이다. (身體髮膚 受之父母 不敢毁傷 孝之始也 立身行道 揚名於後世 以顯父母 孝之終也)

『효경』은 공자가 증자를 위해서 진술한 것' 이며, '공자는 뜻은 『춘추』에 실었고, 행실은 『효경』에 실었다' 라는 통설이 있는 것을 보면 그것이 사실이든 아니든 증자는 이처럼 효행에 있어 제일인자였을 뿐 아니라 공자의 사상을 맹자에게까지 전수시킨 유교에 있어

종성(宗聖)인 것이다.

이처럼 공자의 제자들의 다양한 활약상을 기술해보면 알 수 있듯 이 정작 스승인 공자는 68세 때의 나이에 노나라로 돌아와 73세의 나 이에 숨을 거둘 때까지의 6년간 오로지 교육과 인류의 영원한 교과서 라고 할 수 있는 경전의 편저에만 남은 여생을 바치게 되는 것이다.

자신의 정치적 이상을 현실정치에 펼쳐 보이기 위해서 13년간이 나 천하를 주유하면서 '만약 나를 등용하는 사람이 있다면 나는 그 나라를 동쪽의 주나라로 만들겠다.(如有用我者 吾其爲東周乎)' 라 고 선언하였던 공자가 고향으로 돌아온 뒤부터는 한순간 그 이상을 끊어버리고 오직 교육과 학문에만 정진하였던 것이다.

『논어』에는 바로 이 무렵 공자의 심경을 이렇게 표현하고 있다.

어떤 사람이 공자에게 물었다.
"선생님께서는 왜 정치를 하지 않습니까."
이에 공자께서 대답하셨다.
"『서경』에 말하기를 '효도하라, 오로지 효도하고 형제에게 우 애로움으로써 그것을 시정에 반영시켜라' 하였소. 이것도 정치 를 하는 것이거늘 어찌 따로 정치를 하는 법이겠소."

'부모에게 효도하고 형제에게 우애로움을 가르쳐 시정에 반영시 키는 것' 도 훌륭한 정치라고 말한 공자의 태도는 '진실로 나를 써주 는 사람이 있다면 일년이면 그 나라를 바로잡을 수 있고, 3년이면 완전한 정치의 결과를 올릴 수 있건만' 하고 상갓집 개처럼 천하를 순회하였던 주유열국시대 때의 공자와 전혀 판이한 정반대의 모습이었던 것이다.

노나라로 돌아온 후 공자는 그의 정치적 이상의 실천인 벼슬살이보다도 그의 학문적 이상인 전승(傳承)을 위한 교육에 전념하였고, 또한 정치보다도 교육을 통하여 전인으로서의 그의 인생이 완성될 수 있었던 것이다.

이러한 공자의 마음을 엿볼 수 있는 에피소드 하나가 오늘날 전해오고 있다.

공자의 제자 중 가장 막내였던 자하가 아들을 잃고 너무 울어 애통했던 나머지 장님이 되었다는 구절은 이미 상기한 바가 있는데, 그는 만년에 서하(西河)에 살면서 제자들 교육에 힘쓰고 위나라 문후의 스승이 되는 한편 자연과 벗 삼아 유유자적하며 노후생활을 즐기고 있었다.

자하는 항상 강가에 앉아 눈이 멀었음에도 강 위에 저무는 핏빛 노을을 즐기곤 하였는데, 그럴 때면 항상 손에 구슬을 들고 있었다. 아홉 구비나 구부러진 구멍이 있는 진귀한 구슬이었다.

사람들이 그 구슬에 대해 물으면 자하는 이렇게 대답하곤 하였다.

"스승으로부터 물려받은 구슬입니다."

공자가 가졌던 진귀한 구슬이 어떻게 해서 자하에게 건너갔는지 경위는 불분명하였지만 어쨌든 그 구슬은 공자가 '조용히 생각하십시오, 생각을 조용히 하십시오'란 말을 뿡을 따고 있던 아낙네로부터 전해 듣고 개미의 허리에 실을 꿰어 구멍 한 곳에 밀어 넣고 다른 쪽 출구가 되는 곳에 꿀을 발라 아홉 구비나 구부러진 구멍에 실을 꿸 수 있었던 바로 '공자천주'의 그 구슬이었던 것이다. '조용히 생각하라'는 '밀(密)' 자에서 '꿀밀(蜜)' 자를 떠올린 공자의 행동은 상대가 그 어떤 신분이든 가리지 않고 배웠던 공자의 면학정신을 상징하는 구슬이었던 것이다.

이미 그 소문을 알고 있던 사람들은 그 진귀한 구슬을 확인한 후 말하였다.

"그런데 어찌하여 구멍을 꿰었던 실은 보이지 않습니까?"

사람들은 공자가 갖고 있던 그 진귀한 구슬뿐 아니라 그 아홉 구비나 구부러진 구멍에 개미를 통해 실을 꿰었던 실제의 모습을 보기 원했던 것이다. 그러나 진귀한 구슬에는 빈 구멍만이 있을 뿐 실을 꿴 흔적은 남아 있지 않았다. 사람들이 의아해서 물으면 자하는 구슬을 가리키며 이렇게 말을 하곤 하였다.

스승께서는 주유열국을 끝내고 노나라로 돌아오실 때 구멍을 꿰었던 실을 뽑으셨습니다. 그때 제가 이렇게 물었습니다.

"스승님, 어찌하여 실을 뽑으시나이까?"

그러자 공자께서는 대답하셨습니다.

"고향으로 돌아와 이제 새로운 실로 아홉 구비의 구멍을 꿰려고 한다."

그러면 사람들은 한층 더 궁금해진 얼굴로 이렇게 묻곤 하였다.

"그래서 공자께서 새로운 실을 꿰셨나요?"

사람들이 질문하면 항상 자하는 얼굴에 미소를 띠며 머리를 끄덕이곤 하였다.

"꿰셨지요. 오색의 황금실로 꿰셨지요."

"그런데 어찌하여 저희들의 눈에는 보이지 않는 것입니까?"

사람들이 의아한 얼굴로 물으면 자하는 스승이 물려준 진귀한 구슬을 손으로 어루만지면서 대답하곤 하였다.

"보이지 않으시다니요. 앞을 못 보는 저의 눈에도 잘 보이고 있는데요. 자세히 보세요. 그러면 반드시 보일 것입니다."

장님인 자하의 눈에도 잘 보이는 황금의 실. 그것이 어째서 사람들의 눈에는 보이지 않고 있는 것일까.

자하의 말은 여러 가지 뜻을 함축하고 있음이었다. 13년 동안 펼친 공자의 주유열국은 아홉 구비의 구멍에 맨손으로 실을 꿰려는 어리석은 행위와 일치하는 것이었다. 자신의 정치적 이상을 펼칠 수 있는 군주를 찾아서 때로는 '상인을 기다리는 옥'처럼, '나무를 선택하는 새'처럼 끊임없이 순회했으나 공자는 마침내 자신의 정치적 이상을 현실정치에는 접목시킬 수 없다는 사실을 깨달았던 것이다. 따라서 공자가 자하에게 말하였던 '새로운 실로 아홉 구비의 구멍을 꿰려 한다'라는 말의 뜻은 고향에서 제자들을 가르치는 교육과 경전의 편찬에 남은 여생을 바치겠다는 뜻을 내포하고 있음인 것이다.

『사기』에는 이러한 공자의 결심을 나타내 보이는 장면이 나오고 있다.

……고향에서 또한 공자는 벼슬 구하는 일을 포기했다. 공자의 시대에는 이미 주실(周室)은 쇠미해져 있었고, 예악은 황폐

해졌으며, 시서(詩書)는 흩어져 없어졌다. 그래서 공자는 이를 안타깝게 여겨 하, 은, 주 3대의 예를 주석하고, 고서와 전기 등을 정리했으며, 위로는 요임금의 당, 순임금의 우시대로부터 진의 목공에 이르기까지 순서에 따라 정리 편찬하였다.

따라서 공자는 인류의 교과서가 될 경서의 편저에 온힘을 기울였던 것이다. 그의 교과서는 육경(六經)이라고 불리우는 『시』『서』『역(易)』『예』『악』『춘추』의 6가지가 중심을 이룬다. 이 육경이 유가의 경전으로 후세 중국뿐 아니라 동양문화발전에 지대한 영향을 끼친 것은 두말할 나위가 없는 것이다.

이처럼 공자가 남긴 육경과 중국 최초의 시가집이었던 『시경』『서경』『예기』『악기』『역경』『춘추』『논어』『효경』 등 9가지의 경전을 정리 편찬하였던 것은 마치 아홉 구비의 구멍에 새로운 실을 꿰어 넣으려는 공자의 의지를 암시하고 있음인 것이었다.

그러므로 일반사람들이 공자가 갖고 다니던 진귀한 구슬에 꿰어져 있는 황금의 실을 보지 못하였으나 맹인이었던 자하가 '장님인 제 눈에도 잘 보이는 데요' 하고 감탄하였던 것은 스승의 학문적 업적을 찬탄하는 존경과 칭송의 말이었던 것이다.

그렇다.

비록 육안은 멀어 장님이 되었으나 오히려 심안이 밝아진 자하의 눈에는 스승 공자가 꿴 황금의 실이 또렷이 보였을 것이다. 공자의 묘에 새겨진 비문처럼 '위대한 학문의 완성자' 로서의 공자, '최고의 성인' 으로서의 공자, '문화를 전파하는 왕' 으로서의 공자가 진

선미의 삼색으로 엮은 찬란한 실이 분명히 보였을 것이다.

물론 2천5백 년이 지나간 지금 공자의 진귀한 구슬은 전해지지 않고 있다. 그러나 구슬은 전해지지 않더라도 공자가 남긴 진신사리(眞身舍利)의 구슬들은 오늘을 사는 우리들에게 영원한 삶의 귀감과 생활의 지혜로서 전해오고 있는 것이다.

공자가 남긴 진신사리, 그것이 바로 2천5백 년 동안 동양인들의 마음속에 살아 움직이고 있는 유가사상이며 그런 의미에서 동양의 정신문화를 일컬어 유림(儒林), 즉 유교의 숲이라고 부르는 것은 공자가 심은 묘목 하나가 울창한 정신의 숲을 이뤘기 때문일 것이다.

공자천주.

문자 그대로 '공자가 구슬을 꿰다'라는 고사성어는 공자가 과연 우리들 가슴의 빈 구멍을 무엇으로 메우고 무엇으로 꿰려고 하였는지를 그의 생애와 학문을 통해 여실히 보여주고 있음인 것이다.

따라서 사람들이 공자를 두고 '만세사표(萬世師表)'라고 일컫는 것은 바로 이런 위대함 때문일 것이다.

명기두향

名妓杜香

군자에 이르는 길

1

청량리를 출발한 무궁화호 열차가 단양에 도착한 것은 오전 10시 40분 경이었다. 아침 6시 50분에 기차가 출발하였으니 거의 4시간 가까이 걸린 셈이었다. 4시간이라면 서울에서 부산까지 가는 소요시간인데, 충청북도의 경계역인 단양까지 4시간 가량 걸린다는 것은 지금은 볼 수 없는 거의 완행열차 수준의 속도였다. 과연 기차는 웬만한 역은 모두 섰다. 지금은 서울에서 부산까지 고속열차가 생겨나 2시간도 채 걸리지 않는다는 광속시대에 역이면 역마다 서고 한없이 느리게 가는 열차의 속도는 마치 시간을 거슬러 올라가 무슨 피난열차를 탄 느낌이었다.

느림의 미학.

속도의 무한경쟁시대에 있어 요즘 유행되고 있는 화두, 느림의 아름다움.

나는 그 느림의 아름다움을 오랜만에 맛보기 위해 승용차를 타지 않고 신새벽에 일어나 청량리역으로 나아가 무궁화호열차를 탔는지도 모른다.

청량리역.

청량리역에 대한 추억은 아득한 옛 기억과 맞닿아 있다. 고등학교 시절 군용배낭에 쌀 한줌과 마른 건빵 같은 비상식품을 싣고 지도 속에서만 보던 낯선 역을 찾아 무전여행을 떠날 때의 두려움과 또 한편의 기대 같은 것. 그것은 마치 흔들거리는 이를 빼기 직전의 아슬아슬한 불안감과 쾌감 같은 것이었다. 새벽녘 근처에는 항상 사창가에서 나온 할머니들이 슬그머니 다가와 이렇게 유혹하곤 했었지.

"젊은이 놀다가, 좋은 색시 소개해줄게."

군 시절 휴가 나왔다 돌아가던 곳이 청량리역이었다. 그 무렵 버스의 여차장들은 이렇게 소리를 지르곤 하였었지.

"청량리 중량교 가요."

그 소리를 잘못 들으면 이렇게 들려오곤 했었다.

차라리 죽는 게 나아요—. 차라리 죽는 게 나아요—.

차라리 죽는 게 나았던 청량리, 청량리역. 그 역의 이름은 저 암울했던 5, 60년대의 청춘시대와 연결된다. 아직 6·25전쟁의 상처가 채 가시지 않았던 참혹했던 전후의 계절, 차라리 달려오는 열차에 몸을 던져 자살하고 싶은 심경으로 무전여행을 떠났지. 열차가 시골 간이역을 지나칠 때면 달리는 열차에서 뛰어내려 무임승차를 하였었지. 항상 사람들로 넘쳐나고, 냄새나는 변소 앞에 쭈그리고 앉아서 꼬박 밤을 새우던 완행열차. 한참을 자다 눈을 떠도 경기도를 벗어나지 못한 석가여래의 손바닥 안이었지. 때로는 휴가병 열차이기도 했었다. 새벽에 나왔다가 30분 정도 시간이 남으면 사창가의 노파 손에 이끌려 판잣집에 끌려가 군화 끈을 풀지도 않고 혁대를 끄르고 엉덩이를 내린 후 눈 깜짝할 사이에 번개 같은 섹스를 했었지. 그럴 때면 지금은 할머니가 되었을, 아니 이미 죽었을 무성영화에 등장하는 엑스트라와 같은 여인들이 내 엉덩이를 때리며 이렇게 놀려댔었지.

"아따 급하기는, 번갯불에 콩을 튀겨먹었나."

요강에 오줌을 누고 도망치듯 달려가는 청량리역사. 그때 내 가슴에 줄곧 이런 말이 떠오르고 있었다.

차라리 죽는 게 나아요—.

청춘시절의 잠재된 기억은 평생을 가는 것일까.

몇십 년 만에 중앙선열차를 타는 청량리역은 옛날의 흔적은 전혀 찾을 수 없는 초호화판의 현대식 건물이었고, 사창가가 있던 건물은 눈부신 상가로 급변해 있었지만 여전히 내 귓가에는 버스차장의 목쉰 절규소리가 아득히 들려오고 있었다.

차라리 죽는 게 나아요—. 차라리 죽는 게 나아요—.

내가 단양을 가겠다고 생각했을 때 문득 중앙선열차를 떠올린 것은 그런 추억 때문이었다. 물론 전과는 달리 단양으로 가는 고속도로가 새로 건설되어 있다. 예전에는 한반도의 척추를 종단하는 노선이었으므로 가도가도 산맥이었고 가파른 계곡이었다.

대학시절 단양의 명물인 수석을 캐러 스승과 함께 여행갈 때에도 중앙선을 이용하곤 했었는데, 그때도 출발지는 차라리 죽는 게 나았던 청량리였고 여전히 열차는 숨 가쁘게 준령을 넘는 역마(驛馬)였다. 그런데 최근에 춘천과 대구를 잇는 고속도로가 신설되어 영동고속도로를 따라 원주인터체인지에서 중앙고속도로로 갈아타면 단양까지 직코스로 갈 수 있었던 것이다. 중간에 휴게소에서 쉬어 간다고 해도 2시간이면 충분히 도착할 수 있는 거리였다. 그러나 내가 굳이 열차를 타고 4시간이나 걸려 단양으로 가기를 고집했던 것은 이러한 옛 추억 때문이었을까.

　　예전의 완행열차와는 달리 열차는 정각 6시 50분에 출발하였다. 출발할 때부터 발 디딜 틈이 없이 사람으로 가득 차 지옥열차라고 불리웠던 열차는 그러나 현대식 의자로 단장되어 있었고 시설도 깨끗하였지만 항상 경주용 말처럼 빠른 속도, 빠른 생각, 빠른 경쟁에만 길들여져 있는 내겐 중앙선열차는 예나 지금이나 역마였으며 짤랑 노새였다.

　　다행히 열차는 듬성듬성 좌석들이 비어 있을 만큼 한산하였다.

　　나는 햇빛이 잘 드는 차창가에 앉아서 자판기에서 뽑은 커피를 마시기 시작하였다.

　　커피를 마시면서 내가 승용차로는 2시간 남짓밖에 걸리지 않는 단양까지 그 두 배에 가까운 4시간이나 걸리는 열차를 탄 것은 단순히 느림의 미학을 통해 오랜만에 망중한의 여정을 즐겨보자는 이유 때문만은 아니라는 사실을 떠올렸다.

　　지난 일년간 나는 조광조라는 인물을 통해 공자의 생애를 추적해

왔다. 그것은 마치 조광조라는 두레박을 통해 유림의 깊은 우물 속에 들어갔다가 나온 느낌이었다.

조광조.

지금으로부터 5백여 년 전인 조선 중기에 활동한 정치가. 사림파의 영수로서 유교를 정치와 교화에 근본으로 삼아야 한다는 왕도(王道) 정치를 폈던 개혁정치가. 이 왕도정치에 따라 왕이나 관직에 있는 사람이 몸소 유교의 이념을 실천궁행하여야 한다고 주장하였는데, 이것이 바로 조광조의 지치주의(至治主義)였던 것이다. 그러나 조광조의 급격한 개혁정신은 보수파인 훈구세력의 반발을 받아 하루아침에 전라도 능주에 유배되고 그곳에서 사사됨으로써 억울한 죽음을 당한 것이었다.

일년여 전 초겨울, 눈이 내리던 어느 날, 조광조가 사약을 받고 죽었던 적중거가를 찾아간 것으로 시작된 조광조의 추적을 통해 그의 개혁정신이 바로 공자의 유가사상에서 비롯되었음을 나는 발견할 수 있었다.

조광조는 임금 중종이 '내 항상 마음을 경계하고 싶으니 홍문관에서는 이에 합당한 글을 지어 올리도록 하라'는 어명을 내리자 스스로 '마음을 경계하는 글'인 '계심잠(戒心箴)'을 지어 올렸는데, 그 글에서 이렇게 주장하고 있었던 것이다.

"그러므로 옛 성인이 가르쳐주고 또 그 가르쳐준 것을 그대로 행하는 것이 성인의 심법(心法)을 받아들이는 것이다."

조광조가 말하였던 옛 성인은 바로 공자를 가리키는 것.

조광조는 '고려시대 때부터 내려오는 조선시대의 낡은 풍습과 사

상을 성인 공자의 유교식으로 바꾸어 놓으려는 개혁정치'를 펼치다
가 실패했던 위대한 선각자였던 것이다.

다른 성리학자들이 공자의 사상을 다만 학문으로만 연구하고 발
전시켰음에도 불구하고 조광조는 공자의 사상을 현실정치에 접목
시키려고 애를 쓰다 목숨을 잃었던 순교자였다. 격랑의 역사를 온
몸으로 부딪쳐 유가의 도를 실현하려다 산화한 순교자였던 것이다.

종착역이던 안동역까지의 소요시간은 무려 6시간, 아침을 거르고
나온 나는 열차를 돌아다니며 먹을 것을 파는 승무원에게 도시락을
샀다. 도시락으로 아침을 때우면서 나는 격세지감을 느꼈다.

열차의 창 밖으로 펼쳐지는 풍경은 예전 그대로의 산야였다. 어
쩌다 스쳐가는 강과 계곡은 의구하였지만 피난기차와도 같았던 열
차의 내부는 마치 위생적인 병원의 복도처럼 정갈하였고 승무원이
파는 도시락 역시 훌륭하였다. 도시락을 먹고 나서 뜨거운 물을 마
시며 나는 창 밖을 바라보았다. 평일이었으므로 승객들은 만원이
아니었지만 마침 봄이라 드문드문 등산객과 관광객 차림의 사람들
이 서로 마주보도록 의자의 방향을 바꾸어 앉아서 즐겁게 환담을
나누고 있었다.

철도노선에는 소백산이나 태백산, 치악산 같은 명산들이 있어 산
행을 즐기려는 사람들의 모습이 대부분이었다. 아직 조춘(早春)이
라 산야에는 벚꽃들이 만개하지는 않았지만 가장 먼저 피는 진달래
나 개나리와 같은 성미 급한 봄꽃들이 홍역을 앓는 어린아이의 몸
에 돋아난 붉은 발진처럼 울긋불긋 피어나 있어 그런대로 신열이
오른 나른한 봄풍경을 연출하고 있었다.

그제서야 내가 일부러 중앙선열차를 타고 단양까지 가고 있는 것은 참혹했던 청춘의 옛 추억을 반추해보려는 낭만적인 생각보다는 지난 일년 동안의 역사추적을 충분한 시간을 가지고 정리해보고 싶은 생각 때문이라는 느낌이었다.

　그렇다.

　나는 소리를 내어 중얼거렸다.

　조광조로부터 시작된 역사 추적은 2천5백 년 전의 세월을 거슬러 올라가 공자로까지 이어졌다. 조광조가 그토록 실현하고 싶어했었던 공자의 유교식 개혁정치, 즉 왕도정치가 무엇인가를 나는 공자의 생애를 더듬어봄으로써 살펴볼 수 있었던 것이다.

　그 추적을 통해 나는 마침내 깨달을 수 있었다. 조광조가 유가사상을 현실정치에 접목시키려고 애를 쓰다 실패하였던 정치가라면 공자 역시 자신의 정치적 이상을 현실정치에 접목시키려고 무려 13년 동안이나 주유천하를 하였지만 마침내 아무런 성과를 거두지 못하고 빈손으로 고향으로 돌아올 수밖에 없었던 실패한 사상가라는 것을. 두 사람은 실패한 정치가란 점에서는 한 개의 수정란에서 태어난 일란성 쌍생아처럼 닮아 있는 것이다.

　그렇다면 조광조는 어째서 공자의 정치적 주유천하가 실패로 끝났음에도 불구하고 고려시대 때부터 내려오는 조선시대의 낡은 풍습과 사상을 공자의 유교식으로 바꾸어 놓으려는 개혁정치를 펼치다 역시 실패하여 비참하게 목숨을 잃었던 것일까. 어째서 조광조는 이미 실패로 끝난 공자의 왕도정치의 철학을 개혁정치의 신 이데올로기로 맞아들인 것일까.

그렇다면 조광조의 유교적 개혁정치는 처음부터 실패로 끝날 것임이 예정되어 있음이 아닐 것인가.

　　공자의 왕도정치.

　　그것은 우선 군주와 힘을 가진 권력자들의 높은 윤리 의식과 엄격한 도덕주의가 요구된다. 윗물이 맑아야 아랫물이 맑듯이 절대 권력자들이 인, 의, 예, 지의 유교적 이념을 철저히 실천하여 군자가 되는 것이 바로 공자의 지치주의인 것이다. 그러나 과연 그것이 가능한 일일까.

　　절대 권력은 지상에서 가장 강력한 힘을 갖기 마련이다. 절대의 권력은 인간이 만드는 것이 아니라 어차피 지위가 만드는 것이다. 힘은 인간이 가지는 것이 아니라 그 지위에서 나오는 것이다. 따라서 절대 권력자는 그 지위가 가진 힘의 매력에서 벗어날 수 없으며, 절대 권력자는 자신이 발휘하는 힘이 절대선이라는 함정 속에 빠질 수밖에 없는 것이다. 그러므로 인간이 가져야 하는 윤리의식과 도덕주의는 태생부터 권력과는 상충되는 것이다.

　　"법과 정의는 제우스신과 나란히 앉아 있다. 권력을 가진 이가 하는 모든 일, 그것은 그대로 법이고 정의일 수밖에 없다."

　　『플루타르크 영웅전』에 나오는 이 구절은 권력의 속성을 여지없이 드러내고 있는 명언인 것이다.

　　인류가 낳은 3대 성인 중의 하나인 공자의 현존도 위나라의 영공을 변화시킬 수 없었으며, 노나라의 권신이었던 계씨들에게 정의를 심어주지 못하였다. 하느님의 아들이었던 예수를 수천 년간 메시아를 기다려온 유대인들이 바로 하느님을 모독한다는 역설적인 죄를 뒤집어 씌워 십자가에 못 박아 죽인 아이러니처럼 위대한 완성자였던 공자의 충고도, 설득도 그 무렵 정치가들의 마음에 전혀 윤리의식을 심어주지는 못하였던 것이다. 따라서 오직 '권력을 가진 이의 하는 일이 곧 법이고 정의일 뿐이다'라고 말한 『플루타르크 영웅전』의 기록이 오히려 권력의 속성을 드러내고 있는 진리인 것이다.

공자조차 이루지 못한 왕도정치를 그보다 2천 년 후에 감히 권력에 접목시키려 하였던 조광조. 그는 어리석은 사람이었던가, 아니면 실패를 두려워하지 않았던 예지자였던가.

예지자라면 비록 실패하였다 하더라도 후세에 깊은 영향을 주어 서서히 세상을 변화시키는 밑거름이 되었어야 할 텐데 조광조의 순교에도 왕조 5백 년의 권력은 전혀 변화되지 않고 있음이다. 어디 왕조뿐이겠는가. 21세기의 오늘날에도 여전히 정치는 권력을 가진 자가 제정하는 법과 정의에 의해서 왜곡되고 있음이니. 권력은 여전히 총구(銃口)에서 나오고, 힘은 여전히 독재에서 출발하고 있음인가.

그에 비하면 이퇴계(李退溪, 1501~1570).

조광조보다 불과 18년 늦게 태어난 이퇴계는 같이 공자의 유교사상에 깊은 영향을 받았음에도 불구하고 조광조와는 전혀 그 성격을 달리한다.

조광조가 공자의 정치적 이상을 현실에 접목시키려 하였던 실천적 제자라면 이퇴계는 공자의 말년 6년 동안에 집중된 학문과 사상을 계승 발전시킨 동양 최고의 학문적 제자이다.

불교가 인도에서 시작되어 당나라의 선종을 거쳐 발전되어 오다가 우리나라가 낳은 최고의 성인, 원효에 이르러 불교의 정수가 매듭지어진다. 마찬가지로 유가사상이 2천5백 년 전 중국에서 시작되었으나 유교의 정수도 해동의 이퇴계에 의해서 매듭지어졌으니, 인류사상 최고의 정신문화의 유산인 불교와 유교가 모두 우리나라의 두 거인에게서 열매를 맺게 되는 것이다.

그러니 어찌 우리나라를 변방의 작은 소국이라고 자괴할 수 있을 것인가. 원효와 퇴계를 낳은 세계 최고의 정신문화 선진국.

이퇴계의 위대함은 조광조와는 달리 유가사상에만 전념하여 공자의 사상을 성리학으로 완성하였던 것이다.

퇴계는 평생 동안 53번이나 벼슬자리에서 스스로 사퇴하였다.

본명이 이황(李滉)이었던 그가 퇴계라는 호를 지은 것도 말년에 자신의 고향인 토계(兎溪)로 돌아와 마을이름을 퇴계라 고치고 더 이상 벼슬에 연연하지 않고 세상과 완전히 손을 끊겠다는 의지를 『논어』에 나오는 '조정에서 물러나다(退朝)'에서 따온 '물러갈 퇴(退)'자를 사용했던 데서 비롯된 것이다.

53번이나 벼슬자리에서 사퇴한 이퇴계의 행적은 13년 동안이나 자기를 써줄 군주를 찾아서 주유천하를 하였던 공자와 정반대의 모습을 보이고 있다. '물러나올 계곡(退溪)'에서 살고 싶다는 이퇴계가 계속 정치로부터 물러나고 물러나오는, '물러감(退)'의 생애를 보냈다면 공자는 계속 정치를 향해 나아가고 나아가는, '나아감(進)'의 생애를 보냈던 것이다. 비록 어쩔 수 없이 정치의 현장에 있는 순간에도 퇴계는 오직 학문만을 꿈꾸었다. 이러한 퇴계의 심경은 말년에 지은 「자명(自銘)」이란 시에 분명히 드러나고 있다.

나면서 어리석고 자라서는 병도 많네

중간엔 어쩌다가 학문을 즐겼으며 만년엔 어이하여 벼슬을 받았던고

학문은 구할수록 더욱더 멀어지고 벼슬은 싫다 해도 더욱더 주어지네

나아가면 넘어지고 물러나 굳이 감추니

나라 은혜 부끄럽고 성현 말씀 두렵도다

높고 높은 산이 있고 흐르고 흐르는 물이 있어

평복을 갈아입고 뭇 비방 떨쳐 버렸네

내 생각 제 모르니 내 즐김 뉘 즐길까

옛 사람 생각하니 내 마음 쏠리도다

뒷사람 오늘 일을 어찌 알아주지 못할 건가

근심 속에 낙이 있고 낙 가운데 근심 있네

조화를 타고 돌아가노라 또 바랄 것이 무엇이랴.

퇴계가 지은 자전적인 이 시 속의 내용처럼 그의 칠십 평생은 '학문은 구할수록 더욱더 멀어지고 벼슬은 싫다 해도 더욱더 주어져', '나아가면 넘어지고 물러나 굳이 감추던(進行之跲 退藏之貞)' 물러감의 연속이었던 것이다.

그런 의미에서 퇴계는 공자의 정치적 이상에는 처음부터 관심조차 없었던 사상가였다. 퇴계는 이미 성현 공자의 생애를 통해 정치적 이상을 현실에 실현시키는 것이 불가능하다는 사실을 꿰뚫어본 철인이었던 것이다.

그런 의미에서 조광조는 공자가 실패한 부분을 자신이 몸소 실천해보려던 행동주의자였으며, 이퇴계는 공자의 실패한 부분을 버리고 성공한 학문의 부분만을 자신이 계승 발전시켜 보려던 사유주의자였던 것이다.

단양에 가까이 갈수록 차창으로 빗겨 들어오는 봄볕은 밝아지고 있었다. 마침 가까운 소백산에서 무슨 꽃 축제라도 벌어지고 있는 모양으로 등산복을 입은 사람들이 떼지어 옆자리에 앉아 있었다. 그들이 하는 말을 들어보면 소백산에서 철쭉축제가 열리고 있다는 것이었다. 온 산에 가득 철쭉꽃이 피어 마치 산 전체가 피를 토하듯 붉게 물들었다고 그 중 한 사람이 목소리를 높여서 떠들고 있었다.

단양.

원래는 고구려 땅으로 옛날에는 적성(赤城)이라고 불리우는 군사상의 요충지역이었다. 단양의 현지명은 '붉은 적(赤)'에서 역시 '붉은 단(丹)'자로 이름을 바꾼 고려시대부터 시작되었다. 고구려의 중요한 성읍임을 나타내듯 근처에는 고구려의 용장이었던 온달이 전사한 산성이 아직도 남아 있다.

이퇴계가 이 단양의 군수로 내려온 것은 그의 나이 48세 때인 명종 3년(1548년).

이미 은퇴를 결심한 이퇴계는 견디다 못해 한양에 머무는 경직(京職)이 아닌 외직(外職)을 자청한다. 이미 정계에서 물러날 결심을 굳힌 퇴계는 우선 조정의 그늘을 벗어나기 위해서 고향에서 가까운 한촌인 단양에 군수로 자원하는 것이다.

이때가 퇴계의 인생으로 보면 가장 중요한 전환기의 분기점이었던 것이다.

이퇴계의 사상과 변화를 기준으로 하여 그의 생애를 구분하면 다음과 같은 세 시기로 압축된다.

제1기는 초년기(初年期)로 이 시기는 그의 출생으로부터 33세 되던 해까지로 연산군 7년(1501년)으로부터 중종 28년(1533년)까지의 시기인데, 이는 수학시기라고 할 수 있다.

제2기는 이퇴계가 급제, 출신한 33세 때부터 은퇴를 결심하고 단양에 군수로 외직에 나간 후 풍기군수로 재직하다가 경상감사에게 병으로 사직서를 제출하여 해관(解官)을 청한 49세까지이다. 이 시기는 나아가 벼슬을 하였던 출사기(出仕期)였는데, 이는 중종 29년(1534년)으로부터 명종 4년(1545년)까지의 약 15년에 걸친 시기이다.

제3기는 말년기(末年期)로 이퇴계가 50세 되던 해 감사의 허락 없이 임지를 떠날 때로부터 70세에 세상을 떠날 때까지 도산서당을 통해 제자들을 가르치고 학문에 정진하였던 20년에 걸친 시기였다. 명종 5년 서기 1550년으로부터 선조 3년(1570년)에 해당하는 시기인데, 이를 은둔 강학기(講學期)라고 부를 수 있는 시기인 것이다.

이처럼 세 시기로 크게 구분되는 이퇴계의 생애는 놀랍게도 공자의 생애와 대동소이하다.

기원전 551년에 태어난 공자가 학문에 뜻을 두고 공부하다가 나이 35세 때 노나라에 내란이 일어나자 제나라로 1차 망명을 하였던 시기까지를 수학기라고 할 수 있다면 이후 13년 동안이나 정치적 이상을 실현하기 위해서 천하를 주유하였던 시기를 포함하여 출사기라고 말할 수 있는 것이다.

공자의 정치적 방황은 기원전 484년 공자의 나이 68세 때 계강자의 초청으로 고향인 노나라로 돌아옴으로써 비로소 끝이 나게 된다. 이후 73세의 나이로 죽을 때까지 공자는 오로지 학문과 경전 편찬에 전념하였는데, 그렇게 보면 이퇴계가 단양군수를 자원하여 내려온 것은 공자가 주유열국을 끝내고 고향으로 돌아온 시기와 일치되고 있음인 것이다.

물론 이퇴계는 공자의 짧은 공직생활과는 달리 단양의 군수로 내려오기 전에 벌써 14개 아문(衙門)에서 29종의 벼슬을 하였었다.

그 중에서 재직기간이 가장 오래된 것으로는 홍문관(弘文館)의 본직 30개월과 승문원(承文院)의 겸직 31개월이었다. 다음으로 장기간 벼슬을 하였던 것은 경연의 24개월, 춘추관(春秋館)의 21개월이다. 퇴계가 스스로 외직을 자청하여 단양군수로 내려오기 전에는 주로 홍문관, 승문원, 경연, 춘추관 네 관아의 벼슬을 중심으로 등용되었던 것이다. 이 관아들은 봉건시대의 군주국가는 임금의 명령으로 국정이 움직여지기 때문에 국왕 및 왕세자를 보좌하는 주무관청이었으므로 이퇴계는 조정의 핵심부서에서 이를 관장하고 있었던 것이다.

따라서 이퇴계가 단양군수로 내려올 무렵에는 '퇴거계상(退居溪上)', 즉 '벼슬에서 물러나 산속의 시냇물'에서 살고 싶다는 자신의 의지를 분명히 드러낸 이퇴계 인생의 중요한 분기점이었던 것이다.

따라서 이퇴계가 단양에 군수로 내려온 것은 공자가 천하주유를 끝내고 고향으로 돌아온 것과 비견되는 일이었던 것이다.

처음에 이퇴계는 청송(靑松)의 군수를 자청하였다. 그러나 청송의 군수는 임명된 지 얼마 안 되었고, 마침 청송과 이웃한 단양군수 자리가 비어 있는 것으로 판명되어 단양의 군수로 부임했던 것이다.

이때가 명종 3년 정월. 이퇴계의 나이 48세 때의 일이었다.

이퇴계가 청송군수를 자원했던 것은 다른 이유 때문은 아니었다. 청송은 경상도에 있었으므로 그곳은 자신의 고향인 안동으로 직행할 수 있는 지름길이었기 때문이었다. 비록 단양과 청송은 지척 지간이었지만 단양은 충청도에 속해 있었으므로 단양군수를 제수 받았을 때 이퇴계는 적잖이 실망하였다고 한다. 이런 아쉬움의 심정이 이 무렵 지은 이퇴계의 시에 다음과 같이 드러나고 있다.

푸른 소나무에 흰 학과는 비록 연분이 없지만
푸른 물 붉은 산과는 진실로 인연이 있었네.

청송은 '푸른 소나무'를 가리키는 말이고, 붉은 산은 단양을 가리키는 '단산(丹山)'이므로 이퇴계는 처음에는 단양군수로 내려오는 것을 탐탁하게 여기지 않았던 듯 보인다. 그러나 이 탐탁하게 여기지 않았던 불과 9개월간의 짧은 재임기간 동안 이퇴계는 뜻밖에도 '진실한 인연'을 이곳에서 만나게 되는 것이다.

진실한 인연.

이것이 소위 불교에서 말하는 숙세(宿世)의 인연이라는 것일까.

2

열차는 어느덧 제천역에 멈춰 섰다. 한 떼의 승객들이 우르르 열차를 내렸다. 아마도 제천에는 월악산이 있어 그 산을 등반하려는 등산객인 모양이었다. 불과 일분 남짓의 짧은 정차시간이 끝나고 다시 기차가 출발하기 시작하자 나는 내릴 준비를 서둘렀다. 아직 쌀쌀한 날씨라 벗었던 코트를 꺼입고 모자를 눌러썼다.

그렇다.

내가 단양을 찾아온 것은 군수로 있었던 이퇴계의 행적을 추적하기 위함이 아니다. 내가 단양으로 내려온 것은 이퇴계가 노래하였던 진실한 인연이 무엇인가를 밝히기 위함이었던 것이다.

이퇴계는 단양에 군수로 있을 무렵 다음과 같은 시를 한 수 읊는다.

꽃에 해가 지고 동녘에 달이 뜨니
꽃과 달이 어울려 시름은 한이 없다
달은 만월인 채 꽃도 지지 않는다면
술 못 마실 걱정은 없으련만.
花光迎暮月昇東
花月淸宵意不窮
但得月圓花未謝
莫憂花下酒杯空

이 시의 내용은 이퇴계가 지은 시로는 매우 이례적인 것이다. 평소 매화를 좋아하여 매화를 노래한 시는 여러 수 지었지만 풍류객과 거리가 먼 이퇴계가 꽃과 달을 노래하고, 그뿐인가 '꽃이 지지 않으면 술 못 마실 걱정은 하지 않아도 될 터인데' 하고 한탄함으로써 꽃이 져 낙화(落花)함을 슬퍼하고 있었던 것이다.

그렇다면 이퇴계가 단순히 지는 꽃을 슬퍼하였단 말인가. 아니다, 나는 내릴 준비를 하면서 머리를 흔들었다.

이퇴계가 단순히 달이 지는 것을 시름하였을까. 아니다. 이퇴계가 시름하였던 것은 꽃이 지는 사연 때문이며, 이퇴계가 시름하였던 것은 함께 술을 마시던 사람과의 작별을 슬퍼하였기 때문이 아니었을까. 꽃과 달과 술이 시름되는 것은 그 꽃을 함께 보던 사람과의 추억 때문이며, 그 달을 함께 보던 사람과의 인연 때문이며, 그 술을 함께 마시던 사람과의 이별 때문인 것이다.

그렇다면 누구인가.

이퇴계가 노래하였던 푸른 물 붉은 산인 단양에서 '진실된 인연'을 맺었던 그 사람은 누구인가.

내가 단양으로 내려온 것은 이퇴계가 달과 꽃과 술로 은밀하게 숨겨놓고 있는 이퇴계의 비밀을 밝히기 위해서였다.

일찍이 조선전기에 문신이자 학자인 정극인(丁克仁)은 노래하지 않았는가.

　　화풍(和風)이 건뜻 불어
　　녹수(綠水)를 건너오니

청향(淸香)은 술잔에 지고

낙홍(落紅)은 옷에 진다

술독이 비었거든 나에게 알리어라

어린아이에게 술집에 술이 있는가 없는가 물어

어른은 막대잡고 아이는 술을 메고

......

마치 정극인의 「상춘곡(賞春曲)」처럼 술과 꽃과 달을 노래한 이
퇴계. 이퇴계에게 도대체 어떤 '진실된 인연'이 이곳에서 있었던 것
일까.

마침내 열차는 단양에서 멈췄다. 나는 시계를 들여다보았다. 정
확히 10시 41분이었다. 나로서는 신비한 경험이었다. 역마다 서는
완행열차가 시간을 정확히 지키고 있다는 사실은 마치 이상한 나라
에 온 엘리스와 같은 기분이 들게 했다. 많은 승객들이 나와 함께
우르르 열차에서 내렸다. 관광지인 단양을 들러 소백산의 철쭉제도
함께 즐기려는 상춘객이 대부분인 모양이었다.

봄이라고는 하지만 아직 굽돌아 가는 강물 위를 스쳐오는 바람
속에는 살을 에는 날카로운 칼날이 번득이고 있었다. 그러나 봄볕
은 박살난 유리조각처럼 어디서나 흘러넘치고 눈부시게 반짝이고
있었다.

약간 높은 언덕 위에 자리 잡고 있는 역사를 나서자 한눈에 탁 트
인 단양 특유의 푸른 물과 붉은 산의 풍경이 한 폭의 산수화처럼 다
가왔다. 개조하여 간이식당으로 만들어 놓은 객차 너머로 지난겨울

동안 얼어붙었다가 녹아 흐르는 강물이 쪽빛으로 흘러가고 있었다.

　나는 천천히 역 앞 뜨락을 거닐었다. 우연히 왼쪽 화단 위에 자연석으로 만든 시비가 놓여 있는 것을 볼 수 있었다.

　조남두(趙南斗)란 시인이 지은 「팔경가에서」란 시였다. 나는 천천히 그 시를 읽어보았다.

　　소매끝 도는 구름
　　두둥실 감기는 하늘
　　퇴계 선생 기침소리
　　유곡산란 바람소리
　　상중하 신선바위
　　어깨춤 물굽이여
　　구담봉 머리끝에 선학이 푸득인다.

　이퇴계는 이곳 단양에 군수로 9개월을 머물며 빼어난 절경에 감탄하여 그 유명한 '단양팔경'을 지정한다. 시인 조남두는 바로 그러한 단양의 팔경을 노래하면서 이퇴계의 업적을 '기침소리'로 기리고 있음인 것이다. 시는 다음과 같이 이어지고 있다.

　　천년을 물속
　　도사린 큰 뜻이 우람쿠나
　　어느 제 하늘 가련가
　　내 벗으로 예 머무는 거북

층층으로 줄이어 쌓인 옥순석병
훈풍결에
너풀너풀 풍류자락
날리며 송강을
대작할까
남한강 선경
감돌아 휘감기는
미기 두향 옥가락아.

팔짱을 끼고 시를 감상하던 나는 순간 마지막 연에서 숨이 멎는
것 같았다.

남한강 선경
감돌아 휘감기는
미기 두향 옥가락아

미기(美妓)라면 문자 그대로 '아름다운 기생'을 뜻하는 말. 그렇
다면 그 기생의 이름이 바로 두향(杜香)이란 말이 아닌가.
나는 알고 있었다.
조남두란 원로시인은 원래 이곳 단양출신이었다. 단양출신이었
으므로 누구보다 이곳의 단양팔경과 그 팔경에 얽힌 유래들을 잘
알고 있을 것이다. 그러므로 시 도입구에 나오는 '퇴계선생 기침소
리'와 시 종장에 나오는 '미기 두향 옥가락아'는 서로 깊은 연관이

있음인 것이다.

그렇다면.

나는 팔짱을 낀 채 자연석에 새겨진 시를 다시 한 번 읽어보면서 생각하였다. 이퇴계가 노래하였던 '푸른 물과 붉은 산'의 단양에서 맺었던 '진실된 인연'이란 퇴계와 미기 두향과의 인연을 말함이 아닐 것인가. 그러므로 단양의 군수로 있을 무렵 이퇴계가 '꽃과 달이 어울려 시름은 한이 없다'라고 노래하였던 것은 함께 술을 마시며 꽃과 달을 보던 두향과의 애틋한 추억 때문이 아닐 것인가.

순간 내 얼굴에는 미소가 떠올랐다. 항간에 떠도는 이퇴계에 대한 소문 때문에. 율곡(栗谷)은 여색에 매우 근엄하였지만 퇴계는 여색에 매우 호탕하여 '낮 퇴계와 밤 퇴계는 다르다'는 소문까지 나돌고 있었던 것이다.

실제로 이퇴계는 이율곡과는 달리 남녀의 성에 대해서는 진보적인 사고를 갖고 있었다.

율곡은 아내와 합방할 때도 의관을 정제하고 들어가 지극히 근엄하게 접했다고 했는데, 이 말을 전해들은 퇴계는 '만물이 제대로 생성하려면 비도 오고 바람도 불어야 하는 법인데, 율곡이 범방(犯房)시에 그렇게 준엄하다면 어찌 자식이 있겠느냐'하고 한탄하였다고 『퇴계언행록』은 기록하고 있을 정도였던 것이다

그러므로 적어도 퇴계는 남녀간의 교접이 비가 오고 바람이 부는 인간본연의 자연스러운 본능이며, 만물이 생성되는 음양의 조화임을 꿰뚫어보고 있었던 것이다. 따라서 퇴계는 이율곡과는 달리 비록 근엄한 스승이며 학자이긴 하였지만 남녀간의 상애(相愛)에 대

해 부정적인 견해를 갖고 있지 않았던 것은 분명한 사실이었던 것이다. 이러한 기록 때문에 이퇴계가 비교적 여색에 대해 호방하였다는 과장된 소문이 나돌았을지 모른다.

그러나 퇴계는 평생 동안 병약하였다. 단양군수를 거쳐 풍기군수에 재임하였다가 마침내 감사의 허락 없이 임지를 떠나면서 제3기인 말년기를 열었던 이퇴계는 이때 감사에게 올린 글에서 자신의 병환을 자세하게 설명하고 있다.

……저는 몸이 허약하고 파리한 데다가 심기의 병까지 겹쳐 기침이 몹시 나고, 가래가 끓으며, 허리와 갈비뼈가 당기고 아픈가 하면 트림이 나고, 신물이 오르며, 등에는 한기가 가슴에는 열기가 번갈아 발작하며, 때로는 눈이 찔아찔하고 머리가 어지러워 넘어질 것만 같았으며 숱한 일을 그르치고, 또 어제 일을 오늘 잊고, 아침의 일을 저녁에 잊으며, 밤으로 걸핏하면 악몽에 시달리며, 기혈이 마르고, 정신이 흐리며, 헛땀이 줄줄이 흐르고, 눕기를 좋아하며, 곯아떨어지곤 하였습니다.

'풍기군수가 감사에게 올리는 벼슬을 사양하는 상소문'이라는 글의 내용을 보면 알 수 있듯이 이퇴계의 그 무렵의 건강상태는 심각하였던 것처럼 보이는데, 물론 그의 건강이 좋지 않았던 것은 사실이었지만 고향에 머물 때는 이렇게 심한 병증을 호소하지 않은 데 비하여 벼슬에 나오면 이렇게 상세하게 증상을 호소하는 것은 어쩌면 벼슬에서 물러나려는 칭병(稱病)의 측면도 있기 때문일 것이다.

그러나 이퇴계가 이처럼 병약했다는 것이 사실이라 해도 시적 운치와 풍류를 즐겼던 풍월객임에는 틀림이 없다. 특히 매화를 사랑하여 평생 동안 107수에 달하는 매화시를 지었고, 91수의 매화시를 집대성한 『매화시첩(梅花詩帖)』이란 시집까지 낸 퇴계라면 매화보다 맑고 매화보다 향기로운 여인의 아름다움에 대해서 무심하였을 리는 없을 것이다.

한양에서 벼슬살이를 하면서도 고향의 봄날 그 화려한 꽃동산을 눈앞에 선명하게 그려보면서 시정을 노래한 「감춘(感春)」이란 시를 보면 이퇴계가 뛰어난 성리학자이면서도 빼어난 시인임을 여실히 드러내고 있는 것이다.

그윽한 섬돌엔 여린 풀이 돋아나고
향기로운 동산에는 꽃나무들 흩어 있네
비 내리자 살구꽃 드물고
밤들자 복사꽃 활짝 피었어라
붉은 앵두꽃은 향기로운 눈이 되어 나부끼고
하얀 오얏꽃은 은빛 바다가 들끓는 듯

상상만으로도 이처럼 화려한 고향의 봄을 느낄 수 있는 이퇴계가 어찌 꽃보다도 아름다운 여인에게서 감흥을 느끼지 않았으리오.

특히 말년에 도산서당에서 지은 매화를 노래한 다음과 같은 시를 보면 이퇴계가 얼마나 뛰어난 시적 감수성을 지니고 있었던가를 깨닫게 한다.

뜨락을 거닐자니 달이 사람을 따라오고
매화꽃 언저리를 몇 차례나 돌았던고
밤 깊도록 오래앉아 일어나기를 잊었더니
옷깃에 향내 머물고 그림자는 몸에 가득해라.

이처럼 빼어난 시적 감수성을 갖고 있던 이퇴계가 과연 여인에
대해서 무심하고 여인의 향기에 대해서도 근엄하였을까.

아마도.

나는 머리를 흔들며 중얼거렸다.

아닐 것이다. 이퇴계는 이 단양에서 군수로 재임하고 있을 무렵
두향이라고 불리우던 아름다운 기생과 진실된 인연을 맺었을 것이
다. 시인 조남두가 노래하였던 것처럼 두향이가 부르는 옥가락의
노랫소리가 감돌아 휘감기며 이퇴계는 한바탕의 춘사(春思)를 느꼈
을지도 모른다.

얕은 언덕 위에 세웠던 역사였으므로 탁 트인 산야에서 불어오는
봄바람은 여전히 매서웠다. 역사 광장에는 단양팔경 중에 제1경이
라고 할 수 있는 도담삼봉(嶋潭三峰)을 본떠 만든 모형수석이 전시
되어 있었다. 도담삼봉은 특히 조선의 개국공신인 정도전과 깊은
인연을 갖고 있는 명소이다. 이곳 단양출신인 정도전은 젊은 시절
도담삼봉에서 자연과 벗 삼아 학문을 익혔으므로 자신의 호를 삼봉
이라고까지 지었던 뛰어난 성리학자였다.

이름 그대로 세 가지의 섬으로 이루어진 도담삼봉. 가장 높은 봉
우리는 가운데 있는 중봉으로 높이는 6미터 가량인데, 이곳의 군수

로 온 이퇴계가 이 절경을 보고 시를 짓지 않을 수 없었을 것이다. 특히 저녁노을이 아름다운 도담삼봉을 보며 이퇴계는 다음과 같이 노래를 짓는다.

산은 단풍으로 물들고 강은 모래벌로 빛나는데
삼봉은 석양을 이끌며 저녁노을을 드리우네
신선은 배를 대고 길게 뻗은 푸른 절벽에 올라
별빛 달빛으로 너울대는 금빛 물결 보러 기다리네.

도담삼봉의 모형수석을 보며 이퇴계의 옛 시를 떠올린 순간 나는 확신할 수 있었다.

이퇴계와 명기 두향과의 상사는 분명한 사실인 것이다. 이퇴계는 홀로 도담삼봉에 올라 별빛달빛으로 너울대는 금빛 물결을 본 것이 아니라 두향이와 함께 배를 대고 푸른 절벽에 올라서 저녁노을을 바라보며 달뜨기를 기다린 것이다.

나는 담배를 피워 물었다. 담배에 불을 붙이는 내 손이 떨리고 있었다. 이퇴계의 '진실된 인연'에 얽힌 무슨 사연이 있을 것이라는 내 막연한 예감은 이처럼 우연치 않게 적중된 것이다.

두향, 조남두의 시 구절대로라면 두향은 이곳 출신의 기생이었을 것이다. 그러나 단양은 색향으로 유명하지 않은 한갓 벽촌에 불과한 곳. 명기들의 배출지로는 서울, 평양, 선천, 해주, 강계, 함흥, 진주, 전주, 경주 등이 손꼽히고 있다. 따라서 두향은 미색이 뛰어난 기생은 아니었을지도 모른다.

그렇다면.

나는 담배를 피워 물으며 생각하였다.

이제부터가 시작인 것이다. 그런데 도대체 어디서부터 이퇴계와 두향에 얽힌 사연을 추적할 수 있단 말인가.

나는 난감한 느낌이었다. 그때 문득 내 눈에 들어오는 것이 있었다. 그것은 광장에 서 있는 서너 대의 택시였다. 역 앞에 놓인 시비에 두향의 이름이 새겨져 있다면 이곳 사람들은 대부분 두향은 물론, 이퇴계와 두향과의 인연에 대해서도 잘 알고 있을 것이다. 택시 운전사라면 남보다 더 많은 정보를 갖고 있을 것이며 두향의 연고지에 대해서도 전문적인 지식을 갖고 있을 것이다.

나는 황급히 담배를 눌러 끄고 택시 쪽으로 걸어갔다.

"말씀 좀 묻겠습니다."

내가 고개를 숙여 말하자 운전사는 손을 올려 차창을 열었다.

"저 혹시 두향이를 아세요?"

질문을 하면서도 나는 순간 내가 터무니없다는 느낌을 받았다.

"두향이라요."

운전사는 자신이 잘못 듣기라도 한 듯 한손을 들어 바람소리를 막으며 되물었다.

"기생 두향이 말입니다."

내가 다시 대답하자 그제서야 운전사의 얼굴에서 화색이 돌았다.

"아, 옛날 기생 두향이 말씀이신가요. 이퇴계 선생하고 사랑놀이를 하던?"

나는 옳다 됐구나 하여서 머리를 끄덕였다. 나중에 안 얘기지만 해마다 5월 단옷날이면 기생 두향을 위해 '두향제'란 마을 축제가 열린다는 것이었다. 따라서 이곳 사람들은 대부분 두향의 이름을 알고 있었고, 특히 지리적 여건에 밝은 택시 운전사가 그것을 모를 리가 없었던 것이다.

"그래 두향의 뭘 알고 싶은가요?"

운전사는 시큰둥한 표정으로 나를 쳐다보며 물었다.

"기생 두향과 관계가 있는 연고지 같은 게 없습니까?"

내가 묻자 운전사는 한심한 듯 나를 보며 말하였다.

"이보시오. 두향이는 5백 년 전 사람인데 무슨 연고지가 남아 있겠소이까. 두향이의 무덤이라면 몰라도."

운전사는 혀를 차며 혼잣말을 중얼거렸는데, 순간 나는 잘못 들었는가 하고 귀를 의심하였다.

두향의 무덤이라니. 그렇다면 두향의 무덤이 오늘날 남아 있다는 말인가.

나는 믿기지 않은 얼굴로 운전사의 얼굴을 쳐다보며 물었다.

"방금 뭐라고 하셨지요. 두향의 무덤이라고 말했나요?"

내가 묻자 운전사는 대답하였다.

"두향의 무덤이 남아 있다고 내가 말하였소."

충격적인 내용이었다. 5백여 년 전에 죽은 기생 두향의 무덤이 아직 남아 있다니, 기생이라면 어쨌든 천민이 아닌가. 한갓 천민이었던 두향의 무덤이 아직 남아 있다니.

"정말입니까?"

나는 믿을 수가 없었다.

그러자 운전사가 웃으며 말하였다.

"세상을 속아서만 살아오셨습니까. 두향의 무덤이 아직 남아 있다니까요."

"안내해줄 수 있겠습니까?"

그러자 운전사는 쾌활하게 말을 받았다

"타세요."

나는 서둘러 택시에 올라탔다. 차는 곧 출발하였다.

"두향의 무덤을 찾기 위해서 단양에 오셨다면 너무 일찍 오셨습니다. 해마다 5월 단옷날이면 두향제란 축제가 열리는데, 그때 오시면 추모제를 함께 보실 수 있을 텐데요."

매년 5월 초에 기생 두향이를 위해 추모제가 열리고 있다는 운전사의 말도 내겐 놀라운 것이었다.

"일제시대 때에는 이 일대의 기방패에서 무덤에 술을 따라 올리고 제향을 하였다고 하는데, 지금은 향토사연구소에서 제사를 올리고 있습니다."

운전사는 나이가 듬직하였으므로 이곳 일대의 지리뿐 아니라 지역에 얽힌 사연에 대해서도 풍부한 상식을 갖고 있는 것처럼 보였다. 그 점은 내게 다행이었다.

"우리들이 어렸을 때만 해도 무덤가에서 낚시질도 하고 뛰어놀기도 하였지요. 그런데 지금은 가깝게 다가갈 수 없습니다."

"어째서요?"

"1985년도엔가 이곳 일대에 댐이 생기고 큰 호수가 생겨 수몰로 하마터면 두향의 무덤이 물에 잠길 뻔하였지요."

운전사의 말은 사실이었다. 이곳 일대가 인공호수로 수몰되기 전 청년시절 나는 스승과 더불어 수석을 캐러 이곳 남한강 강가를 몇 차례 찾은 적이 있었다. 그 무렵에는 수심이 깊지 않아 무릎까지만 바지를 걷으면 강가에 펼쳐진 수석은 얼마든지 채집할 수 있었다. 그런데 20여 년 전 이곳 일대의 계곡에 댐을 쌓은 후부터는 현지주민들을 새로운 지역으로 집단 이주시켜 신단양읍이 형성되고 수심 40미터의 깊은 다목적 호수가 생긴 것이었다.

"그러면 두향의 무덤도 함께 수몰되었다는 겁니까?"

다급한 목소리로 내가 묻자 운전사는 머리를 흔들며 대답하였다.

"원래는 마을 전체와 함께 물에 잠길 운명이었는데, 마을사람들이 들고일어나 원래 있던 자리에서 산 위로 이장하여서 간신히 보존될 수 있었지요. 그러나 옛날처럼 나룻배를 타거나 물이 마를 때면 걸어서 찾아갈 수 없게 되었지요. 굳이 두향의 무덤을 찾아가시겠다면 나루터에서 배를 빌려서 갈 수밖에 없게 되었지요."

운전사의 말은 정확하였다. 조선 중기의 문인이자 실학자였던 이광려(李匡呂, 1720~1783)는 두향의 사후 150여 년이 지난 후 이곳 두향의 묘를 찾아 참배하고 두향의 묘가 있는 위치를 다음과 같이 노래하고 있다.

"외로운 무덤이 관도변에 있네.(孤墳臨官道)"

관도라면 오늘로 말하면 국도를 가리키는 말. 따라서 두향의 무덤은 관도변에 있었던 것이 충주댐의 공사에 따른 수몰로 산 위로 이장된 것이 분명한 것이다.

조선 중기의 문인이었던 이광려.

호는 월암(月巖)과 칠탄(七灘)으로 양명학에 뛰어난 성리학자였으나 관직에는 나가지 않고, 오히려 실용적인 학문에 전념하여 조엄(趙曮)에 의해 고구마가 전파되기 전에 고구마종자를 전국 각지에 시험 재배하였던 실학자였다. 노자를 연구하여 『담로후서(談老後序)』란 문집을 남긴 이광려는 따라서 평생을 은둔생활하였는데, 두향의 묘를 참배하고 나서 다음과 같은 시를 한 수 읊고 있다.

　　외로운 무덤이 관도변에 있어
　　거친 모래에 꽃도 붉게 피었네
　　두향의 이름이 사라질 때에
　　강선대 바윗돌도 없어지리라.

이퇴계의 사후 150여 년이 되어서야 두향의 무덤을 이광려가 찾았던 것은 그처럼 이퇴계와 기생 두향과의 사랑이 시공을 초월한 로맨스였기 때문이었을까.

택시는 다리를 건너 운전사가 말했던 나루터로 향하고 있었다. 차창 너머로 인공호수로 빚어진 절경이 펼쳐지기 시작하였다. 아직 우기가 아니어서 수량은 풍수하지는 않았지만 지난겨울 쌓였던 눈들이 녹아 흐르고 얼어붙었던 물들이 따뜻한 양광에 녹아 굽이쳐 흐르고 있었으므로 한마디로 산자수명(山紫水明)이었다. 이곳에 제15대 군수로 온 이퇴계는 단양의 빼어난 절경에 감탄하여 『단양산수기』란 기행문을 지었다. 이 속에서 이퇴계는 암벽과 어우러진 산속에 피어 있는 철쭉꽃의 봄풍경을 다음과 같이 묘사하고 있다.

"바위의 사면에는 봄에는 철쭉꽃이 피어 마치 깊은 노을과 같고, 가을에는 단풍이 바위 위에서 불타오르는 것 같다."

호수를 끼고 있는 산들은 기암괴석으로 마치 선경과도 같았다. 그 사이에는 드문드문 붉은 철쭉꽃들이 이퇴계의 표현처럼 '깊은 노을(蒸霞)'이 되어 열꽃을 피우고 있었다. 한마디로 찬란한 봄날이었다.

불과 9개월밖에 머무르지는 않았지만 이퇴계는 이곳 단양을 애중(愛重)하였다. 이퇴계는 직접 빼어난 절경에 스스로 이름을 붙였다.

도담삼봉, 석문(石門), 사인암(舍人巖), 상·중·하선암(下仙岩), 구담봉(龜潭峰), 그리고 옥순봉(玉筍峰)의 팔경을 지정하고 일일이 그곳에 이름을 명명하고 그 모습을 『단양 산수기』에 묘사하였던 것이다. 마지막으로 이퇴계는 옥순봉을 지정하였는데, 그 이유에 대해 『단양 산수기』에서 기록하고 있다.

……구담봉에서 여울을 거슬러 나가다가 남쪽 언덕을 따라가면 절벽 아래에 이른다. 그 위에 여러 꽃봉우리가 깎은 듯이 서 있는데, 높이가 가히 천길백길이 되는 죽순과 같은 바위가 높이 솟아 있어 하늘을 버티고 있다. 그 빛이 혹은 푸르고, 혹은 희여 푸른 등나무 같은 고목이 아득하게 침침하여 우러러볼 수는 있어도 만져볼 수는 없다. 이곳을 내가 옥순봉이라 이름지은 것은 그 모양 때문이다.

이로써 옥순봉은 이처럼 희고 푸른 암벽에 비온 뒤에 죽순이 솟

은 것 같다 하여서 이퇴계가 지은 이름임을 알 수 있다. 이퇴계는
옥순봉의 선경을 따로 노래하였다.

······

누가 달여울에 가로앉아 시선(詩仙)을 부를 것이며
늦게 취하여 신공의 묘함을 알 수 있으랴
일 많은 가을 얼굴을 한번 씻으니
푸른 물결 가운데 옥 같은 병풍이 높이 꽂혔네
누가 능히 신선을 불러와서
묘하게 깎고 새 공을 같이 상줄 수 있으랴.

이퇴계는 이처럼 옥순봉을 지정함으로써 '단양팔경'을 완결할 수
있었는데, 여기에는 재미난 에피소드가 전해오고 있다.

원래 옥순봉은 단양의 소속이 아니고 청풍의 괴곡리였다. 아슬아
슬한 경계선상에 있었으나 청풍땅이 분명하였음으로 이퇴계는 직
접 청풍부사를 찾아가 옥순봉이 있는 괴곡리를 양보해줄 것을 청원
한다. 그러나 냉정하게 거절당하는데, 이퇴계는 빈손으로 돌아오면
서 그 경계에 다음과 같이 각명(刻銘)하였다.

단구동문(丹邱洞門).

단구는 단양의 옛 이름이고, 이 각명의 뜻은 '신선으로 통하는
문'이라는 뜻이었으므로 훗날 청풍부사가 남의 땅에 군계를 정한
자가 누구인가를 알아보려고 옥순봉을 찾았다가 다름 아닌 이퇴계
가 쓴 글씨임을 뒤늦게 알고 옥순봉을 단양에게 양보함으로써 마침

내 '단양팔경'이 완결될 수 있었던 것이다.

이처럼 이퇴계는 비록 9개월밖에 머무르지는 않았지만 단양이 신선이 사는 동네이며, 신선으로 통하는 문으로까지 극찬하며 사랑하였다.

오늘날 단양에는 이퇴계의 친필이 두 점 남아 있다.

하나는 천변의 바위 위에 새긴 '탁오대(濯吾臺)'란 각자이고, 또 하나는 그 옆 바위 위에 새겼던 '복도별업(復道別業)'이란 글자이다. 이 두 개의 유물은 댐 공사로 인해 수몰되어 물에 잠길 위험이 있자 수습되어 지금은 따로 전시되어 있는데, '자신을 씻는 바위'라는 뜻의 탁오대란 문장과 '아름답고 깨끗한 자연 속에서 도를 이룬다'는 뜻을 지닌 '복도별업'이라는 각자를 통해 이퇴계가 이곳 자연풍경을 얼마나 사랑하였던가를 짐작할 수 있는 것이다.

일찍이 초나라의 굴원(屈原)은 억울하게 누명을 쓰고 강에 빠져 자살하였다. 그는 죽기 전 「어부사(漁父辭)」란 비장한 노래를 남긴다.

죄 없이 추방당하고 자살을 결심하고 강가를 초췌한 모습으로 거니는 모습을 보고 어부가 '무슨 일인가' 하고 묻자 굴원은 다음과 같이 대답한다.

온 세상 모두가 흐려져 있는데
나 혼자만이 맑고 깨끗했으며
뭇 사람들 모두가 취해 있는데
나 혼자만이 맑은 정신 깨어 있어서
그만 이렇게 추방당한 것이니라.

그리고 굴원이 결연히 죽을 결심을 말하자 어부는 빙그레 웃으며 돛대를 올리고 사라지기 전에 그 유명한 말을 남긴다.

창랑의 물이 맑을 때라면 이내 갓끈을 씻을 수 있고
창랑의 물이 더러울 때라면 이내 발이나 씻어보리라.
滄浪之水淸兮 可以濯吾纓
滄浪之水濁兮 可以濯吾足

어부의 이 말은 세상이 맑을 때에는 갓끈을 씻어 입신양명에 힘쓸 수 있으나 세상이 혼탁할 때는 우선 자신의 발을 씻어 세속을 떠나라는 충고였던 것이다.

따라서 이퇴계가 바위에 '탁오대'라고 새겼던 것은 굴원의 「어부사」를 인용한 것으로 자신도 이제는 갓끈을 씻지 아니하고 자신을 닦고 연마함으로써 오로지 속세를 버리고 학문에 전념하겠다는 결의를 드러내고 있음인 것이다.

실제로 이퇴계는 이곳 단양에서의 결심을 그대로 실천에 옮긴다.

퇴계는 49세 되던 명종 4년에 군수사임장을 감사에게 올린 것을 시작으로 70세 되던 해인 선조 3년 9월에 최후 사장을 올리기까지 21년 동안에 무려 53회의 사퇴원을 내고 자신의 호처럼 '물러나 계곡에 머물며', '자신을 닦고', '아름다운 자연 속에서 도를 닦는 데' 정진하였던 것이다.

3

택시는 호반을 끼고 구불구불한 언덕길을 이리저리 굽돌아 나가고 있었다. 차츰 호수의 수량이 풍부해져서 주위의 절경과 어우러져 눈에서 비늘이 떨어질 만큼 빼어난 풍광을 연출해내고 있었다.

한 30분쯤 달렸을까. 운전사는 언덕 위 빈터에 차를 세웠다.

"장회나루터입니다."

운전사가 나를 쳐다보며 말하였다.

"이곳에서 유람선을 타시면 아마도 두향의 무덤을 먼발치에서 보실 수 있으실 겁니다."

나는 당황하였다. 나루터에서는 옥순봉이나 구담봉 같은 배를 이용해야만 볼 수 있는 단양팔경을 관광객들을 상대로 구경시켜주는 유람선이 운행되고 있는 것 같았다. 운전사의 말대로라면 아마도 그 과정 중에 두향의 무덤을 먼발치에서나마 볼 수 있는 모양이었다. 그러나 나는 두향의 무덤을 스쳐 지나가는 유람선 위에서 바라보기 위해서 이곳을 찾아온 것은 아니잖은가.

"한 시간 가량 시차를 두고 유람선들이 출발하고 있습니다."

운전사의 말대로 관광객을 태운 버스들이 서너 대 주차장에 서 있었다. 이제 막 도착한 관광버스에서는 한 떼의 사람들이 우르르 내리고 있었다. 그들은 나루터까지 연결된 가파른 계단을 따라 걸어 내려가고 있었다.

나는 짐을 들고 차에서 내렸다. 과연 언덕길 아래 선착장에는 유람선이 서너 대 정박하여 있었다. 아직 이른 철이긴 하였지만 관광객들을 가득 실은 유람선 한 대가 이제 막 뱃고동을 올리며 출발하고 있었다. 나는 일단 나루터까지 내려가 보기로 하였다. 현장에 가서 부딪쳐보는 것이 나으리라는 생각이 들었기 때문이었다.

선착장에는 귀를 찢는 유행가 소리가 스피커에서 흘러나오고 있었다. 대부분의 관광객들은 막 출발한 유람선을 타고 사라져버렸고 선착장에는 갓 도착한 사람들만이 옹기종기 모여서 표를 사고 있었다.

나는 선상에 서서 일일이 승객들을 태우고 있는 선원에게 다가가 말하였다.

"실례합니다만 두향의 무덤까지 가고 싶은데요."

"두향의 무덤이요?"

선원이 표를 받다말고 큰소리로 내게 물었다.

"두향의 무덤을 보고 싶으시다면 유람선을 타세요. 그러면 보실 수 있으실 겁니다."

"그게 아니라."

나는 머리를 흔들며 대답하였다.

"나는 따로 배를 빌려 두향의 묘까지 직접 찾아가고 싶은데요."

그러자 선원은 난처한 표정으로 말하였다.

"우리는 관광객들을 상대로 유람선을 운행하고 있으므로 개인적으로 배를 빌려드릴 수는 없습니다."

선원의 말은 분명하였다. 이곳의 선착장은 오직 관광객들을 상대로 하는 정기유람선이 운행되는 곳이지 사사로이 특별선이 운행되는 곳이 아니었던 것이다.

"잠깐 기다려보세요."

내가 난감한 표정으로 좌석에 앉아 담배를 피워 물자 선원은 배에서 내려와 내게 다가와 물었다

"따로 배를 운행하려면 군청에 허가를 받아야 합니다. 실례지만 어디서 오셨습니까."

나는 선원에게 내가 찾아온 목적을 자세하게 설명하였다. 선원은 귀를 기울여 들은 후 내게 말하였다.

"이곳에서 기다려주시겠습니까. 제가 군청에 연락을 해보겠습니다."

선원은 휴대전화를 들고 통화를 하기 시작하였다.

나는 난간에 몸을 기대고 담배를 피우며 쪽빛의 호수를 바라보았다. 관광객들은 쉴새없이 계단을 내려와 표를 사고 유람선에 차곡차곡 승선하고 있었다.

사실이었을까.

나는 눈부신 봄 햇살이 끓어오르고 있는 수면을 바라보며 생각하였다.

이퇴계와 두향의 사랑은 과연 사실이었을까. 불과 9개월의 짧은 재임기간에 퇴계와 기생 두향의 상사(相思)는 과연 무르익을 수 있었을까. 퇴계가 그처럼 다정다감한 풍류객이라 할지라도 두향은 한갓 미천한 신분의 기생. 9개월의 짧은 만남이 5백 년의 세월을 뛰어넘은 세기의 로맨스가 될 수 있었을까. 어쩌면 이는 과장된 후세의 조작이 아니었을까.

이퇴계는 당대 최고의 거유이자 명신으로 '해동공자(海東孔子)'

라고까지 불렸던 성인이었다. 그러한 이퇴계가 쉰에 가까운 '지천명(知天命)', 즉 '하늘의 뜻을 알았던 나이' 때 미천한 기생 두향과 신분을 뛰어넘는 사랑이 가능하였을까. 『퇴계언행록』에 기록된 대로 '남녀간의 사랑이 비도 오고 바람이 부는 만물의 생성'과도 같은 것이라 할지라도 퇴계는 과연 엄격한 신분을 초월할 수 있었을까. 만약 퇴계와 두향의 상사가 떠도는 풍문에 불과한 것이라면 나는 지금 헛소문을 따라서 두향의 무덤을 찾아가고 있음이 아닐 것인가.

그때였다.

문득 내 머릿속으로 하나의 생각이 떠올랐다. 그것은 마치 인도 특유의 세습적인 신분제도인 카스트를 능가하는 엄격한 조선의 신분계급 속에서도 비교적 너그럽고 자유로웠던 이퇴계의 에피소드였다.

인간에 대한 박애정신으로 가득 찼던 휴머니스트 이퇴계. 율법과 형식에 초월하였던 자유주의자 이퇴계. 이퇴계의 그러한 면모를 엿보게 하는 야사 하나가 오늘날까지 전해 내려오고 있다.

나는 담배를 피워 물며 그 야사의 내용을 더듬어보았다.

퇴계가 단양의 군수로 부임했던 것은 1548년 정월. 그러나 부임해온 지 한달 만에 이퇴계는 뜻밖의 불행을 겪게 된다. 이때의 고통을 이퇴계는 다음과 같이 기록하고 있다.

"몸이 쪼개지듯 아프다. 지탱하기 힘들다. 원통함을 이루 다 말할 수 없다."

퇴계를 이처럼 고통스럽게 하였던 것은 다름 아니라 그의 둘째 아들 채가 21세의 젊은 나이로 갑자기 급사하였기 때문이었다.

퇴계가 둘째 아들 채의 죽음을 특히 슬퍼하였던 것은 채가 태어난 지 한달 만에 생모이자 퇴계의 첫 번째 부인이었던 허씨가 죽어 유모 손에서 고아처럼 자랐기 때문이었다. 성장해서는 퇴계와 떨어져 외할아버지의 농사일을 감독하며 농사꾼으로 외롭게 자랐다. 그런데 더욱 슬픈 것은 정혼을 해놓고도 혼례를 올리지 못한 채 숫총각으로 세상을 떠난 것이었다.

이때의 비통함을 퇴계는 조카사위에게 호소하고 있다.

"단양군에 와서 좋은 일이라고는 없고 자식을 잃어 병만 더욱 심하다. 오래 있고 싶지 않아서 두세 번 감사에게 사직을 청하였으나 들어주지 않는다."

퇴계는 둘째 아들 채의 장례식에 참석할 수도 없었다. 전해오는 기록에 의하면 가난하여 장례 치를 형편이 못되어 장비를 빌려 쓸 지경이었으며, 2월의 봄 추위인데도 눈보라가 심하여 가매로 묻어놓고 뒤에 이장키로 했다고 한다. 그러나 채의 무덤은 사후 10년 후에야 외할아버지 선산에 이장될 수 있었고, 지금의 경상남도 의령군 의령읍 무하리 고망봉 산기슭에 묻혀 있다고 전해온다.

그런데 안타까운 것은 둘째 아들 채와 정혼을 했던 며느리였다. 비록 혼례를 올리진 못하였지만 정혼을 한 처지였으므로 며느리는 어쩔 수 없이 생과부가 되어버린 것이었다.

조선시대의 법도는 '여자는 삼종의 의리가 있어 다시 결혼하는 것은 불가능' 하였다. 즉 결혼 전에는 아버지를 따르고, 결혼 후에는 남편을 따르고, 남편이 죽으면 자식을 기르며 아들을 따라야했는데, 이를 삼종지도라고 했던 것이다. 따라서 며느리는 혼례를 올리지 못하였다고 하더라도 정혼을 한 이상 퇴계의 집식구였던 것이다.

이 사실에 대해 퇴계는 가슴 아파하였다. 자신이 성리학의 대가였으므로 이를 어찌할 수는 없었던 것이다.

그러던 어느 날 퇴계는 뒤채를 거닐다가 며느리 방에서 인기척이 있는 것을 느끼고 깜짝 놀란다. 방 안에서 며느리가 어떤 사람과 나누는 목소리가 들렸기 때문이었다. 퇴계는 크게 놀라 가까이 다가갔는데, 방 안에서는 낯선 남자의 목소리가 들려오는 것이 아닌가.

"어서오세요. 얼마나 보고 싶었는 줄 아세요."

"나도 당신을 보고 싶었소."

그렇다면 뒤채에 홀로 살고 있는 며느리가 외간남자를 불러들여 정이라도 통하고 있단 말인가. 크게 놀란 이퇴계는 문틈으로 방 안을 엿보았다. 그러나 벌어진 방 안의 풍경은 실로 충격적인 것이었다.

며느리는 베개에다 남편의 옷을 입혀놓고 밥상을 차려 베개에 숟가락으로 음식을 떠주며 혼잣말을 하면서 슬피 울고 있었던 것이다.

"서방님, 이 음식은 아주 맛이 있어요. 식기 전에 어서 드세요."

며느리는 다시 혼잣말로 남자 목소리를 흉내내며 혼자서 대답하였다.

"역시 당신의 음식솜씨는 최고요."

"그러니 이제 자주 오세요."

현진건의 'B사감과 러브레터'를 연상시키는 이 장면이 실제로 있었던 사실이었던가 아니면 다만 야담으로 전해져 내려오는 이야기인가는 알려진 바가 없다. 다만 한 가지 확실한 것은 그로부터 며칠 뒤 이퇴계가 며느리를 친정으로 되돌려 보냈다는 것이다.

퇴계는 떠나는 며느리에게 이렇게 말하였다고 전해오고 있다.

"이제 너는 우리 집 귀신이 아니라 자유의 몸이 되었다. 그러니 이제 다시는 우리 집으로 돌아오지 않아도 된다. 멀리 떠나서 새 생활을 하도록 하여라."

그리고 퇴계는 남의 눈을 피해서 며느리를 친정으로 돌려보낸다. 마지막으로 작별의 큰절을 올리는 며느리에게 퇴계는 다시 다음과 같이 당부하였다고 전해지고 있다.

"아주 멀리 떠나거라. 그리고 아들딸 많이 낳고 행복하게 살거라."

퇴계의 이러한 인간적인 면모는 『퇴계언행록』에 기록된 다른 일화에서도 엿볼 수 있다.

1554년, 퇴계가 예천에 들렀을 때 어느 먼 일가의 가난한 과부 한 사람이 매우 딱한 사연을 호소해온 적이 있었다. 퇴계는 평소에 공과 사를 엄격히 구분하고 있었으므로 관청에 사사로운 일을 부탁하는 것을 금기하고 있었는데, 뜻밖에도 직접 군수에게 부탁하여 과부를 도와주었던 것이었다.

이때 퇴계는 다음과 같이 말하였다고 『퇴계언행록』은 전하고 있다.

"내게 있어서는 비록 먼 일가라고는 하지만 선조로 보면 똑같은 자손이니 내 어찌 길가는 사람 보듯 하겠는가.(彼之於我 雖曰疎遠 以先祖之 一般子孫也 豈敢視若路人)"

먼 친척을 대하며 자기를 기준으로 보아 멀다고 여기지 않고 선조의 입장에서 보면 똑같은 자손이라는 의식은 퇴계가 지닌 위대한 휴머니즘이었던 것이다. 따라서 하찮은 먼 일가의 과부 한 사람까지도 '길가는 사람'으로 보지 아니하고 한 핏줄로 본 퇴계가 한순간 생과부가 되어버린 새아기에 대해서 풍습을 타파하고 자유의 몸으로 풀어준 행동은 지극히 당연한 일이었을 것이다.

그런데 퇴계의 에피소드는 여기에 그치지 아니한다.

그로부터 몇 년 뒤 퇴계가 선조의 부르심을 받고 어쩔 수 없이 한양으로 상경하고 있을 무렵이었다. 종자 하나만을 데리고 한양길에 오른 퇴계는 도중에 날이 저물자 어쩔 수 없이 하루 묵을 집을 찾게 되었다. 다행히 작지만 깨끗한 인가를 발견하여 젊은 집주인에게 하룻밤 묵고 갈 것을 허락받게 되었다. 퇴계의 신분을 확인한 집에서는 대접이 융성하였다. 퇴계가 짐을 풀고 피곤한 몸을 쉬려고 할 때 밖에서 젊은 주인이 말하였다.

"어르신, 비록 없는 반찬이지만 저녁식사를 준비하였습니다."

퇴계가 방문을 열자 젊은 주인이 상을 들고 서 있었다.

"집사람이 내외를 심히 하는 편이라 쇤네가 가지고 왔나이다."

퇴계는 밥상을 보자 깜짝 놀랐다.

시골 한촌에서는 볼 수 없는 성찬이었던 것이었다. 퇴계는 육식보다는 가지나물이나 산나물과 같은 채식들을 좋아하고 있었다. 상위에 오른 반찬들은 한결같이 퇴계가 평소에 좋아하는 음식들뿐이었다. 나물국을 한 숟갈 떠먹은 퇴계는 간이 입에 딱 맞는 것을 느낄 수가 있었다.

"아니 어떻게 내 입맛에 이렇게 딱 맞을까. 꼭 우리 집 음식을 먹는 것과 같구나."

다음 날 아침도 마찬가지였다. 아침 일찍 밥상이 들어온 것이었다. 민폐를 싫어하여 일찍 먼 길을 떠나려던 퇴계의 방으로 어젯밤과 같은 성찬의 밥상이 들어온 것이었다.

입맛도 간밤의 음식처럼 딱 맞았다. 이를 신기하게 여기며 막 출발하려는 퇴계에게 젊은 주인이 두 손으로 무슨 물건 하나를 바쳐 올리는 것이 아닌가.

"그것이 무엇인가?"

퇴계가 묻자 젊은 주인이 대답하였다.

"먼 길을 떠나시는데 발이 편하시라고 버선을 가져왔습니다. 이 버선으로 갈아 신으시지요."

그것은 족의(足衣)라고 불리우는 버선이었다. 집안의 어른이 먼 길로 출타할 때 보통 부인이나 며느리들이 정성스럽게 밤을 새워 무사히 다녀오라고 버선을 만들어 올리는 것이 법도로 되어 있지만 이처럼 객지에서 그것도 생면부지의 하룻밤 길손으로 묵은 퇴계에게 버선을 바쳐 올리는 것은 상상도 할 수 없는 일이었던 것이다.

"무슨 이런 물건까지 주십니까. 하룻밤 신세진 것만 해도 고마운데."

극구 퇴계가 사양하자 젊은 주인이 손을 내저으며 말하였다.

"나으리의 존함은 익히 들어 잘 알고 있습니다. 나으리께서 누추한 저희 집에서 하룻밤 묵은 것만으로 가문의 영광이나이다."

버선은 솜을 넣어 누빈 겹버선이었다. 광목으로 만든 백포버선이었으나 퇴계가 버선을 신자 신기하게도 치수를 잰 것처럼 꼭 맞았다.

버선은 특히 발을 넣었을 때 뒷꿈치부터 앞목에 이르는 회목부분이 딱 맞아야 편안하였는데, 신기하게도 그 버선은 한 치의 빈틈도 없이 꼭 맞았던 것이다.

순간 퇴계는 자신이 떠나보낸 새아기를 떠올렸다.

둘째 아들 채(寀)가 죽고 집에 머문 것이 불과 몇 달 되지 않았으나 워낙 음식솜씨와 바느질솜씨가 뛰어나서 퇴계의 수발을 도맡아 하던 새아기가 아니었던가. 그제서야 퇴계는 어째서 음식들이 자신이 좋아하는 찬들로만 채워져 있고, 자신의 입에 꼭 맞았는지 그 이유를 짐작할 수 있었고, 또한 버선이 정확하게 치수가 맞았는지 그 이유를 알 수 있었던 것이었다.

틀림없이.

버선을 신으며 퇴계는 생각하였다.

이 버선은 며늘아기가 만들어준 것이다.

한때 자신의 시아버지였던 이퇴계가 하룻밤 길손으로 묵게 되었다는 말을 남편에게서 전해 듣고 정성껏 음식을 장만하고 밤을 새워 버선을 만들었을 것이다. 엄격한 조선의 율법을 깨고 자유의 몸을 만들어준 고마운 시아버지께 한때의 며느리로서 보은을 한 것이었다.

퇴계는 며느리가 만들어준 새 버선을 신고 한양으로 출발하였다고 전해지고 있다. 떠나는 이퇴계의 눈으로 처마 밑에서 몸을 감추고 서서 눈물을 흘리는 며느리의 모습이 보였다던가, 그 여인의 등에는 갓난아이가 업혀서 칭얼댔다던가, 어쨌다던가.

이 에피소드는 한갓 전해오는 야담일지 모른다. 그러나 정혼을 하고 혼례식을 올리지 못하여 출가외인의 생과부가 된 둘째 며느리를 파의하여 친정으로 돌려보냄으로써 삼종지의의 엄격한 계율을 깨트려버린 이퇴계의 통렬한 행동은 분명한 사실이었을 것이며, 먼 일가의 과부를 '길가는 사람 보듯 하지 아니하고' 한 조상에서 온 똑같은 한 뿌리의 자손으로 본 퇴계의 박애정신은 분명한 역사적 사실일 것이다.

그러므로.

나는 피우던 담배를 끄며 생각하였다.

이퇴계와 두향의 상사는 틀림이 없는 사실일 것이다.

이처럼 신분과 풍습을 초월하여 인간에 대한 휴머니즘으로 가득 찬 이퇴계가 두향이 한갓 미천한 기생의 신분이라 할지라도 그녀를 길가는 사람 보듯 하지 않았을 것임에는 틀림이 없는 것이다. 그러 므로 이퇴계와 두향의 로맨스는 과장된 헛소문이 아니라 분명한 역 사적 사실인 것이다.

그때였다.

짧은 상념에 잠겨 있는 동안 군청에 전화를 걸었던 선원이 내게 다가와 말하였다.

"허가가 떨어졌습니다."

그는 밝은 표정으로 웃으며 말하였다.

"선생님을 모시고 두향의 무덤까지 갈 수 있게 되었습니다."

그것은 다행스러운 일이었다.

선착장에는 비상용으로 작은 쾌속정 한 대가 구비되어 있었다. 배를 타기 전 나는 매점에서 소주 한 병과 술을 따를 종이컵, 그리 고 간단한 안주감을 사들었다.

"제가 모시고 가겠습니다. 배에 올라타시지요."

내가 배에 올라타자 사내는 배가 요동치지 말라고 묶어둔 밧줄을 풀었다. 어느 정도 배가 선착장에서 벗어나기를 기다려 발동을 걸었다. 이내 투투타타, 하는 엔진소리가 터지기 시작하였다. 동시에 배가 출발하였다. 배는 빠른 속도로 사선을 따라서 호수를 가로지르고 있었다. 물의 수면을 떠올라 빠르게 전진하고 있었으므로 물보라가 일었다. 봄이었지만 호수 주위는 쌀쌀한 바람이 불어오고 있었으므로 춘래불사춘이었다.

"두향의 무덤 앞에는 원래 커다란 바위가 있었습니다. 강선대라고 불리우던 바위이지요."

강선대라면 문자 그대로 선녀들이 내려와 노닐던 바위라는 뜻이 아닐 것인가.

"수몰되기 전에는 어른이 수십 명 앉아 놀 수 있을 만큼 넓고 큰 바위가 그대로 보였지요. 그러나 지금은 물에 잠겨볼 수가 없습니다. 조금만 일찍 오셨더라면 겨울가뭄 때문에 수량이 많지 않아 바위가 드러나 볼 수 있었을 것입니다. 잘은 모르지만 이퇴계 선생과 기생 두향이가 주로 이 강선대 위에서 거문고를 타고 노닐었다고 합니다."

사내는 엔진소리를 이기기 위해서 소리를 높여 내게 말하였다.

"따라서 두향의 무덤은 원래 강선대 바로 위에 있었다고 합니다. 그런데 충주댐으로 인공호수가 생기자 물에 잠길 것을 마을사람들이 들고일어나 산중턱으로 이장하였다고 하지요. 만약 이장하지 않았다면 수중무덤이 되었을 것입니다."

나는 팔짱을 끼고 호수를 바라보았다.

한마디로 장관이었다. 어찌하여 나를 낳은 조국의 산야는 이처럼 금수강산인가. 누더기와 같은 역사와 넝마와 같은 전란 속에서도 조국의 강산은 어찌하여 이토록 절세(絶世)인가.

순간 내 머릿속으로 이곳을 찾아 시를 짓고 그림을 그렸던 추사 김정희의 시가 한 수 떠올랐다.

　　명필의 붓처럼 천둥번개에 몰아치듯
　　뛰어난 운치 그윽한 정 먼 물가에 흩어졌구나
　　천리 밖에 한 조각 돌 주워가지고
　　책상 위에 놓으면 이 봉오리는 언제고 푸르리.

추사의 시는 정확하다. 이 절경의 모습은 천둥번개를 몰아치듯 뛰어난 운치로 창조주가 붓을 움직여 그린 신필(神筆)인 것이다.

쾌속정은 선착장의 반대쪽인 호수 건너편을 향해 달려가고 있었다.

나는 팔짱을 낀 채 생각하였다.

이퇴계와 두향과의 사랑은 매우 이례적인 것으로 통한다. 평생을 은신 자중하였던 이퇴계는 특히 여색에 대해서 엄격하게 율신(律身)하고 있었다. 스승의 이러한 모습을 제자 김성일(金誠一)은 『퇴계언행록』에서 다음과 같이 표현하고 있다.

"관서(關西)는 본래부터 번화한 곳으로 이름나 선비로서 끊임없이 타락한 이들이 생겨나고 있었다. 선생님은 일찍이 자문(咨文)이 되어 말(馬)을 점검할 일로 한달 가량 안주에 머물렀지만 그런 곳에는 절대로 가지 않았다. 선생의 행차가 평양을 지날 때에 감사는 선생을 위해 유명하고 아름다운 기생을 천거하였으나 끝내 돌아보지 아니하였다."

김성일은 퇴계와 마찬가지로 안동 출신의 문신으로 1590년 통신 부사로 일본에 파견되었는데, 황윤길(黃允吉)과는 달리 왜가 군사를 일으킬 기미가 보이질 않는다는 견해를 밝힘으로써 오늘날까지 평판이 나쁜 사람이지만 말년에는 왜군과 싸우기를 독려하다가 병으로 죽은 이퇴계의 고제(高弟)였다. 성리학에 조예가 깊어 주리론(主理論)을 계승하였는데, 특히 스승의 『자성록(自省錄)』과 『퇴계집』을 편찬하였던 뛰어난 학자였다. 그는 여색에 엄격하였던 스승의 모습을 그렇게 증언하고 있는 것이다.

자고로 관서의 평양이라면 조선팔도 중에서 가장 색향으로 유명하였던 곳. 평양감사가 퇴계를 위해 유명하고 아름다운 기생을 천거하였으나 끝내 거들떠보지 않았다는 태도를 보인 퇴계가 어째서 단양에서는 두향이라는 기생과는 인연을 맺었던 것일까.

그뿐인가. 김성일은 스승의 단호한 태도를 부언하고 있다.

"……동지(同知) 권응정(權應挺)이 안동부사로 있을 때 한번은 기생과 풍악을 싣고 서당 앞을 지났는데, 선생이 시를 지어 편잔을 주었으므로 권은 그 뒤로 감히 그런 짓을 하지 못하였다."

이처럼 기생과 풍악에 편잔까지 주었던 이퇴계가 어찌하여 단양에서는 기생 두향과 춘사를 맺었음일까.

퇴계가 단양의 풍경을 사랑하였던 것은 퇴계의 장손이자 할아버지에게 학문을 배워 성리학에 조예가 깊었던 이안도(李安道)의 증언을 통해서도 분명히 알 수 있다.

이안도는 『퇴계언행록』의 「산수를 좋아함(樂山水)편」에서 단양 군수로 있을 때의 할아버지를 다음과 같이 기록하고 있다.

"무진년 정월에 선생은 단양군수가 되었다. 선생이 지방군수를 요구한 것은 깊은 뜻이 있어서였다. 특히 이 고을에 군수를 원하였던 것은 이 고을이 산수가 좋은 곳이기 때문이다. 이곳의 구담(龜潭)과 도담 같은 곳은 경치가 가장 좋았지만 그때는 마침 잇따른 흉년을 만나 기근을 구제하느라고 자주 그곳에 오가지 못하였다. 그러나 공무의 틈을 타서 간혹 그곳에서 노닐며 흥에 따라 시도 읊었다."

특히 퇴계가 좋아했다는 구담봉은 바로 퇴계와 두향이 노닐던 강선대의 맞은편에 있는 곳. 깎아지른 기암절벽의 모습이 거북을 닮아 구봉이라고 하고 물 속의 바위에 거북무늬가 있다 하여 귀담이라 퇴계가 지은 이 절경에 대해 이퇴계는 『단양산수기』에서 다음과 같이 묘사하고 있다.

……물이 두 골짜기 사이에서 솟아나와 높은 곳으로부터 바로 아래로 내려와서 여러 돌에 떨어져 노한 형세가 세차니 구름과 같은 물결과 눈 같은 물결이 서로 용솟음치고 서로 부딪치는 화탄(花灘)이다.

……봉우리들이 그림과도 같은데, 협문이 마주보고 열려 있고, 물은 그곳에 쌓였는데, 깊고 넓은 것이 몹시 푸르러 마치 새로 간 거울이 하늘에서 비추는 것과 같은 것이 구담이다.

구담봉은 남한강의 풍수설에서 '거북'의 이미지가 강조된 풍경으로 새벽 일찍 이곳을 지나면서 이퇴계는 다음과 같은 시를 짓는다.

　　　새벽을 지나 구담을 비추던 달이 산 속으로 들어가니
　　　구담은 높이 솟아 달의 여부만 미루어 상상하고 있네
　　　주인은 이제 다른 산에 은거하고 있는데
　　　학의 원성과 잔나비의 울음만이 구름 사이로 울려 퍼지네.

이 시에 나오는 '주인'은 이이성(李而盛)을 가리키는 말. 이이성은 구담봉에 암자를 짓고 세상을 등지고 살던 은자였다.

이처럼 아름다운 구담봉을 '간혹 가서 노닐며 흥에 따라 시도 읊었다.(寄興吟詠焉)'는 이안도의 기록이 사실이라면 퇴계는 아마도 두향과 함께 강선대 바위 위에서 노닐며 구담봉을 완상(玩賞)하고 춘흥이 도도하여 이와 같은 시를 읊었을 것이다.

이때의 퇴계를 김성일은 또 이렇게 표현하고 있다.

"선생이 두 고을(단양과 풍기)에 있을 때에는 맑은 바람 씻어간 듯이 조금도 사사로운 일에는 개의하지 않았다. 공무의 여가에는 책으로써 스스로 즐기고 혹은 초연히 수석(水石) 사이를 거닐기도 하였는데, 들에 있던 농부들이 이 모습을 바라보고 마치 신선같이 생각하였다."

단양에서의 퇴계를 묘사한 이안도와 김성일의 표현처럼 퇴계는 마치 속세를 버린 신선처럼 산수에서 노닐며 흥에 겨워 시를 읊기도 하면서 한세월을 보낸 것이다. 두향은 바로 이 무렵 퇴계의 곁에서 세월을 함께 보낸 동반자였다.

두향.

불과 9개월의 짧은 기간이었으니 퇴계와 더불어 구름과 비의 운우지정을 나눴던 기생두향. 평양의 유명하고도 아름다운 기생도 거들떠보지 않았던 퇴계의 마음을 사로잡은 단 한 사람의 여인 두향. 그녀는 어떻게 여색에 엄격하였던 퇴계의 마음을 사로잡을 수 있었던 것일까.

퇴계의 가문에서도 비록 정식으로 퇴계와 사랑을 나눴던 두향의 존재를 인정하지는 않았지만 이따금 그 후손들이 찾아와 두향의 무덤에 참배하였다는 기록은 아직도 남아 있다.

퇴계에게는 10대손인 이휘재(李彙載)란 사람이 있었다.

그는 벼슬이 한성부윤(漢城府尹)에까지 이르렀던 사람이었는데 그의 형으로는 이휘영(李彙寧)이란 대학자가 있었다. 두 사람 모두 이퇴계의 10세봉사손(十世奉祀孫)이었다.

이휘영의 호는 고계(古溪)로 퇴계학의 계승자이기도 했다. 한때 도총부의 부총관 벼슬까지 지냈으며, 『고계문집』과 『십도집설』과 같은 저서를 낸 거유이기도 하였다. 그러한 이휘영이 퇴계가 죽은 지 3백 년 후 단양까지 두향의 무덤을 찾아와 참배하였다는 기록이 그의 아우인 이휘재가 쓴 『운산집(雲山集)』에 실려 있다. 이휘재는 형과 더불어 두향의 성묘에 함께 동행하지 못함을 못내 섭섭하게 여기며 시를 지었으며, 그 시를 짓게 된 배경을 『운산집』에 다음과 같이 밝히고 있다.

……고계옹이 여러분과 함께 옥순봉, 구담봉으로부터 배를 타고 강선대에 이르러 그 밑에 배를 세우고 장회에 사는 촌민 박순욱(朴順郁)에게 물어 고비(故婢) 두향의 무덤에 술잔을 드리며 길이 수호해주도록 부탁하였다고 하니, 내 비록 그들과 함께 배를 타지는 못하였으나 고계옹의 편지를 읽고 창연히 느끼는 바가 있어 시를 한 편 읊어 그 일을 기록하노라.

그윽한 옛 혼 강선대에 향기로운데
석자 외로운 무덤에 물결이 굽이치네
강가의 봄시름에 풀빛조차 어두우니
달이 뜨면 학들도 응당 날아들리라
꽃다운 이름은 시와 노래에 실어오고
옛일을 서로 전하며 술잔을 올리도다
마을사람들에게 잘 지켜주기를 부탁했건만
해는 져도 돌아오는 뱃길이 마냥 더디구나.

이를 미뤄보면 퇴계의 가문에서도 조상의 명예를 더럽힐까 두려워 비록 내놓고 제사를 지내주지는 못했을망정 대대로 내려오며 두향의 존재를 인정하며 두향의 무덤을 끊임없이 보살펴 온 사실을 깨닫게 되는 것이다.

이처럼 퇴계의 가문에서도 인정하고 있었던 기생 두향. 따라서 두향의 무덤이 사후 5백 년이 지난 지금에도 무연묘(無緣墓)로 버려지지 아니하고 이처럼 보존되고 있는 것은 바로 그런 연유 때문일 것이니 사랑의 힘은 시대를 뛰어넘고 공간을 초월하는 타오르는 불인가.

배는 호수 건너편 산기슭에 이르렀다. 수많은 송림으로 가득찬 산기슭 양지바른 곳에 축대를 쌓은 봉분 하나가 보였다. 수몰된 강선대와 연결된 암석 위에 잘 정돈된 무덤이 하나 놓여 있었고 마침 붉은 철쭉꽃들이 소나무와 암석 사이에서 피를 토하고 있었다.

"다 왔습니다."

사내가 발동을 끄며 말하였다.

"저기 보이는 무덤이 두향의 묘입니다."

무덤 바로 아래는 암벽으로 막혀져 있어 배를 댈 수 없었다. 따라서 배는 무덤 옆쪽으로 방향을 틀었다. 속력을 줄인 배는 천천히 기슭에 닿았다.

퇴계의 후손 이휘재가 쓴 시구처럼 석자 외로운 무덤에는 물결이 굽이치고 있었고, 강가의 봄시름에 풀빛조차 어두웠다. 외로운 무덤가에는 묘비 두 개가 봉문을 가운데로 하고 나란히 세워져 있는 모습이 보였다.

"내리십시오."

사내는 내가 편히 내릴 수 있도록 배와 암벽 사이에 널빤지를 깔아 임시 다리를 만들었다.

"주의하십시오."

사내는 넘어지지 않도록 조심스럽게 부축해주었고, 나는 천천히 널빤지를 밟으며 암벽 위로 올라섰다.

간신히 암벽 위로 올라섰지만 무덤으로 가는 길은 따로 만들어져 있지 않았으므로 나는 소나무가지를 헤치고 몸의 균형을 유지하면서 송림을 지나 무덤 가까이 다가갈 수 있었다. 비교적 양지바른 곳이라 무덤 주위는 따뜻한 양광이 내리쬐고 있었다.

무덤 왼쪽에 묘비 하나가 세워져 있었다. 검은 화강암으로 잘 깎아 만든 묘비는 다음과 같은 글자가 새겨져 있었다.

두향지묘(杜香之墓).

그 묘비를 보자 나는 마침내 두향의 무덤에 도착하였음을 실감할 수 있었다.

무덤은 잘 정돈되어 있었다. 봉분과 곡장(曲墻) 역시 깨끗하게 단장되어 있었고, 곱게 입힌 떼도 한겨울을 이겨내고 누렇게 변색한 채 봄볕에 한가롭게 졸고 있었다.

도대체 누가 두향의 무덤을 돌보고 있음일까. 미천한 기생의 몸으로 자식도 없이 연고도 없이 이곳에 묻힌 두향의 묘가 사후 5백 년이 지난 오늘날에도 이처럼 연지곤지 찍은 생전의 모습 그대로 단장되고 있음은.

봉분 앞에는 제물을 차려놓는 돌상까지 차려져 있었다.

나는 봉분 앞에 서서 주위를 돌아보았다. 탁 트인 호수 저편으로 한눈에 이퇴계가 가장 좋아하였던 구담봉의 모습이 들어오고 있었다. 비록 강선대는 수몰되어 물에 잠겼다고는 하지만 바로 이곳, 이 자리가 퇴계가 두향과 더불어 노닐고 감흥에 젖어 시를 읊었던 로맨스의 현장이었을 것이다.

구담을 노래한 사람은 이퇴계뿐이 아니다. 조선의 대학자로 이퇴계와 쌍벽을 이루던 이율곡도 구담봉을 지나며 다음과 같은 시를 남기지 않았던가.

땅을 울리는 듯 잇단 피리소리에 나그네 놀라 깨니
어지러이 떨어지는 가을 잎이 창을 두드리는 소리라네
알지 못하겠구나 밤이 새도록 찬강에 내리는 비가
수척이나 높은 구봉을 가벼이 넘나드니.

일찍이 명종 13년(1558년) 봄. 22세의 청년 이율곡은 이미 안동의 계상서당에서 제자를 가르치며 은둔하고 있는 이퇴계를 만나서 사흘간의 짧은 기간 동안이지만 가르침을 받는다.

이는 마치 도가를 창시한 노자와 유가를 창시한 공자의 만남처럼 세기적인 사건이다. 이때 이퇴계는 이미 58세의 노인. 비록 36세나 차이 나는 노소의 만남이었지만 이 만남을 통해 이율곡은 개안하였으니, 눈을 뜨는 데는 천년이 걸릴지는 모르지만 보는 것은 이처럼 찰나에 이루어지는 법이다.

「해변의 묘지」.

문득 내 머릿속으로 프랑스의 시인 폴 발레리의 대표적인 시가 한 수 떠올랐다. 20년간의 긴 침묵 끝에 태어난 순수시의 결정판. 「해변의 묘지」는 '나의 혼이여 죽음 없는 생을 구하지 말라'는 핀다로스의 말을 새겨서 20세기가 낳은 천재시인 발레리가 144행으로 삶과 죽음을 우주적인 시야에서 노래한 최고의 걸작인 것이다.

「해변의 묘지」를 지은 폴 발레리의 묘는 실제로 지중해의 바다를 굽어보는 높은 산 위에 있다. 비록 바다는 아닐지라도 이제는 바다와 같은 호숫가에 묻힌 두향의 묘지 앞에서 나는 혼잣말로 '해변의 묘지'의 마지막 부분을 중얼거려 보았다.

바람이 분다. 살려고 애써야 한다.
세찬 마파람은 내 책을 펼치고 또한 닫으며
물결은 분말로 부서져 바위로부터 굳세게 뛰쳐나온다
날아가거라, 온통 눈부신 책장들이여
부숴라, 파도여. 뛰노는 물살로 부숴 버려라
돛배가 먹이를 쪼고 있던 이 조용한 지붕을.

발레리의 시처럼 쪽빛 호수는 지붕처럼 빛나고 있었다. 그 위를 바람이 불어 수면 위를 뛰노는 물결의 파도는 부서지고 있었다. '바람이 분다. 살려고 애써야 한다'는 절창은 「해변의 묘지」의 골수. 두향은 이곳에 무덤으로 살아 있음이니. 그렇다. 우리들의 생은 발레리의 시처럼 죽어도 죽은 것이 아니고, 살아도 산 것이 아니다. 삶도 무덤과 같은 것이고, 책장을 열고 닫는 한순간의 바람이라고 할지라도 함부로 사라지지 않으니, 두향은 우리들 곁에 죽어서 살아 있음이다. 살아서 죽어 있음이다.

상석 옆에 또 하나의 비석이 서 있었다. 죽은 사람의 내력을 기록하고 있는 묘비였다. 검은색 화강암에는 두향의 묘에 관한 다음과 같은 내용이 새겨져 있었다. 나는 그 묘비를 읽어보았다.

성명은 두향. 중종시대의 사람이며, 단양 태생. 특히 거문고에 능하고 난과 매화를 사랑했고, 퇴계 이황을 사모했으며, 수절종신하였다. 『명기열전』에 의하면 두향이 단양팔경을 지정하기 위해서 청풍군수인 토정 이지번(?~1575년) 선생에게 청풍 경계인 옥순봉을 양보받도록 이황에게 청원하여 단양팔경을 지정하게 하였다. 매년 5월 초에는 두향을 위해 제를 지내고 있다.

묘지를 읽어 내리던 내 눈은 어느 한 지점에서 멎어섰다.

『명기열전』.

내 기억이 사실이라면 이것은 소설의 제목이다. 오래전 작가 정비석이 동명의 이름으로 신문에 연재하였던 소설의 이름인 것이다. 제목이 암시하듯 우리나라에서 전해 내려오는 황진이를 비롯한 여러 명기들의 이야기들을 열전형식으로 엮은 인기 소설이었다.

실제로 두향의 묘가 널리 알려지고 두향의 무덤이 수장될 뻔하였던 것을 현재의 위치로 이장하여 이렇게 보존되고 있음은 전적으로 작가 정비석 한 사람의 공 때문이니. 그런 의미에서 정비석은 두향 재발견의 일등공신인 것이다.

만약 정비석이 두향의 무덤을 발견하지 못해 그녀의 에피소드를 『명기열전』에 소설로 형상화하지 못하였더라면 두향은 수몰되어 흔적도 없이 사라져버렸을 것이다.

정비석은 『명기열전』에서 두향의 무덤을 찾을 때의 일화를 다음과 같이 묘사하고 있다.

강선대는 강 위쪽에서 빤히 건너다보이는 저편 강가에 있으면서도 그 여울을 건너가는 데는 어지간히 힘이 들었다. 나는 두향이가 그처럼 좋아했다는 강선대를 자세히 돌아보고 나서 두향의 무덤을 찾기 시작하였다. 그런데 두향의 무덤이 있다는 강가 일대는 쑥이 무성하게 자라서 한길이나 넘는 쑥들을 베어버리기 전에는 무덤을 도저히 찾아낼 길이 없었다. 솔직히 고백하면 쑥 대숲이 그처럼 무성한 곳에 무덤이 있으리란 생각조차 들지 않았다

그렇다고 고생스럽게 찾아와서 그냥 돌아갈 수는 없었다. 쑥 대를 베어버리자면 낫이 있어야 할 터인데 그곳은 험준한 적성산(赤城山) 기슭인 까닭에 인가조차 없어서 낫을 구할 도리가 없었다. 그래서 한숨을 쉬고 있는 바로 그때, 하나의 기적이 일어났다. 안씨라는 나무꾼이 나뭇짐을 등에 지고 강을 건너려고 손에 낫을 들고 나타났던 것이다.

나는 나무꾼에게 인사를 청하고 나서 "이 쑥대밭 속에 두향이라는 기생의 무덤이 있다고 하던데, 그게 사실입니까" 하고 물어보았다.

나무꾼은 서슴지 않고 대답하였다.

"있지요. 이 쑥대밭 속에는 무덤이 두 개가 있는데, 하나는 건넛마을 김씨네 무덤이고, 나머지 하나가 두향의 무덤이지요."

"나는 두향의 무덤을 찾아보려고 서울서 예까지 일부러 내려왔는데, 마침 낫을 가지고 계시니 수고스럽지만 이 쑥대를 베어줄 수는 없을까요?"

"그러십시다. 멀리서 오셨군요."

순박한 나무꾼 안씨는 담배를 한대 피고 나서 쑥대를 베기 시작하였다.

내 키보다 훨씬 높게 자란 쑥대들이었다. 나무꾼이 능란한 솜

씨로 부근 일대의 쑥대를 벌초하다 보니 과연 그 속에서 무덤 일기(一基)가 나왔다.

"아, 바로 이게 그 무덤인가 보군요."

나는 기쁨에 환성을 올리며 얼른 무덤으로 달려가 봉분 한복판에 소나무 그루터기가 있는가 없는가 살펴 조사해보았다. 7, 8년 전에 이미 이가원(李家源, 퇴계학의 권위자로 퇴계의 14대 후손)박사가 찾아와 부탁한대로 무덤 한복판에 자라난 소나무를 베어냈다면 그 그루터기가 아직 남아 있으리라 생각되었기 때문이었다.

봉분 한복판을 파헤쳐보니 과연 나무 그루터기가 나왔다. 그것도 이가원 박사가 말한 대로 어린아이 팔뚝만한 소나무 그루터기였다. 문제의 소나무 그루터기를 쭉 뽑아보니 7, 8년 동안에 뿌리가 썩어서 맥없이 빠져버리는 것이 아닌가. 그 모습을 보면서 나는 탄식하였다.

"아아, 이것이 바로 두향의 무덤임에 틀림이 없구나."

이처럼 천신만고 끝에 두향의 무덤을 발견한 정비석. 퇴계의 후손이었던 이가원이 오래전 찾아와 봉분 한가운데 자라난 소나무를 베어달라고 동네사람들에게 부탁했다는 말을 전해 듣고 그 무덤에서 그루터기를 발견함으로써 확실한 두향의 무덤을 발견한 소설가 정비석.

그는 두향의 무덤을 밝혀 낸 직후의 감상을 이렇게 표현하고 있다.

……아무려나 두향의 무덤은 쑥대밭 속에 파묻혀서 머지않아

망실되어 버릴 운명에 처해 있다. 영고성쇠는 우주운행의 섭리이고 보니 두향의 무덤인들 어찌 망실의 운명을 면할 수야 있으리오. 그러나 퇴계학이 날로 빛을 더해가고 있는 이때에 비록 그늘의 여인이었다고 해서 두향의 무덤을 그대로 방치해두는 것은 과연 옳은 일일까.

나는 두향의 무덤을 바라보며 창연감을 금할 길이 없어 봉분 위에 표석이나마 하나 세워주도록 촌민에게 몇 푼의 돈을 주어 신신당부하고 귀가에 올랐던 것이다.

나는 문득 가슴이 밝아지는 느낌을 받았다.

작가의 펜이 과연 사회를 변화시킬 수 있을까, 하는 의구심은 글을 쓰는 내 마음속에 항상 자리잡은 화두이지만 이처럼 휴머니즘의 작가정신은 사라져가는 역사를 복원하고 잊혀진 인물을 되살리고 있는 힘의 원천인 것이다.

명기 두향의 무덤이 유실되지 아니하고 이처럼 보존되고 있음은 정비석만의 공이 아니다.

한일합방 전까지는 퇴계의 제자였던 이산해(李山海)의 가문에서 대대로 제사를 지내옴으로써 명맥을 유지할 수 있었던 것이다.

이산해는 임진왜란 때의 영의정을 지낸 명신인데 그와 두향과의 인연은 이산해의 아버지였던 이지번(李之蕃)에서부터 비롯되었던 것으로 알려져 있다.

두향의 무덤 앞에 서 있는 표석에서도 두향과 이산해의 아버지 이지번의 인연을 기록하고 있다.

······두향이 단양팔경을 지정하기 위해서 청풍군수인 토정 이지번 선생에게 청풍경계인 옥순봉을 양보받도록 이황에게 청원하여 단양팔경을 지정하게 하였다.

그러나.

나는 표석에 새겨진 문장을 바라보며 머리를 흔들었다.

이 문장은 분명한 오기이다.

이산해의 아버지 이지번의 호는 성암(省菴)이지 토정(土亭)이 아니다.

토정은 생애의 대부분을 마포 강변의 흙담 움막집에서 청빈하게 지냄으로써 토정이란 호가 붙었던 조선 중기의 문인이었던 이지함을 가리킨다. 이지함은 바로 『토정비결(土亭秘訣)』을 지은 사람으로 역학, 수학, 천문, 지리에도 해박하였던 기인이었으며, 이산해의 작은아버지였다. 이지함은 맏형인 이지번에게 글을 배웠고, 이지번역시 범상한 사람은 아니었다. 이지번은 고려조의 대학자였던 목은(牧隱) 이색(李穡)의 후손으로 나라가 혼란하자 벼슬을 버리고 단양에 내려와 구담에 집을 짓고 한세월을 보냈던 은사였던 것이다.

『조선왕조실록』은 이지번에 대해 다음과 같이 전하고 있다.

선조 8년(1575년 12월 1일). 전 내자시정(內資侍正) 이지번이 사망하였다. 이지번은 목은 이색의 후예인데, 어릴 때부터 침착하여 장난을 좋아하지 않았다. 어머니가 병들자 다리를 찔러 피를 받아 약에 타서 드리니 병이 나았다. 상중에 몹시 슬퍼하였고 한결같이 가례를 따라 행하였다. …… 성균관의 추천으로 재랑이 되었으나 사은하고는 출사하지 않다가 뒤에 여러 벼슬을 거쳐 사평이 되었다. 아들 이산해는 어릴 적에 신동으로 일컬어졌는데, 윤원형(尹元衡, 당시 최고의 세도가)이 자기의 딸을 주어 사위로 삼으려 하자 지번은 즉시 벼슬을 버리고 아우 지함과 함께 단양의 구담에 내려가 은둔하여 살면서 열심히 학문을 닦고 소박한 생활을 하여 만족스럽게 스스로를 즐기니, 사람들이 그를 구선(龜仙)이라 불렀다. 이황이 그와 벗하여 도학을 권면하였다.

　금상초년에 청풍군수를 제수하여 옛날 은거하던 곳에서 가깝게 살도록 하였는데, 이황이 강요하여 취임한 뒤 애쓰지 않고도 깨끗하게 잘 다스렸다. 떠나가자 백성들이 그를 사모하여 비석을 세워 덕을 기렸으며, 후인들은 모두 그의 풍절을 숭상하였다.

　『조선왕조실록』에 실려진 내용대로 은사였던 이산해의 아버지 이지번을 청풍군수로 제수케 추천했던 사람이 바로 이퇴계. 그러므로 이지번과 그의 아우 이지함은 이퇴계와 두향의 사랑을 익히 알고 있었을 것이다.

　특히 풍수에 밝은 토정 이지함은 형에게 구담봉 부근에 명당이 많은 것을 말하여 가족의 무덤을 다섯 기나 이장함으로써 당대가 지나기도 전에 아들이 영의정에 오르게 하였다는 이야기도 전해 내려올 만큼 이곳 일대를 사랑하였다. 이지번은 항상 푸른 소를 타고 강가를 오르내리며, 구담과 오로봉 사이에 칡넝쿨로 큰 줄을 만들어 가로지르고 학모양의 탈것을 만들어 강 이쪽에서 저쪽으로 날아다니니, 사람들이 그를 보고 신선이라고 불렀다는 일화도 전해오는 것이다.

그러나 이러한 일화로 인하여 이산해의 가문에서는 아버지 이지 번과 작은아버지 이지함이 은둔하였던 단양의 구담을 대대로 기리 고 곁들어 두향에게 제사를 지내주었던 것이다.

스승 이퇴계를 존경하여 애인이었던 두향의 제사까지 함께 지내 준 이산해의 사제지도(師弟之道). 그러한 사제지도가 없었더라면 오래전에 두향의 무덤은 흔적도 없이 사라져버렸을 것이다.

그뿐이 아니다.

표석에는 다음과 같은 기록도 새겨져 있다. 나는 그 내용을 읽어 보았다.

……조선 숙종 때 우암 송시열과 권상하(權尙夏)의 문인으로 호조정랑, 의금부부사, 단양군수였던 수촌(水村) 임방(任埅, 1640~1724)은 「두향묘시(杜香墓詩)」를 남긴다.

묘석에 나오는 임방은 송시열의 제자로 의금부도사를 거쳐 대사 성, 호조판서에 이르렀던 명신이다. 일찍이 단양의 군수로 재직하다 가 두향의 무덤 앞에서 추모시를 한 수 읊는다. 그 추모시가 임방의 문집『수촌집(水村集)』에 실려 있다.

외로운 무덤 하나 두향이라네
강 언덕 강선대 그 아래 있네

어여쁜 이 멋있게 놀던 값으로

경치도 좋은 곳에 묻어주었네.

一點孤墳是杜秋

降仙臺下楚江頭

芳魂償得風流價

絶勝眞娘葬虎丘

두향에 대해서 노래한 시 중 가장 오래되고 아름다운 이 시에서
는 두향을 '두추(杜秋)'라고 부르고 있다. 두추는 당나라에서 전해
내려오는 최고의 명기. 따라서 임방은 두향을 감히 두추에 비유하
여 시를 읊고 있는 것이다.

또한 임방은 두향이 묻힌 이곳을 '호구(虎丘)'라고 명명하고 있다.

호구는 오늘날 강소성(江蘇省), 소주(蘇州)에 있는 경승지를 말
함이다. 해용산(海湧山)이라고도 하는데, 『오월춘추(吳越春秋)』에
의하면 오나라의 왕 부차가 아버지 합려를 장사지낸 지 3일 후에 백
호(白虎)가 나타나 그 무덤을 지켰다는 고사에서 연유하여 호구라
고 이름을 붙였다고 한다. 언덕 위에는 높이 47.5미터의 8각 7층 벽
돌건물인 운암사탑(雲岩寺塔)이 있고, 수목이 무성하며 기암괴석이
풍부한 절경이다. 서남쪽 교외 19킬로미터 지점에 있는 영암산(靈
岩山)에는 월왕 구천이 감금되었다는 굴이 있고, 구천이 복수하기
위해서 부차에게 진상하였던 서시(西施)를 위해 지었다는 별궁터가
남아 있다.

서시는 중국의 역사상 가장 뛰어난 절세미인.

눈길 한 번 돌아보면 성이 기울고, 두 번 돌아보면 나라가 기울만큼의 경국지색으로 서시가 몸이 아파 낮을 찌푸리면 나라의 모든 여인들이 이를 흉내내어 낮을 찌푸렸다는 이 전설의 여인은 바로 이 궁터의 금대에서 거문고를 켰던 것이다.

그러나 호구가 유명한 것은 바로 이런 연유 때문에 육조시대 때에 이르러 나라의 많은 명기들은 자신이 죽으면 동양의 클레오파트라인 서시처럼 자신을 바로 이 호구에 묻어 달라고 유언하였기 때문이다.

그러므로 호구는 유명한 미인들이나 기생들이 사후에 묻히는 북망산으로 유명했던 곳. 북망산이 낙양 북쪽에 있는 작은 산으로 제왕, 귀인, 명사들의 무덤이 많은 곳이라면 호구는 이처럼 명기들의 공동묘지였던 것이다. 따라서 임방은 이곳을 빗대어 두향이 묻힌 강선대의 무덤가를 호구라고 명명하고 있음인 것이다.

나는 표석에 새겨진 임방의 시를 묵묵히 읽어보았다. 이처럼 두향의 무덤은 많은 사람들에 의해서 잊혀지지 않고 제를 올리는 것으로 명맥을 유지하고 있었던 것이다.

표석 측면에는 다음과 같은 비문으로 마무리 짓고 있었다.

……그밖에 영조 때 문인 월암 이광려, 퇴계 후손인 이휘재 등의 시가 있으며, 토정(이것 역시 오기이다) 이지번 선생의 아들 아계 이산해로 하여금 두향의 제를 지내게 하였다.

단성향토문화연구회건립(丹城鄕土文化硏究會建立).

비문에 새겨진 내용으로 보면 향토문화연구회에서 해마다 두향의 추모제를 올려주고 있는 모양이었다.

나는 비로소 마음이 놓이는 느낌이었다. 아슬아슬하게 맥이 끊어지지 않고 내려온 두향의 추모제가 마침내 향토문화연구회에서 계승하여 이를 지켜나가고 있다면, 그리하여 두향제가 온 마을의 축제로 발전해 나가고 있다면 이는 다행스러운 일인 것이다.

나는 비닐백 속에서 구내매점에서 사온 소주 한 병을 꺼내들었다. 일찍이 노산 이은상이 '내 비록 풍류랑은 아닐지언정 두향의 무덤 앞에 꽃 한 송이 못 놓고 가는 것이 얼마큼 서운한지 모르겠다'고 탄식하였던 것처럼 나는 비록 풍류객은 아니지만 마땅히 두향의 무덤 앞에 술 한 잔 받쳐 제향을 올리는 것이 마땅한 일로 생각되었기 때문이었다.

종이컵 속에 술을 한 잔 가득 따르고 나는 그것을 상석 위에 올려 놓았다. 문득 송림 속 암벽 사이에 핀 붉은 철쭉꽃이 눈에 들어왔다. 나는 천천히 다가가 활짝 핀 철쭉꽃 한 가지를 꺾어 상석 위에 함께 놓았다.

불현듯 내 머릿속으로 『춘향전』에 나오는 판소리 한마당이 떠올랐다. 춘향이가 변사또에게 항의하던 노래였던가. 정확히 기억되지는 않지만 노래의 가사는 다음과 같다.

……충효열녀에 상하 있소. 자세히 들으시오. 기생으로 말하나이다. 충효열녀 없다 하니 낱낱이 아뢰나이다. 해서(海西) 기생 농선이는 동선령에 죽어 있고, 선천 기생은 아이로되 칠거학

문 들어 있고, 진주 기생 논개는 우리나라 충렬로서 충렬문에 모셔놓고 천추향사(千秋享祀) 제사지내며, 청주 기생 화월이는 삼충각에 올라 있고, 평양 기생 월선이도 충렬문에 들어 있고, 안동 기생 일지홍은 생열녀문(生烈女門) 지은 후에 정경가자(貞敬加資) 있사오니 기생을 너무 없이 보지 마옵소서.

「열녀춘향수절가」 중의 한 구절인 이 판소리를 통해 알 수 있듯이 기생이라 할지라도 농선이는 우리나라 10대 절경 중에 하나인 황해도 구월산 동선령에 묻혀 있고, 진주 기생 논개는 임진왜란 때 진주성이 함락되어 왜장들이 촉석루에서 연회를 베풀 때 왜장의 목을 끌어안고 몸을 던져 순국하였고, 안동 기생 일지홍은 살아 있을 때 지은 열녀문에 문무백관 아내의 작호인 정경부인의 품계로 묻혀 있음을 드러내고 있음인 것이다.

마찬가지로.

나는 두향의 무덤을 바라보며 생각하였다.

두향이도 퇴계를 위해 종신 수절하였다. 불과 9개월의 짧은 만남이었지만 두향은 퇴계만을 사랑하였고 퇴계만을 섬겼다. 퇴계가 풍기군수로 떠나자 신임 사또에게 기적(妓籍)에서 빼달라고 청원하였던 두향. 그리하여 마침내 두향은 관기에서 벗어나 자유의 몸이 되었다던가.

전해 내려오는 소문에 의하면 두향은 기생신세를 면하게 되자 이듬해 봄 강선대가 눈 아래 굽어보이는 적성산 기슭에 조그마한 초당을 짓고 은둔생활을 하였다고 한다.

그로부터 이퇴계가 70세로 숨을 거둘 때까지 두향은 이곳 적성산 초당에서 22년간을 수절하였다. 두향이가 이퇴계를 만난 것이 몇 살 때인지는 알려진 바가 없으나 이퇴계가 숨을 거뒀을 때에는 아마도 초로의 아낙네였을 것이다.

22년 동안 두 사람은 단 한 번도 재회한 적도 없고 서신도 교환한 적은 없다. 다만 이퇴계가 말년에 지은 시 한 수가 두향을 그리워하며 지은 연애시라고 알려져 있다.

옛날 책 속에서 성현을 만나보며
비어 있는 방 안에 초연히 앉았노라
매화 핀 창가에서 봄소식 다시 보니
거문고 대해 앉아 줄 끊겼다 탄식마라.
黃券中間對聖賢
虛明一室坐超然
梅窓又見春消息
莫向瑤琴嘆絶絃

이 시의 처음 두 행은 학문에 정진하고 있는 이퇴계의 근황을 알리는 것이지만 뒤의 두 행은 비록 만나지는 못할지언정 함께 매화를 보고 거문고를 타면서 지냈던 아련한 추억을 반추해보는 사랑노래가 아닐 것인가.

나는 술을 받쳐 올리고 봉분 앞에 무릎을 꿇고 배를 올렸다. 그러고 나서 술잔 속 술을 단숨에 들이켰다. 원래 흠향한 술은 음복

하는 법.

나는 빈 컵에 다시 술을 따라 나를 이곳까지 태워다준 고마운 선원에게 잔을 내밀며 말하였다.

"한 잔 드시겠습니까?"

곁에 서서 나를 묵묵히 지켜보고 있던 사내가 선뜻 술잔을 받았다.

무덤 앞까지 밀려든 강물은 소용돌이를 치면서 굽이치고 있었다.

선조 3년 경오년(1570년) 섣달 초여드렛날 밤 유시(酉時).

이퇴계는 마침내 70세의 나이로 숨을 거둔다.

전해 내려오는 소문에 의하면 두향은 퇴계가 마침내 숨을 거뒀다는 비보를 전해 듣자 목욕재계하고 만일의 경우를 생각해 소복까지 준비하고 단신으로 안동까지 내려갔다고 한다. 단양에서 안동까지의 2백 리의 험난한 태산준령을 여자의 몸으로 나흘 만에 무사히 안동고을을 거쳐 도산서당이 있는 토계리까지 도착한 두향은 집집마다 걸려진 만장을 보고 소복으로 갈아입고 유해가 안치된 한서암(寒棲庵)을 보며 밤을 새워 망곡을 하였다고 한다.

퇴계가 서거하자 선조대왕은 특별히 이퇴계에게 영의정의 벼슬을 추증하였다. 그런 관계로 장례는 의정예법(議政禮法)에 따라 이듬해 3월에야 거행한다는 말을 듣고 두향은 그대로 단양으로 돌아와 초당에 궤연(几筵)을 꾸미고 신주를 모셔놓은 후에 아침저녁 상식을 올리며 곡을 하였다고 한다.

그리고는 어느 날 유서를 남긴다.

"내가 죽으면 그 시신을 남한강이 내려다 보이는 강선대 위에 묻어주옵소서."

두향의 죽음은 두 가지의 소문으로 나뉘어진다.

하나는 유서를 남기고 부자를 달인 독약을 마시고 죽었다는 것이고, 또 하나는 소복을 입고 강선대바위 위에서 뛰어내려 남한강에 투신하였다는 것이다. 워낙 물살이 급한 천탄(淺灘)이라 두향의 몸은 사흘 만에 강물 위로 떠올랐다고 하는데, 어쨌든 스스로 생을 마감하였던 것은 정확한 사실인 듯 여겨진다.

마을사람들은 두향이가 남긴 유언에 따라 생전에 그녀의 초당이 있던 자리에 무덤을 마련해주었다. 처음에는 해마다 매화가 무덤 주위에 자라나 봄소식을 알리곤 하였다는데, 어느새 매화는 사라져버리고 적막강산의 무덤이 되어버린 것이었다.

나는 마시고 남은 술병을 들고 축대를 내려갔다. 가파른 경사를 따라 언덕 아래로 가자 넘실거리는 강물이 암벽을 핥고 있었다. 나는 남은 술을 강물 위에 쏟아 부었다. 그리고 강물 속에 깃들어 있는 두향의 넋을 초혼하기 위해서 마음속으로 두향의 이름을 연거푸 세 번 불렀다. 내 초혼에 화답이라도 하듯 수면 위로 갑자기 수상한 바람이 하나 일어서더니 작은 물결을 일으키면서 출렁거렸다.

이로써.

나는 한 방울의 술까지 다 강 속에 쏟아 붓고 나서 두 손을 털면서 생각하였다.

두향의 넋을 달래는 진혼제(鎭魂祭)는 모두 끝난 셈이다.

나는 다시 무덤 위로 올라서서 말하였다.

"자, 이제 갑시다."

우리는 무덤가를 벗어나 가파른 산길을 내려갔다. 기슭에 밧줄로 매어놓은 배 위에 올라타자 선원은 밧줄을 풀고 막대기로 바위를 밀어 배를 호수 바깥쪽으로 견인하였다. 발동을 걸자 투투타타, 요란한 소리를 내면서 배는 진저리를 치기 시작하였다. 방향을 바꿔 배는 순식간에 호수 한복판으로 가로지르기 시작하였다.

나는 물보라 치는 선상에 서서 방금 떠나온 두향의 무덤을 바라보았다. 빠르게 전진하는 배의 속도에 맞춰 그만큼 두향의 무덤도 빠르게 멀어지고 있었다.

멀어져가는 두향의 무덤을 뱃전에 기대어 바라보면서 나는 생각하였다.

내가 단양으로 온 것은 두향의 무덤을 찾기 위한 것이 아니었다. 퇴계가 단양의 군수로 내려올 무렵은 '퇴거계상(退居溪上)', 즉 '벼슬에서 물러나 산속의 시냇물'에서 살고 싶다는 자신의 의지를 분명히 드러낸 이퇴계 인생의 분기점이었기 때문이었다. 이퇴계가 단양의 군수로 내려온 것은 마치 공자가 천하주유를 끝내고 고향으로 돌아온 것과 비견되는 퇴계의 일생에 있어 가장 중요한 전환점이었다.

단양군수 이전의 이퇴계와 단양군수 이후의 이퇴계는 천양지차를 보이고 있다.

모고지심(慕古之心).

옛 성인의 학문을 그리워하는 마음.

그것은 퇴계가 평생을 갖고 있었던 학구정신이었다.

내가 단양을 찾아온 것은 바로 그러한 퇴계의 치열한 모고지심을 답사하기 위함이었던 것이다. 그런데 그 여정에서 뜻밖에도 기생 두향의 무덤을 발견하게 됨으로써 이퇴계의 감춰진 사생활이 드러나게 되었음이니, 그렇다면 두향은 퇴계에게 있어 어떤 존재였던가.

문수보살(文殊菩薩).

석가여래의 왼편에 있는 지혜의 상징으로 연화대에 앉아 오른손에는 지혜의 칼을, 왼손에는 지혜의 푸른 연꽃을 들고 있는 화신(化身)인데, 그렇다면 두향은 퇴계에게 지혜의 완성을 인도하였던 문수보살이 아니었을까.

심청이가 아버지 심봉사의 눈을 뜨게 하기 위해서 공양미 삼백 석에 몸이 팔려서 인당수에 치마를 뒤집어쓰고 죽었다면 두향이도 소복을 입고 남한강 푸른 물속에 살신공양함으로써 마침내 이퇴계의 눈을 뜨게 하였던 것이다. 이 세상의 모든 일들은 혼자만의 공덕으로 이루어지는 일이 없고 그 어떤 업도 삼라만상의 인연으로 맺어지는 법이며, 수승(殊勝)한 다보탑도 크고 작은 탑돌이 쌓여져 이루어진 것이니, 두향이야말로 이퇴계를 이룬 공양탑인 것이다.

어느덧 배는 떠나온 선착장에 이르렀다. 선원은 엔진을 끄고 배를 천천히 부교에 접안하였다. 내리기 편하도록 널빤지를 연결한 후 나는 천천히 배를 내렸다.

"수고하셨습니다."

나는 고마운 사내에게 손을 내밀어 악수를 청하였다. 마주잡은 손은 따뜻했다.

끊임없이 몰려드는 관광객으로 선착장은 시끌시끌하였다. 마침 일주를 끝내고 유람선 한 대가 선착장으로 들어오고 있었다. 귀를 찢는 듯한 유행가 소리에 나는 도망치듯 그곳을 떠나 계단 위로 올라갔다. 계단 옆 경사를 따라서 산수유가 만개하여 있었다. 노란꽃잎이 세찬 바람에 색종이처럼 팔락거리고 있었다.

이퇴계.

나는 계단을 오르면서 생각하였다.

이퇴계야말로 유림의 완성자인 것이다. 공자의 묘에 '위대한 완성자, 최고의 성인, 문화를 전파하는 왕'이라는 비문이 새겨져 있다면 이퇴계는 공자가 창시한 유교를 철학적 사상적으로 완성한 동양의 아우구스티누스인 것이다.

아우구스티누스(354~430).

예수의 사후 350여 년 후에 태어난 아우구스티누스는 기독교 신앙의 본질과 하느님의 존재, 그리고 인간의 삶을 두르고 있는 죄의 문제에 깊이 통찰함으로써 기독교사상 가장 뛰어난 스승이자 교부였다. 마찬가지로 이퇴계는 공자의 사후 2천 년 후에 태어났지만 원시유학에 머물러 있던 유교에 이기설에 의한 형이상학의 체계를 더함으로서 성리학을 완성하였던 유교사상 가장 뛰어난 스승이자 군자였던 것이다.

아우구스티누스는 중세의 새로운 기독교 문화를 탄생시킨 선구자로서 '주여, 당신께서는 나를 당신에게로 향하도록 만드셨나이다. 내 영혼은 당신 품에서 휴식을 취할 때까지 결코 평안하지 못할 것입니다'라는 유명한 구절로 시작되는 『고백록』을 저술하였다.

아우구스티누스는 '신(하느님)은 우리 영혼에 내재하는 진리의 근원이므로 신을 찾고자 한다면 굳이 외계로 눈을 돌릴 것이 아니라 스스로의 영혼 속으로 내면의 눈을 떠야 한다. 윤리에서는 모든 인간행위의 원동력이 사랑이며, 인간은 결코 사랑하지 않고는 존재할 수 없는 존재'라는 그의 철학적 세계는 특히 신과 영혼에 대해 깊이 파고들었다.

따라서 한때 방탕하고 타락한 생활을 보냈던 아우구스티누스는 『고백록』을 통해 그리스도교신앙을 갖기까지의 참회활동을 고백하고 있는데, 작품 전편에는 죄스런 과거의 삶에 대한 회개보다는 하느님에 대한 감사의 정이 더 많이 포함되어 있는 것이다.

마찬가지로 이퇴계는 아우구스티누스의 『고백록』에 비견되는 『자성록』을 생전에 저술하였다.

『자성록』의 서문에서 퇴계는 말하고 있다.

서문(序文)

옛 사람들이 말을 함부로 하지 않는 것은 실천이 따르지 못함을 부끄러워해서였다. 지금 친구들과 학문을 강구하느라 서신을 서로 나누면서 한 말은 부득이한 것이지만 이미 그 부끄러움을 스스로 이기지 못하였다.

하물며 이미 말한 뒤에 저 사람은 잊지 않았는데, 내가 잊은 것이 있는가 하면 저편과 내가 다 잊은 것이 있으니, 이것은 부

끄러울 뿐 아니라 거의 기탄없음이 되는 것으로써 두렵기 그지
없다. 그동안 옛 상자를 뒤져 보존되어 있는 편지를 베껴서 책상
에 두고 때때로 펼쳐보면서 여기서 나를 반성하기 그치지 않았
다. 원고가 없어져 기록하지 못한 것도 그 중에는 있을 것이다.
허기야 잃어버리지 않고 모은 편지를 다 기록하여 큰 책을 만들
었다고 해도 무슨 소용이 더 있겠는가.

가정(嘉靖) 무오(戊午) 단오 후 일일.

퇴계 노인 지음.

가정 무오년은 명종 13년(1558년). 퇴계의 나이 58세에 해당하는 해.
아우구스티누스의 『고백록』이 인간인 나에 대한 하느님인 너의
관계를 분명하게 드러냄으로써 철학과 신학까지 포함한 자서전으
로서 그리스도신앙을 확립하는 데 결정적인 역할을 하였다면 이퇴
계의 『자성록』도 역시 성리학이 바다 건너 일본으로까지 확산되는
데 바이블 역할을 하였던 것이다.

평소 '지행병진언행일치(知行並進言行一致)'를 생활신조로 삼았
던 퇴계였으므로 『자성록』에 나오는 수양을 위한 고민이 특히 우리
의 심금을 울리는 것이다. 인격의 성취 내지 인간 완성의 고민이 무
엇보다 감동적이어서 그의 성실함과 경건함은 여러 문맥과 행간 속
에서 인상 깊이 발견되는 것이다.

특히 '옛사람들이 말을 함부로 하지 않는 것은 실천이 따르지 못
함을 부끄러워했기 때문이었다.(古者言之不出恥躬之不逮也)'라는
머리글이 이러한 퇴계의 마음을 한마디로 함축하고 있는 것이다.

임진왜란 후 퇴계의 학문이 일본으로 확산되어 일본 정신의 뿌리로 성장할 수 있었던 것은 이처럼『자성록』에 기인되었던 것이다.

근세 일본유학의 삼대 유종(儒宗)의 하나인 야마자키(山崎闇齋)는 원래 승문에 몸을 담고 있던 스님이었다. 그러나 그는 33세 때 퇴계가 남긴『자성록』을 읽고 나서 발분하여 마침내 일본 성리학의 대가가 되어 자신의 사상을 수립하여 퇴계의 후계자임을 자인함으로써 그의 문하가 발전함에 따라 수많은 퇴계 숭배자들을 배출하게 되었다.

또한 쿠마모토(熊本)에서 일어난 실학파 중에 태두인 오오츠카(大塚退野)도 퇴계의『자성록』과『주자서절요』를 읽고 마치 신처럼 그리고 부모처럼 퇴계를 존경하여 사숙하였다고 말하고 있다.

특히 일본 근세유학의 시조인 후지와라 세이카(藤原惺窩)와 그의 문인인 하야시 라잔(林羅山) 등은 이퇴계를 통해 일본의 문예부흥을 일으켰던 장본인들인 것이다. 도쿠가와(德川家康)에게 벼슬을 하려할 때 천하의 모든 백성들과 세상을 위해서 퇴계의 책을 열심히 읽어야 한다고 주장하였던 임라산은 이퇴계의 책을 출판할 때 발문까지 쓰고 있는 것이다.

"퇴계 이씨는 무리에서 우뚝 솟아 있으니 귀국 유학의 명성을 온 세상 사람들이 모두 기리고 있다."

그렇다.

나는 계단을 오르면서 소리를 내어 중얼거렸다.

유교는 2천5백 년 전 공자가 일으켰으나 공자의 사후 2천 년 뒤엔 조선에서 태어난 이퇴계에 의해서 유교의 사상과 철학은 완성될 수 있었던 것이다. 그리하여 이퇴계가 없었더라면 근세 일본에서 문예부흥은 일어나지 못하였을 것이다.

계단을 올라 주차장의 공터에 이르자 숨이 가빠졌다.

자판기에서 인스턴트커피라도 한 잔 뽑아들고 벤치에 앉아 숨을 달래야겠다고 생각했으나 동전이 없었다. 지갑을 뒤져 무심코 천원짜리 한 장을 꺼내려다 말고 나는 문득 천원짜리 겉면에 그려져 있는 낯익은 인물의 초상을 발견할 수 있었다.

붉은빛이 감도는 천원짜리 화폐 오른쪽에는 건을 쓰고 수염을 기른 노인의 영정이 새겨져 있었다.

화폐의 단위를 나타내는 천원 위쪽에 아주 작은 글씨로 다음과 같이 인쇄되어 있었다.

퇴계 이황(1501~1570).

헤아릴 수 없이 가장 흔한 지폐였지만 막상 화폐 위에 새겨진 이퇴계의 초상을 새삼스럽게 발견하자 나는 갑자기 가슴이 뛰었다.

나는 화폐를 뒤집어보았다. 역시 붉은 물감으로 채색된 화폐의 뒤쪽은 정갈한 한옥집의 군락이 인쇄되어 있었다. 그 밑에는 다음과 같은 글씨가 명기되어 있었다.

도산서원.

이퇴계가 나이 60세에 비로소 완성하였던 도산서원. 이퇴계는 죽을 때까지 10여 년간 이 도산서원에서 수많은 제자들을 가르치고 학문을 완성할 수 있었던 것이다.

그러나.

나는 무심코 자판기 속에 천원짜리 지폐를 밀어 넣으려다 잠시 멈

칫거렸다. 이처럼 퇴계의 초상과 도산서당의 모습이 새겨진 지폐를 항상 사용하고 있으면서도 나는 이퇴계를 직시한 적이 있었던가.

나는 누구나의 지갑 속에 들어 있는 가장 흔한 화폐에서 과연 이 퇴계의 진면을 본 적이 있었던가.

나는 이퇴계의 초상이 새겨진 천원짜리 지폐를 투입구 속에 밀어 넣었다. 자판기는 순식간에 화폐를 집어삼켰다. 반짝이며 자판기의 붉은 불이 켜졌다. 밀크커피의 버튼을 누르자 찰칵, 하고 컵 하나가 떨어지더니 커피가 주르륵 흘러내렸다.

나는 종이컵을 빼들고 거스름돈을 반환하는 키를 비틀었다. 그러 자 짤랑이는 경쾌한 소리를 내면서 동전이 굴러 떨어졌다. 숫자가 맞나 확인해본 후 주머니 속에 동전을 흘려보내고 천천히 빈 의자 에 앉아서 커피를 마시기 시작하였다.

커피를 마시는 일에 나는 너무 바쁘구나.

나는 맵고, 쓰고, 달콤하고 강렬한 통속적인 커피를 마시면서 혼 자서 쓸쓸하게 웃었다.

거스름돈을 확인하느라 나는 정신을 다른 곳에 팔고 있구나. 이 퇴계가 누구인가를 직시하기 전에 커피를 마시고, 거스름돈을 확인 하느라 정신이 없구나. 이퇴계의 초상보다 돈에 집착하는 나야말로 기계로구나. 동전을 집어넣으면 한 잔의 커피가 흘러나오는 로봇이 로구나. 자판기로구나. 로보캅이로구나. 영혼이 없는 깡통이로구 나. 밀짚의 심장을 가진 허수아비로구나.

이퇴계.

나는 커피를 마시면서 혼잣말로 소리내어 중얼거렸다.

148

그는 도대체 누구인가. 그는 어떤 생애를 보냈으며 그의 사상은 무엇을 말하고 있음인가.

조광조에서 출발하여 공자를 거쳐 마침내 이퇴계에 이른 유림의 계주는 이렇게 해서 또다시 스타트라인에 서게 되었다.

제 2 장

상사별곡

相思別曲

군자에 이르는 길

1

명종 4년(1548년) 10월.

48세의 이퇴계는 단양을 떠났다. 퇴계가 단양군수를 사직하고 이웃한 풍기의 군수로 전근한다는 소문을 듣고 수많은 백성들이 나와서 퇴계가 탄 가마를 막고 울부짖으며 말하였다.

"나으리, 가시면 아니 되옵니다."

"나으리, 오신 것이 어제와 같은데 벌써 가시다니요."

단양군민에게 남긴 퇴계의 인상은 놀라운 것이었다. 불과 9개월이었지만 단양군민을 위해 이퇴계는 경이적인 노력을 기울였던 것이다.

퇴계가 군수로 부임할 무렵 단양은 오랜 가뭄으로 곳곳에 헐벗은 기민(飢民)들로 피폐해 있었다. 기록에 의하면 3년 동안 계속해서 한발이 들어 백성들은 초근목피로 간신히 연명해가고 있었다고 한다.

퇴계는 그 이유를 전혀 알 수 없었다. 단양은 예로부터 물이 많아 남한강과 단양천을 비롯하여 곳곳에 물이 풍부한데 어째서 해마다 가뭄으로 재앙을 입는다는 것인지 이해가 가지 않았던 것이다. 그러나 퇴계는 곧 그 이유를 알게 되었다. 단양에 강이 많기는 하지만 날이 가물면 흐르는 물도 곧 말라붙어 물을 농사에 이용할 수 없었기 때문이었다. 이 풍부한 수량의 물을 농사에 이용하려면 보를 쌓아 흐르는 물을 가둬서 저수지를 만드는 것이 급선무였던 것이다.

퇴계는 실제로 단양의 곳곳을 답사하여 마침내 탁오대 바위 옆 여울목이 가장 좁아 둑을 만들기에 적합하다는 사실을 확인하고는 마을사람들을 총동원하여 '복도소(復道沼)'란 저수지를 마련하였다.

퇴계가 만든 '복도소'는 아마도 우리나라 역사상 최초로 만들어진 인공저수지. 그로부터 5백여 년이 지난 최근에 이르러 남한강에 충주댐을 쌓고 거대한 인공호수가 생긴 것은 퇴계가 위대한 사상가였을 뿐 아니라 실학정신까지 갖춘 선각자였음을 증명하고 있는 것이 아니겠는가.

그해 여름 퇴계는 '복도소'의 수중보 준공을 기념하여 큰 바위에 '복도별업'이란 친필의 휘호를 새긴다.

'아름답고 깨끗한 자연 속에서 도를 회복한다'는 이 문장의 뜻을 통해 퇴계는 아름답고 깨끗한 환경은 자연 그대로 존재하는 것이 아니라 인간의 의지로 얼마든 개선될 수 있음을 드러내 보이고 있는 것이다.

퇴계가 건설하였던 수중보의 유구(遺構)는 1986년 6월 충주 인공댐의 조성으로 수몰되어버리고 퇴계의 친필휘호만 따로 보존되고 있을 뿐.

따라서 퇴계가 건설한 저수지로 고질적인 한발을 막고 홍수 때 내리는 물을 저장하여 범람까지 막을 수 있는 다목적용 댐을 갖게 된 단양군민들은 퇴계와의 이별을 못내 아쉬워하며 떼지어 나와서 가마를 향해 무릎을 꿇고 눈물을 흘리고 있었던 것이다.

퇴계 자신도 단양의 빼어난 절경에 심취되어 이곳을 떠나고 싶지 않았다.

실제로 짧은 재임기간이었지만 『단양산수기』란 책을 남길 만큼 이곳의 산수를 사랑하였고, 또한 오늘날까지 인구에 회자되는 '단양팔경'을 일일이 지정하여 스스로 이름까지 명명하지 않았던가.

퇴계가 얼마나 단양의 군민들에게 사랑을 받았던가는 『퇴계언행록』 3권에 기록된 「거관(居官)편」에 상세히 기록되어 있다.

'거관'이란 벼슬살이를 가리키는 것으로 퇴계의 제자 중의 한 사람이었던 우성전(禹性傳)은 어느 날 단양을 지나다가 한 노인을 만나서 다음과 같이 물었다고 한다.

"지금까지의 이곳 고을의 태수로서 누가 정치를 잘하였소."

그러자 노인은 '황준량(黃俊良)'이라고 대답한다. 황준량은 퇴계보다 17년이나 어린 제자였다. 퇴계를 만나면서 「근사록」 등 여러 글을 접하게 되고, 주자의 글을 읽게 됨으로써 성리학에 눈뜬 학자였다. 그는 고을을 다스림에 있어서도 밝은 지혜와 청렴한 자세로 한결같은 치적을 이루었다. 특히 단양군수로 부임하였을 때에는 거의 쓰러질 상태의 고을을 다시 일으키고자 임금에게 상소문을 올려 부역을 면하게 하였다. 특히 4천8백 자의 명문장은 임금을 크게 감동시킨 명태수였던 것이다.

그러자 우성전은 다시 묻는다.

"그럼 황중량이 제일 잘한 사람인가요?"

노인은 머리를 흔들며 대답하였다.

"아닙니다. 이 아무개(퇴계를 가리킴)가 제일 잘했습니다."

이에 우성전이 다시 물었다.

"그런데 어째서 아까는 황준량이라고 말하였소?"

노인이 다시 대답하였다.

"황준량은 최근이요, 또 그는 나라에 글을 올려 부역을 면하게 한 일이 있기 때문입니다. 그러나 이공은 이곳에 와서 오래 있지 않았는데 비록 나라에 글을 올린 일은 없었으나 그의 모든 행동은 사람들의 마음을 감복시켜 사람들은 지금까지 그를 사모하여 잊지 못하고 있습니다."

이 『퇴계언행록』을 쓴, 우성전은 본관이 단양으로 이퇴계의 문인이었다. 훗날 임진왜란이 일어나자 경기도에서 의병을 모집하여 이를 추의군(秋義軍)이라 하고 의병장으로도 뛰어난 활약을 펼쳤던 사람이다. 그의 기록을 보면 알 수 있듯이 퇴계는 비록 9개월 동안만 단양에 머물러 있었지만 그의 빼어난 인격은 단양사람들의 마음을 감복시켜 두고두고 그를 사모하게 하였던 것이다.

그러나 퇴계로서는 단양에 더 이상 머무를 수 없는 뜻밖의 사정이 생긴다.

그것은 그해 여름 퇴계의 형인 해가 충청감사로 부임하게 되었기 때문이다. 충청감사는 단양군수의 직속상관으로 만약 퇴계가 그대로 단양에 머물러 있으면 형제가 나란히 한 지역에서 국록을 먹는 불합리한 일이 생기는 것이었다.

퇴계가 스스로 상소를 올려 단양의 군수에서 사직한 것은 당연한 일이었다. 퇴계는 차기 후임지로 풍기를 청하였다. 이는 단양과 풍기가 죽령을 사이에 둔 지척지간이었으나 단양은 충청도의 관할이고, 풍기는 경상도의 관할이므로 전혀 별개의 지역이었기 때문이었다.

조정에서는 소장을 받아들여 퇴계를 풍기의 군수로 임명하였다. 이는 퇴계로서도 뜻하는 바였다.

퇴계는 자신이 이제 퇴사할 수 있는 절호의 기회가 찾아왔음을 알고 조금이라도 고향에서 가까운 곳으로 나아가려는 의지를 나타내 보인 것이었다.

단양군수의 외직을 자원하였던 것도 그러한 마음 때문으로 제자 김성일은 『퇴계언행록』에서 퇴계의 의지를 이렇게 표현하고 있다.

그때 세상 형편이 한번 변하자 선생은 도를 펴는 데 뜻이 없었다. 선생이 단양으로 내려온 것도 장차 고향으로 내려갈 계획에서였다. 공무 중에 틈만 있으면 책보기로써 스스로 즐겼고, 혹은 홀로 귀담이나 석문 사이에 가서 온종일 거닐다가 돌아왔다.

퇴계를 태운 가마가 죽령 기슭에 이르렀을 때였다.

"나으리, 나으리."

퇴계를 좇아온 관졸들이 손에 다발을 들고 뛰어오고 있었다.

"무슨 일이냐?"

가마를 세우고 퇴계가 묻자 관졸들이 말하였다.

"나으리, 이것은 삼베를 짜는 삼이옵니다. 이것은 아전에서 거둔 것인데, 퇴임하는 사또께서 노자로 쓰기로 전례가 되어 있어 가져온 것이기에 바칩니다."

아전이란 관청에 딸린 밭으로 동헌 근처에서 심은 삼이었던 것이다. 이것들은 국가의 소유로 대부분 관아에서 사용하는 비용이나 혹은 사또의 개인 사비로 충당하는 관례가 있었던 것이었다. 특히 삼은 껍질로는 섬유를 짜서 삼베를 만들고 씨로는 기름을 짜는 대마(大麻)라 불리우던 유용식물이었다. 그러므로 관례에 따라 군졸들이 삼베를 거두어 퇴임하는 퇴계에게 가져온 것은 당연한 일이었던 것이다.

그러나 퇴계는 이를 단호히 물리쳤다고 이덕홍(李德弘)은 『퇴계언행록』에 기록하고 있다.

"……그러자 선생은 '내가 명령한 것도 아닌데 왜 그것을 가지고 왔느냐' 하고 이내 물리치셨다."

이 일을 기록한 이덕홍은 이퇴계의 문인으로 임진왜란 때 선조를 의주까지 호송하였고 성리학과 역학에 뛰어난 문인이었다. 이덕홍은 스승이 이 무렵 극심한 가난에 시달리고 있었음을 잘 알고 있었다.

퇴계가 단양의 군수에 재직하고 있을 무렵 아들 준에게 보낸 편지에는 다음과 같은 내용이 있다.

"대상날짜가 임박하는구나. 제상은 여기서 보낼 작정이다. 쌀과 면을 만들 감은 보낼 형편이 못 된다. 그러니 집에서 준비하여라.

다만 저축해둔 곡식이 없을까 걱정이다."

편지에 나오는 대상이란 퇴계의 첫 번째 부인이었던 허씨의 장례를 말하는 것으로 이 무렵 퇴계의 집은 저축해둔 곡식이 없을 만큼 궁핍하였던 것이다.

그뿐인가.

아들 준에게 보내는 다음과 같은 편지도 바로 이 무렵 쓴 것이다.

"……내 갓과 신이 다 닳아서 새로 장만하여야 하겠다. 스무날께 베를 보내다오. 옷과 갓을 인편에 부치거라."

옷을 만드는 베조차 부족하여 이를 보내달라는 퇴계의 청렴한 공복(公僕)정신은 오늘날 공무원들이 반드시 본받아야 할 정신일 것이다. 따라서 전근하는 퇴계에게 군졸들이 삼을 가져온 것은 바로 이러한 사또의 딱한 처지를 헤아려 거두어온 것인데, 퇴계는 단호히 이를 물리쳤던 것이다.

이때 퇴계의 처신을 제자였던 김성일은 『퇴계언행록』에서 기록하고 있다.

"선생이 단양을 떠나 돌아갈 때에는 선생의 행장에는 쓸쓸하게도 다만 괴이한 수석이 두 점 있었을 뿐이었다."

단양은 예로부터 괴석과 수석이 유명한 곳. 단양을 떠나는 퇴계의 행장에는 괴석 두 개만 달랑 들어 있었다는 것이 김성일의 기록인 것이다.

그러나 과연 그러하였음일까. 단양을 떠나는 퇴계의 짐 속에는 김성일의 표현대로 괴석 두 개만 들어 있었을까. 아니었다. 퇴계의 행장 속에는 매화분 하나가 남의 눈에 띌 새라 깊숙이 보관되어 있었던 것이다.

퇴계는 평생 동안 특히 매화를 사랑하였다. 퇴계는 일찍이 북송 시대 때의 은사 임포(林逋)를 마음 깊이 사숙하고 있었다.

임포는 서호(西湖) 고산(孤山)에 은거하면서 20년간 산을 내려오 지 않았고, 일생을 독신으로 지냈으며, 학을 사육하고 매화를 완성 하며 살았다.

매화를 아내로 삼고 학을 자식같이 길렀으므로 매처학자(梅妻鶴 子)라고 불리웠다. 후세사람들은 '매처학자'라는 말로 풍유생활을 비유하였는데, 퇴계는 임포의 매화와 일치된 삶을 본받고자 하면서 평생 동안 75제 107수에 달하는 매화시를 썼던 것이다. 평소에 매 화를 매형(梅兄), 매군(梅君), 매선(梅仙)으로 의인화해 부르면서 인격체로 대접할 정도로 매화를 사랑하였던 퇴계는 살아생전 『매화 시첩(梅花詩帖)』이란 시집도 편집하였다.

특히 퇴계는 '매한불매향(梅寒不賣香)'이란 말을 평생의 좌우명 으로 삼았으며 '매화는 춥더라도 향기를 팔지 않는다'는 이 문장의 뜻을 통해 선비의 기개와 정신을 지켜나갈 수 있었던 것이다. 매화 꽃을 꺾어 책상 위에 꽂아두고 바라보기도 하고, 뜨락의 매화를 바 라보며 매화와 서로 묻고 화답하는 시를 여러 차례 읊고 있다. 때로 매화 아래서 찾아온 문인들과 술잔을 나누기도 하고, 매화가 겨울 추위에 손상되었음을 개탄하는 시까지 읊었다.

예부터 조선의 선비들은 구구소한도(九九消寒圖)란 그림을 벽에 붙여놓고 봄을 기다렸다.

동지로부터 날짜를 세기 시작하여 81일간이 구구에 해당하는 것이다. 흰 매화꽃 81개를 그려놓고 매일 한 봉오리씩 붉은색을 칠해서 81일째가 되면 백매가 모두 홍매로 변하는 그림으로 이때가 대충 3월 12일 무렵이 되는 것이다.

퇴계는 평소에 솔, 대, 매화, 국화, 연(蓮)을 벗으로 삼아 자신까지 포함하여 여섯 벗이 한 뜰에 모인 육우원(六友園)을 꿈꾸었다.

61세 때는 도산서당 동쪽에 절우사(節友社)의 단을 쌓고 솔, 대, 매화, 국화를 심어 이들과 함께 절의를 맹세하는 결사를 이룬다. 이때 퇴계는 노래하였다.

솔과 국화는 도연명 뜰에서 대와 함께 셋이더니
매화형(梅兄)은 어이하여서 참가 못했던가
나는 이제 넷과 함께 풍상계를 맺었으니
곧은 절개 맑은 향기 가장 잘 알았다오.

함께 바람과 서리를 견디는 결사를 맺은 이퇴계. 그는 이들 중에서 매화를 가장 사랑하며 매화를 형으로까지 부른다. 그리하여 임종에 가까운 68세 때에는 다음과 같이 매화를 노래하고 있는 것이다.

내 벗은 다섯이니 솔, 국화, 매화, 대, 연꽃
사귀는 정이야 담담하여 싫지가 않네

그중에 매화가 특히 날 좋아하여
절우사에 맞이할제 가장 먼저 피었네

내 맘에 일어나는 끝없는 매화 생각에
새벽이나 저녁이나 몇 번을 찾았던고.

　새벽 안개 속에서도 저녁 노을빛 아래에서도 달빛 머금은 어스름
한 밤에도 매화향기를 찾아가는 노년의 이퇴계.
　이퇴계는 죽기 직전 매화꽃에 물을 주라고 유언한다.
　이때의 기록이 연보에 나오고 있다.

　선조 3년(1570년) 12월 8일.
　유시에 숙소에서 종명(終命)하다. 이날 아침 시봉하는 사람을
시켜 분매에 물을 주라 명하다. 저녁 5시 경에 와석(臥席)을 정
돈하라고 명하고 부축하여 일으켜 앉히니 조용하고 편안하게 돌
아가시다.

　연보의 기록대로라면 앉은 채 좌탈입망하여 숨을 거둔 이퇴계.
그는 죽기 직전까지도 분매에 물을 주라 일렀을 만큼 매화를 사랑
하였음일까.
　'매화에 물을 주라' 일렀던 이퇴계의 마지막 유언은 세기의 철인
소크라테스의 마지막 유언을 떠올리게 한다.
　'아테네의 청년을 부패시키고 새로운 신을 섬긴다'는 죄명으로
독배를 마시며 죽게 된 소크라테스는 '이 세상에서 저 세상의 편안
한 여행을 기원하는 기도'를 드린 다음 태연히 독약을 마신다. 이를
보던 제자들이 얼굴을 감싸고 통곡하자 소크라테스는 묻는다.

"웬 곡소리들인가. 이런 창피한 꼴을 보게 될까봐 아낙네들을 먼저 보냈거늘, '사람은 마땅히 평화롭게 죽어야 한다'고 들었네. 조용히 하고 꿋꿋하게 행동하게."

감각이 사라지고 온몸이 뻣뻣해지며 죽어가던 소크라테스는 얼굴을 덮었던 천을 벗기고 혼신의 힘을 다하여 이렇게 말한다.

"이보게 크리톤, 아스클레오피스에게 닭 한 마리를 빚졌다네. 자네가 기억했다가 대신 갚아주게나."

진리의 성인이었던 소크라테스의 마지막 유언은 의미심장하다. 아스클레오피스는 그리스인들의 의신(醫神). 뱀이 기어오르는 지팡이를 짚고 다녀서 오늘날에도 병원이나 약국에서는 뱀의 지팡으로 상징되는 아스클레오피스의 문장을 내어걸고 있다.

죽어가는 소크라테스는 이승의 삶은 고통스런 병이었으나 죽음으로써 병으로부터 치유되어 영혼의 자유와 해방을 얻었으니 직접 가서 아스클레오피스신전에 감사의 제물을 바치지 못하는 대신 친구인 크리톤에게 닭 한 마리의 제물을 바쳐달라는 내용이었던 것이다. 이는 죽기 전에 '매화에게 물을 주라'는 이퇴계의 유언과 상통하고 있다.

이퇴계는 사람이 낳고, 병들고, 늙고, 죽어가는 일생이 매화에게 물을 주는 일상사와 다르지 않음을 보여준 후 소크라테스가 독배를 마시듯 앉은 채 죽음을 조용하고 편안하게 받아들인 것이다.

이렇듯 임종을 지켰던 매화분 하나가 단양을 떠나는 퇴계의 행장 속에 깊숙이 보관되고 있었던 것이다.

그렇다면 이 매화는 도대체 누가 주었던 것일까.

많은 사람들은 이 수수께끼의 매화가 선조의 소명을 받고 68세 때인 7월에 잠시 한성에 입조하였다가 69세 때인 3월에 귀향하기까지 8개월간의 체류기간 중 한성우사(漢城寓舍)에서 지낼 때 애완하던 분매일 것이라고 생각하고 있다.

누가 이 분매를 퇴계에게 기증하였는지, 혹은 퇴계가 이 분매를 직접 구하였는지 알려진 바는 없지만 한양객사에서 이 매화를 즐기다가 임금의 허락을 받고 다시 안동으로 내려갈 때 이 매화를 가져가지 못하는 슬픔을 퇴계는 「분매답(盆梅答)」이란 시에서 노래하고 있었던 것이다.

　　들건대 도선(陶仙)과 나 서늘하다 하셨으니
　　임이 돌아간 뒤에 천향을 피우리라
　　원컨대 임이시여 마주앉아 생각할 때
　　청진한 옥설(玉雪) 그대로 함께 고이 간직해주오.

이토록 매화와의 이별을 퇴계는 마치 사랑하는 임과의 이별처럼 슬퍼하고 있었던 것이다. 이 분매는 마침내 퇴계의 손자였던 이안도가 배로 운반하여 퇴계가 숨을 거두던 바로 그해 정월에 도산서원으로 옮겼는데, 이때 퇴계는 어린아이처럼 기뻐하였다고 전해지고 있다.

퇴계가 이 매화를 얼마나 사랑하였던가는 8개월의 체경을 끝내고 고향으로 돌아갈 때 이 매화와의 이별을 슬퍼하면서 「한성우사분매증답(漢城寓舍盆梅贈答)」이란 시까지 남기고 있음을 보면 잘 알 수 있다.

> 다행히 이 매선이 나와 함께 서늘하여
> 객창이 소쇄하여 꿈마저 향기로웠네
> 동으로 돌아갈 제 그대와 함께 하지 못하니
> 서울 티끌 이 속에서도 고이 간직하여다오.

이 시를 보면 알 수 있듯이 퇴계는 이 매화를 유독 사랑하여 '매화의 신선'으로까지 부르고 있는 것이다.

고향으로 돌아온 이퇴계는 그 매선을 잊지 못하고 다음과 같이 고백하고 있다.

"……이에 기억되는 것이 있으니 지난봄 서울에서 분매를 얻었는데, 매우 아름다웠다. 그런데 얼마 안 있어 집으로 돌아오고 보니 그 분매 생각이 그치질 않는다."

그리고 나서 퇴계는 다음과 같은 영매시를 짓는다.

> 잊혀지지 않는구나. 지난해 봄 서울에서
> 분매 두고 돌아오는 소매 신선바람에 스쳤더니
> 어찌 오늘에서야 시냇가 나의 서재 속에
> 황종률(黃鐘律)로 변했으니 그 조화 무궁하여라.

이퇴계가 그처럼 그 매선을 몽매에도 잊지 못하고 그리워하고 있다는 소식을 듣자 나선 사람은 김취려(金就礪). 그는 퇴계가 한양에 머무르고 있을 무렵 가깝게 지내던 문인이었다. 그는 퇴계의 손자 이안도에게 부탁하여 이 분매를 배로 운반하여 안동으로 가져오게 했던 것이다.

이때가 경오년(1570년) 정월.

퇴계가 숨을 거두던 바로 그해 초였던 것이다.

이 분매를 받자마자 퇴계는 '기뻐서 한 구절을 읊다.(來喜題一絶云)'라고 시제하고는 시를 짓는다.

　　붉은 티끌 일만 겁을 초연히 벗어나
　　속세 아닌 이곳 찾아 이 늙은이와 벗하니
　　일을 좋아하는 그대가(김취려를 말함) 나를 생각하지 않았다면
　　빙설 같은 그 얼굴 어찌 볼 수 있었으리요.

퇴계는 유독 그 매분만을 신선으로까지 부르고 있고, 매화의 모습을 빙설로 표현하고 있음인 것이다.

그리고 수명이 다해 임종을 앞두고 있던 퇴계는 이 고고한 능설청향(凌雪淸香)의 벗에게도 작별을 고했던 것이다. 평소와 같으면 마지막 고별의 인사로서 손수 물을 주고 싶었을 것이나 몸을 움직일 수 없으므로 시종하는 사람에게 '매분에 물을 주라'고 유언하였던 것이다. 이는 4일 전 제자들을 불러 죽음과 삶이 갈라지는 마당에서 최후의 고별 인사를 한 것과 같은 심정이었을 것이다.

연보는 퇴계가 죽기 전의 며칠을 상세하게 기록하고 있다. 12월 3일에는 퇴계가 '자제들에게 명하여 남에게 빌려온 서적을 모두 반

환하라 하고 책을 잃어버리지 말 것을 당부하였으며, 이때 아들 준이 봉화현감으로 있었는데, 감사에게 사직서를 내라고 명하였으며, 가족들에게는 기도하는 것을 금하게 하였다'고 말하고 있는 것이다. 특히 죽기 4일 전인 12월 4일에는 조카 영(甯)에게 유서를 쓸 것을 명하였다고 기록하고 있다.

유서를 쓰고 난 후 정오에는 제자들을 만나보았는데, 몸이 편치 못하니 그만두라고 자제가 말렸으나 '죽음과 삶이 갈라지는 이때에 마지막으로 만나보지 않을 수 없다'고 한 후 상의를 입고 의관을 정제한 후 제생들을 불러모아 놓고 결별의 말을 다음과 같이 하였다.

"평소에 잘 모르는 것을 가지고 제군들과 더불어 날이 저물도록 강론을 하게 된 것을 유감으로 생각한다."

연보에 의하면 죽기 사흘 전 12월 5일에는 죽은 후 자신이 묻힐 '관을 미리 짜라고 명하였다'고 기록하고 있다. 그렇다면 '매분에 물을 주라'는 최후의 유언은 가족, 그리고 제자들과 차례로 작별의 인사를 나눈 후 마지막으로 자신의 관까지 짤 것을 명령한 후 임종하는 그날 아침에 행한 것이므로 실제로 퇴계의 입에서 나온 가장 마지막 일성이었던 것이다.

그렇다면 퇴계는 어찌하여 이 매분을 그토록 사랑하였을까. 물론 퇴계 스스로가 표현하였던 대로 이 매분이 '매우 아름다웠기 때문'이었을 것이다.

퇴계가 그 매화꽃을 빙설로 비유했던 것은 문자 그대로 눈처럼 깨끗하고 결백하였기 때문이었을 것이다. 실제로 빙설은 '얼음과 눈'이라는 뜻 이외로 '청렴과 결백을 비유해서 이르는 말'이 아닐 것인가.

그러나 이 매화가 한성에서 이별할 때 증답가(贈答歌)를 통해 매화의 입을 빌어 다음과 같이 노래하고 있음은 의미심장한 것이다.

> 임이 돌아간 뒤에 천향(天香)을 피우리라
> 원컨대 임이시여 마주 앉아 생각할 때
> 청진한 옥설 그대로 함께 고이 간직해주오.
> 待公歸去發天香
> 願公相對相思處
> 玉雪淸眞共善藏

노래에 나오는 임이란 즉 퇴계 자신을 이르는 말.

그러므로 임이 떠난 뒤에도 '천향', 즉 천하제일의 향기를 피우겠다는 말은 바로 매화를 의인화시켜 매화가 퇴계에게 한 맹세였던 것이다. 또한 '원컨대 임이시여, 마주앉아 생각할 때'라는 시구에서 사용된 '상사처'란 말을 직역하면 문자 그대로 '마주앉아 생각할 때'란 뜻이 되지만 원래 '상사'라 함은 '남녀간의 사랑을 뜻하는 것'으로 의역하면 다음과 같은 뜻을 지닌 것이다.

"원컨대 임이시여, 우리 서로 사랑할 때."

또한 '천향'이란 말도 깊은 의미를 지니고 있다.

원래 '천향국색'은 '천하제일의 향기와 자색'으로 '모란꽃'을 가리키는 말도 되지만 '절세의 미인'을 가리킨다.

특히 『삼국지』에 나오는 왕윤의 가기(歌妓)였던 초선(貂蟬)을

'천향국색'으로 불렀던 것이다. 왕윤은 간신 동탁을 죽이기 위해서 초선을 동탁에게 진상하는 한편 동탁의 호위대장이었던 여포에게도 추파를 보임으로써 삼각관계를 만들어 미인계로 동탁을 제거할 수 있었던 것이다.

이로서 '천향'이라 함은 『삼국지』에 나오는 초선과 같은 절세미인을 가리키는 말로 퇴계가 그 매분을 마치 절세미인처럼 사랑하고 있었음을 뜻하고 있는 것이다.

그러나 과연 그것뿐이었을까.

퇴계가 그 분매를 상사하고 그리워하였던 것은 다만 그 매화가 아름답고 향기로웠기 때문이었을까. 그 매화에 얽힌 사연 때문이 아니었을까.

임과 이별을 한 뒤에도 천향을 피우는 것은 매화가 아니라 어떤 여인의 향기가 아니었을까.

여인의 향기. 그것은 두향의 향기였던 것이다.

'임이 돌아간 뒤에도 천향을 피우리라' 하고 맹세하였던 것은 두향의 맹세였으며, 원컨대 '임이시여, 우리 서로 사랑할 때의 청진한 옥설 그대로 함께 고이 간직해주오'란 말은 단양군수를 끝내고 이별할 때 두향이가 했던 별곡이었던 것이다.

그러므로 단양군수를 끝내고 돌아갈 때 퇴계의 행장 속에 깊이 간직되어 있던 매화는 두향이가 퇴계에게 주었던 별루(別淚)의 정표였던 것이다.

두향은 매화를 사랑하였던 퇴계처럼 매화를 사랑하였다고 한다. 이는 두향의 묘비에 새겨진 다음과 같은 비문을 통해서도 잘 알 수 있다.

"성명은 두향. 중종조 시대의 사람이며, 단양 태생. 특히 거문고에 능하고 난과 매화를 사랑했으며, 퇴계 이황을 사모하였다."

매화를 인격화하여 분신처럼 애중하였던 퇴계와 매화를 사랑하여 양매하는 데 탁월한 솜씨를 지녔던 두향과는 이처럼 취미에서부터 우선 서로 통하였다. 퇴계에게 정표로 준 것은 두향이 키우던 노매(老梅).

단양에 있는 9개월 동안 두향이가 준 노매를 유독 사랑하였던 퇴계는 떠나기 전날 두향에게 그 분매를 되돌려 주려고 하였으나 두향은 머리를 흔들며 다음과 같이 말하였다고 한다.

"나으리, 이 분매는 나으리께 드리는 신표이나이다. 어딜 가시더라도 나를 본 듯 있는 그대로 간직하여 주소서."

퇴계에게 있어 두향은 특별한 인연이었다.

퇴계에게 있어 여인들과의 인연은 이상하게 박복하여 가정적으로 행복한 사람은 아니었다.

이미 퇴계는 두 번이나 결혼하였으나 두 여인과 모두 사별하였다. 두 번째 부인이었던 권씨가 죽은 것은 46세 때의 일. 단양에 군수로 있을 무렵에는 아내를 잃고 독수공방한 지 어느덧 2년이 흘러가 버린 뒤였던 것이다.

그러므로 퇴계가 두향을 만나 그의 인생에서 비도 오고 바람이 부는 운우지정의 자연스런 생성현상을 처음이자 마지막으로 맛보았던 것은 전혀 비도덕적인 행위는 아니었던 것이다.

특히 퇴계는 평소에 처가향념(妻家向念)을 제가(齊家)의 중요한 덕목으로 가르치고 이를 몸소 실천하였다.

　지금도 퇴계의 가문에서는 '첫째 부모에게 불효한 사람과는 대화를 나누지 말 것, 둘째 처가에 향념이 없는 사람은 교제하지 말 것. 셋째 아내를 쫓아낸 사람과는 사업을 같이 하지 말'라는 가규'를 시행하고 있을 정도인 것이다.

　퇴계는 21세 때인 중종 16년 김해 허씨와 첫 번째 결혼을 하였다. 가락국 수로왕의 부인이었던 허황옥(許黃玉)의 후손이었던 허씨 부인은 4남매 중의 한 사람이었다. 퇴계와의 사이에 두 아들 준, 채를 두고 불과 6년 만에 숨을 거두고 만다.

　비교적 늦은 나이인 21세 때 진사였던 허찬(許瓚)의 딸과 혼인하였던 것은 퇴계의 노모 박씨의 성화 때문이었다. 퇴계는 공부에 전념하느라 세상사에 관심이 없었는데, 박씨는 아들 퇴계가 빨리 혼인하여 후손을 잇는 것을 보고 싶어하였으며, 또한 과거를 보아 벼슬길에 오를 것을 강요했기 때문이었다.

　퇴계는 비록 6년 동안밖에 함께 살지 못하였으나 첫 아내 허씨를 사랑했던 것처럼 보인다. 지금도 퇴계의 첫 부인 허씨의 무덤은 영주에 보존되어 있는데, 이곳에는 퇴계가 직접 쓴 '가례동천(嘉禮洞天)'이란 유필이 남아 있을 정도이다. 퇴계는 아내 허씨가 죽은 후에도 장모 문씨 부인을 지극히 봉양하였다. '하루에도 열두 번씩이나 백발이신 장모님 생각 때문에 한양벼슬길을 향해 차마 발을 못 옮긴다'라는 말을 문집 속에 남길 정도로 처가에 대한 향념이 지극하였다.

　이러한 퇴계의 마음은 손자가 장가갈 때 보낸 퇴계의 편지 속에 자세히 드러나고 있다.

"부부는 남녀가 처음 만나 세계를 창조하는 것이다. 그래서 가장 친밀한 관계를 이룬다. 또 한편 가장 바르게 해야 하고, 가장 조심해야 하는 처지이다. 그렇기 때문에 군자의 도가 부부에서 발단이 된다고 한다. 그런데 세상 사람들은 모두 예와 존경함을 잊어버리고 서로 버릇없이 칭하여 마침내 모욕하고 거만하고 인격을 멸시해 버린다. 이런 일은 서로 손님처럼 공경하지 않기 때문이다. 그래서 가정을 바르게 다스리려면 처음부터 조심해야 한다."

이 편지는 부부간의 근본이념을 요약한 가르침이다.

부부는 지극히 친밀하기 때문에 지극히 조심하고 정직해야 한다는 말은 부부 사이의 예절을 가리키는 말이고, 가정을 바로 잡고자 하면 출발부터 조심해야 한다는 말은 근신이 치가의 법도임을 가리키는 말인 것이다.

그러나 손님처럼 공경하였던 첫 번째 부인 허씨는 퇴계의 나이 27세 때 병사해버리고 만다.

아내가 죽은 후 퇴계는 향시에 응시하여 2위에 합격하고, 진사에도 합격하는 등 승승장구하였으나 그 후 3년 동안 줄곧 광부(曠夫)로 지냈다.

3년 후 퇴계는 권씨 부인과 재혼하였다. 그러나 이 결혼은 불행한 비극의 시작이었다. 권씨 부인과 16년간의 결혼생활을 퇴계 자신도 '참으로 불행했었다'고 고백하고 있음인 것이다.

이는 권씨 부인이 칠거지악을 일삼던 악처이기 때문이 아니라 정신이 맑지 않은 실성한 여인이었기 때문이었다. 한마디로 어릴적

충격으로 인해 미쳐버린 여인이었던 것이다.

권씨 부인은 본래 신라왕족의 후손이었다. 그런데 나말여초, 안동을 지키던 김행이 후백제 왕 견훤에게 몰린 왕건을 패망의 순간에 도와 고려 건국을 튼튼히 하자 김행을 태사로 모시고 안동을 식읍으로 내렸다. 그리고 김행에게는 집권에 따라 판단을 잘하였다고 해서 권(權)씨를 성으로 쓰게 하는 사성개명을 내렸던 안동에서 대대로 살아온 명문가의 집안이었다.

그러나 권씨 부인의 집안은 할아버지인 권주(權柱)가 연산군의 갑자사화 때 평해로 유배되었다가 사약을 받고 별세한 후부터 기울기 시작되었다.

벼슬이 참판에까지 올랐으며 문명이 뛰어나 당시 최고의 문인으로 손꼽히던 권주는 사약을 받고 별세하게 되자 부인 이씨는 남편이 죽었다는 기별을 받고 자살을 하여 부군의 뒤를 따름으로써 관비를 면할 수 있었다. 이로 인해 권씨 부인의 집안은 쑥대밭이 되었다.

권씨 부인의 부친인 권질(權瓆)은 거제도로 유배를 가 위리안치의 귀양을 살게 되었는데, 바로 이곳에서 딸을 낳았던 것이다.

그 후 연산군이 중종반정으로 물러나 억울하게 화를 입은 신하들의 자손에게 벼슬을 주는 녹용(錄用)의 대우를 받아 연산군에게 빼앗긴 황구방(皇口坊, 오늘의 필동) 집을 되찾고 서울생활을 할 수 있었으나, 또 다른 비극의 파도가 덮친 것은 조광조의 사림파를 숙청한 기묘사화 때문이었다. 이때 숙부였던 권전(權磌)은 매를 맞다가 현장에서 비참하게 죽었으며, 숙모는 하루아침에 관비로 끌려가고, 아버지 권질은 또다시 예안으로 귀양을 가버린 것이다.

권씨 부인은 어린 시절 이 모든 비극을 황구방 집에서 직접 눈으로 목격하였다. 집을 지킨 사람은 어머니 전씨와 어린 딸인 권씨뿐이었다. 이 엄청난 비극을 본 소녀는 이때의 충격으로 정신이 혼미해지면서 정신착란이 온 것이었다.

기록에 의하면 예안에서 귀양살이를 하던 권질은 어느 날 퇴계를 조용히 불러들여 말하였다고 한다.

"이보게, 자네 연전에 상처를 하고 난 뒤 속현(續絃)을 하였는가?"

속현이라 하면 아내가 죽고 처녀에게 새장가를 가는 혼인을 뜻하는 말로 3년 전 상처하고 재혼을 했는가 하고 단도직입으로 묻는 질문이었던 것이다. 물론 퇴계의 사정을 모르고 묻는 말은 아니었다.

퇴계는 권질의 아버지였던 권주를 마음 깊이 존경하고 있었고, 또 그 아들인 권정과 같은 현량과 출신의 사람을 흠모하고 있었으므로 예안에 귀양 온 권질을 이따금 찾아와 문안 인사드리고 있었다. 대뜸 그렇게 묻자 난처하여 다음과 같이 대답하였다고 문집은 기록하고 있다.

"아직 하지 못하였습니다."

그러자 권질은 느닷없이 딸을 불러 찾아온 손님인 퇴계 앞에 차 한 잔을 대접하라고 이른다. 이때 권질의 부인 전씨는 실성한 딸을 거둬서 남편이 귀양 와 있는 적소에서 함께 생활하고 있었던 것이다. 외간남자 앞에 과년한 딸을 불러 차 대접하는 일은 매우 드문 일이었으나 권질과 퇴계는 묵묵히 처녀가 차를 올리는 모습을 지켜보았다. 딸이 돌아간 후 권질이 말하였다.

"내가 자네에게 그렇게 물은 것은 자네가 아직 속현하지 않고 있기 때문에 물었던 것이네. 자네는 내 집에서 일어난 일을 잘 알고 있지 않은가. 양대에 입은 사화로 내 여식은 보다시피 혼이 나가 온 전치가 못하네. 그러니 어디 누가 데리고 가겠는가. 내가 적소에 온 지도 이미 9년째 들어 있고 언제 풀려날지 기약도 없는 터에 혼기를 넘겨버린 저 여식을 두고 죽을 수는 없네."

여기까지 말을 하고 난 뒤 권질은 길게 한숨을 쉬고 말을 이었다.

"내가 오늘 자네에게 부탁하는 것은 내 딸을 데려가 달라는 것이 네. 아무리 생각하고 이치를 따져 봐도 자네밖에는 믿고 맡길 사람 이 없으니, 자네가 내 딸의 처녀를 면케 하여 부디 이 죄인의 원을 풀어주시게나."

자신의 혼미한 딸을 맡기는 권질의 말에 퇴계는 오랫동안 침묵한 후 대답하였다.

"예, 고맙습니다. 제가 맡도록 하겠습니다. 어머니께 아뢰어 승낙 을 받고 곧 예를 갖추어 혼인을 치르겠습니다. 하오니 마음을 놓으 시고 기력을 잘 보존하옵소서."

이렇게 즉석에서 혼약을 맺은 퇴계는 이 사실을 어머니 박씨에게 알리고 나서 권씨 부인을 맡아 양곡(暘谷)에 지산와사(芝山蝸舍)를 짓고 신접살림을 차린다. 말 그대로 달팽이껍질을 엎어놓은 듯 겨 우 몸을 감출 만한 작은 집이었다. 34세 때의 봄부터는 벼슬하여 한 양의 서소문 집에서 13년간을 동거하였다.

지금도 남아 있는 권씨 부인의 많은 일화는 퇴계의 마음 고생을 여실히 드러내고 있다.

정신이 흐리고 집중력이 떨어진 실성한 권씨 부인은 생전에 퇴계에게 많은 고통을 주었던 것이다.

할아버지의 제삿날이라 모든 식구들이 큰형의 집에 모였을 때 있었던 일화는 퇴계와 권씨 부인과의 관계를 극명하게 보여주고 있다.

제사상을 차리느라 온 식구가 다 정신이 없는 가운데 상 위에서 배가 하나 떨어졌다. 그러자 권씨 부인은 얼른 배를 치마 속에 숨겼다. 이를 본 큰형수가 말하였다.

"이보게, 동서. 제사상을 차리는데 과일이 떨어진 것은 우리들의 정성이 부족했기 때문이라네. 그런데 그것을 치마 속에 감추면 어떻게 하겠단 말인가."

이 광경을 지켜보던 여인들은 차마 뭐라고 할 수 없어 손으로 입을 가리고 웃고 있었다. 밖이 소란스럽자 퇴계는 방 안에서 밖으로 나와 사태의 전말을 알게 되었다. 그리고 부인의 잘못을 대신하여 큰형수에게 정중하게 사과하였다고 한다.

"형수님, 죄송합니다. 앞으로 제가 잘 가르치겠습니다. 그리고 손자며느리의 잘못이니, 돌아가신 할아버지께서도 귀엽게 보시고 화를 내시지는 않으실 것입니다. 부디 용서하여 주십시오."

퇴계의 말에 동서를 꾸짖던 큰형수는 입가에 미소를 띠면서 말하였다고 한다.

"참으로 동서는 행복한 사람이야. 서방님같이 좋은 분을 만났으니."

퇴계는 남몰래 아내 권씨를 불러 치마 속에 배를 숨긴 이유를 물었다. 아내가 먹고 싶어 숨겼다고 하자 배를 꺼내게 한 후 손수 배의 껍질을 깎아 아내에게 먹으라고 잘라주었다고 전해오고 있다.

퇴계는 권씨 부인을 하늘이 자기에게 주는 극기의 시험, 또는 자기 자신과 싸워 이기는 성덕의 체인(體認)으로 간주하고 이를 극복한 것이었다.

퇴계는 인간윤리의 기본이라고 할 수 있는 부부의 도리를 실천하여 가정의 화평을 유지하고, 남편으로서의 신의를 다하는 한편 비록 모자란 아내였으나 존엄성을 지닌 인간으로서 대접을 받으며 인생을 마칠 수 있게 함으로써 완덕의 길로 나갈 수 있었던 것이다.

이러한 퇴계의 부부유별은 '아내를 손님처럼 공경하는 퇴계의 법도' 때문이었다.

퇴계의 이러한 마음을 엿볼 수 있는 감동적인 편지 하나가 오늘날까지 전해오고 있다. 이는 제자였던 이함형(李咸亨)에게 준 편지였다.

이함형의 자는 평숙(平叔), 호는 산천재(山天齋)로 전라도 순천사람이었다. 멀리 안동으로까지 와서 퇴계로부터 가르침을 받았던 수제자였다. 그러나 그는 부부간에 화합하지 못하여 고민하고 있었다.

마침내 고향으로 돌아가는 제자에게 퇴계는 편지 한 장을 써주며 말하였다.

"이 사람 평숙, 내가 집에 가서 읽으라고 편지 한 장을 썼네."

스승으로부터 뜻밖의 편지를 받은 이함형은 두 손으로 이를 받으며 말하였다.

"황공무지로소이다."

"그러나 한 가지 조건이 있네."

"그것이 무엇이나이까?"

"집에 가는 도중에도 이 편지를 읽지 말고 도착한 후 집에서도 읽지 말게."

"하오면."

이함형은 당황하였다. 길 가는 도중에도 읽지 말고, 집에서도 읽지 말라면 언제 그 편지를 읽으란 말인가. 이함형의 난처한 표정을 본 퇴계가 말하였다.

"반드시 집에 도착하여 들어가기 직전인 집 사립문 앞에서 읽어 보기를 바라네."

이함형은 스승과의 약속을 지켰다. 안동에서 순천까지 열흘 가량 걸리는 먼 길을 가는 동안 이함형은 스승이 쓴 편지를 소중히 간직하였을 뿐 읽지 아니하였다. 집에 도착하였을 때 이함형은 사립문 앞에서 편지를 꺼내 비로소 읽기 시작하였다. 퇴계가 이함형에게 준 편지의 내용은 다음과 같다.

공자께서 말씀하시기를 "천지가 있은 후에 만물이 있고, 만물이 있은 후에 부부가 있고, 부부가 있은 후에 군신이 있고, 군신이 있은 후에 예의가 있다" 하였으며, 자사(子思)는 말하기를 "군자의 도는 부부에서 시작되나 그 궁극적인 경지에서는 천지의 모든 원리와 직결된다"고 하였다. 또 시(詩)에서 말하기를 "처자와 잘 화합하되 마치 거문고와 비파가 조화되듯 하라" 하였으며, 또 공자가 말씀하시기를 "부모란 자식이 화합하면 그저 따를 뿐이로다"고 하셨으니, 부부의 윤리란 이처럼 중대한 것이니 어찌 마음이 서로 맞지 아니한다고 소박할 수 있겠는가.

『대학』에 말하기를 "그 근본이 어지러운 자로서 끝을 다스린

자가 없으며, 후하게 대접하여야 할 자리를 박하게 대하면서 박하게 대해도 좋은 곳에 후하게 대하는 법은 없느니라." 이에 맹자께서 거듭하여 또 말하기를 "후하게 대해야 할 자리에 있는 사람을 박하게 하는 사람은 어떠한 일에서나 박하게 대한다"고 하였다. 슬프도다. 사람됨이 이리 각박하다면 어찌 부모를 섬길 것이며, 어찌 형제와 일가친척과 고을사람과 잘 지낼 것이며, 어찌 임금을 섬기고 남들을 부리는 근본적인 일을 할 수 있으리오.

퇴계의 문집에는 이함형의 질문에 대답한 두 통의 서신과 귀향하는 이함형에게 준 사신(私信) 한 통이 실려 있는데, 그 편지는 다음과 같이 이어지고 있다.

들으니 그대가 부부간에 화합하지 못한다고 하는데, 무슨 이유로 그러한 불행이 있는지 알지 못하겠네. 살펴 보건대 세상에는 이러한 불행을 겪는 사람들이 적지 않으니, 그 가운데에는 부인의 성품이 악덕해서 고치기 어려운 경우와 모양이 못나거나 지혜롭지 못한 경우도 있고, 반대로 그 남편이 방탕하고 취미가 별달라서 그렇게 되는 등 여러 경우가 있는 것이나 그러나 대체로 성품이 악덕해서 고치기 어려운 경우를 제외하고는 모든 남편이 항상 반성하여 잘 대해줌으로써 부부의 도리를 잃지 아니하면 가정이 파괴되고 자신이 더 말할 수 없는 각박한 인간으로 전락되는 지경에는 이르지 않는 법일세. 아내의 성품이 악덕하여 고치기 어렵다는 사람도 그 정도가 아주 심하지 아니하면 또

한 상황에 따라 잘 처리하여 마침내 서로 헤어지는 지경에는 이르지 않도록 해야 하며, 옛날에는 아내를 내쫓으면 다른 사람에게 시집을 갈 수 있었으므로 칠거지악을 이유로 아내를 내쫓을 수도 있었으나 지금은 여자는 한 번 시집가면 평생 한 남자를 따라야 하는데, 어찌 마음이 맞지 아니한다고 아무런 관계 없는 사람처럼 또는 원수 보듯 하여 자기 아내를 허무하게 천리 밖으로 내쳐서 가정을 다스리는 도리를 망가트리고 자손을 끊기게 하는 불행을 저지를 수가 있겠는가. 『대학』에 말하기를 "자기에게 잘못이 없는 연후에 남의 잘못을 나무란다.(無諸己而后非諸人)"고 하였는데, 이 점에 있어서 내 경우를 들어 말하겠네.

퇴계가 말하였던 "자기 잘못이 없는 연후에 남의 잘못을 나무란다"는 말은 『대학』의 제9장에 나오며 그 내용은 다음과 같다.

요순이 천하를 다스림에 인으로 하니 백성들이 그를 따랐고, 걸주(桀紂)가 천하를 다스림에 포악함으로 하니 백성들도 따라서 악해졌느니라. 지도자가 명령하는 것이 그 자신의 행동과 반대되는 것이면, 백성들이 따라하지 아니하는 법이다. 그러므로 군자는 자기 자신에게 선함이 있은 연후에 남에게 선을 권하고 자기 자신에게 악함이 없는 연후에 남의 잘못을 나무라는 법이다. 자기 자신에 남을 용납하고 남과 함께 선하고자 하는 마음이 없이 남을 가르칠 수는 없는 법이다.

퇴계가 이함형에게 준 편지 속에서『대학』에 나오는 이 문장을 인용하였던 것은 부부유별의 어려운 윤리를 실천하였던 자신의 처지를 감히 말함으로써 이함형도 자신을 본받아 옛 성현의 말을 마음에 새기고 이를 실천해주기를 바라는 충정 때문이었던 것이다. 그러고 나서 퇴계는 누구에게도 털어놓지 않았던 권씨 부인과의 결혼생활을 고백하고 있다.

나는 일찍이 재혼하였으나 한결같이 불행이 심하였네. 그러나 나는 스스로 각박하게 대하지 아니하고 애써 잘 대하기를 수십 년이나 했다네. 그간에 더러는 마음이 뒤틀리고, 생각이 산란하여 고뇌를 견디기 어려운 적도 없지는 않았으나 그렇다고 어찌 내 생각대로 인간의 근본도리를 소홀히 하여 홀로 계시는 어머니의 근심을 사게 하겠는가. 옛날 후한(後漢) 때의 사람 질운(郅惲)이 '아내와 부부의 도리를 어기어 자식에게 인정받지 못하는 자는 실로 진리를 어지럽히는 사특한 자이다' 라고 말한 바가 있는데, 내가 이 말을 빌어 자네에게 충고하노니, 자네는 마땅히 거듭 깊이 생각하여 고치도록 힘쓰도록 하게. 이 점에 있어서 끝내 고치는 바가 없으면 굳이 학문을 해서 무엇을 할 것이며, 무엇을 실천한단 말인가.

이함형에게 준 서신을 통해 알 수 있듯이 권씨 부인과의 16년에 걸친 결혼생활은 '한결같이 불행이 심하였던' 불우한 시절이었다. 오죽하면 퇴계 스스로가 '더러는 마음이 뒤틀리고 생각이 산란하여 고뇌를 견디기 어려운 적도 없지 않았다'고 고백하고 있었음일까.

그러나 퇴계는 아내 권씨를 자신의 덕을 쌓는 수양의 화두로 삼았음이니, 일찍이 세기의 철인 소크라테스는 악처 크산티페를 두었는데, 사람들이 소크라테스에게 왜 그런 악처와 사느냐 물었을 때, '훌륭한 기수일수록 성질이 사나운 말을 타는 법이요. 왜냐하면 그런 말을 잘 달래서 탈 수 있는 사람이라면 어떤 말이라도 다 탈 수 있기 때문이오. 내가 크산디페를 잘 다룰 수 있다면 어떤 악한 성질을 가진 사람이라도 잘 달랠 수 있기 때문이오'라고 말한 것과 비교할 수 있음이다.

어느날 부부간에 말다툼을 벌이다 아내 크산티페가 소크라테스에게 욕설과 고함을 지르고 그래도 분을 삭이지 못하고 옆에 있던 구정물이 담긴 양동이를 들어 소크라테스에게 퍼붓자 졸지에 구정물을 뒤집어 쓴 소크라테스는 이렇게 말한다.

"천둥이 친 뒤에는 비가 오는 법이지."

그리고 나서 다음과 같이 말을 이었다.

"아무튼 결혼을 하는 게 좋다. 양처를 만나면 행복해질 테고, 악처를 만나면 철학자가 될 테니까."

물론 퇴계의 아내 권씨는 크산티페처럼 악처는 아니었다. 다만 정신이 흐리고 지혜롭지 못한 모자란 여인이었다. 어쨌든 소크라테스의 말처럼 아내 권씨를 통하여 퇴계의 철학은 한결 심오해지고 완숙할 수 있었던 것일까.

실제로 권씨 부인의 일화는 한 가지 더 전해내려 오는 것이 있다. 한번은 퇴계가 상가에 조문을 가려다가 흰색 도포자락이 해진 것을 보고 아내에게 그것을 꿰매달라고 하자 권씨는 흰 도포에 빨간 헝겊을 대어 기워왔다고 한다. 퇴계가 그것을 그냥 입고 갔더니 사람들이 놀라며 '흰 도포는 반드시 빨간 헝겊으로 기워야 하는 것입니까' 하고 물었다고 한다. 예악에 정통한 퇴계가 그런 옷을 입고 오자 그것이 예법에 맞는 것인지 확인하였던 것이다. 퇴계는 그냥 빙그레 웃었다고 전해 내려오고 있다. 그 미소 뒤에 숨겨진 그의 속마음은 과연 어떠하였을까.

퇴계가 이처럼 권씨를 소중히 대하고 부족한 부인의 말을 일일이 들어주는 행동은 제자들에게도 좋은 본보기가 되어 제자 중에 부인과 사이가 좋지 못한 사람이 있었는데, 문안인사를 왔다가 권씨 부인을 보고 '나는 학문이나 인격, 모든 면에서 선생의 발끝에도 미치지 못하나 내 아내는 매무새나 음식솜씨, 손님을 대하는 모습 등이 월등하게 낫지 않은가. 그런데도 나는 아내를 십년이나 박대하여 아직 자식조차 없으니' 하고 반성하였다고 한다.

이처럼 퇴계는 권씨 부인을 손님처럼 공경하고 손님처럼 섬겼다.

퇴계의 편지를 사립문 앞에서 읽은 이함형은 크게 깨달은 바가 있어 집으로 들어간 뒤부터 아내를 손님처럼 대했으며, 가정이 화목해졌다. 이함형의 부인은 퇴계가 죽자 너무 고마워서 친부모가 돌아가신 것처럼 3년 동안 상복을 입고 상례를 갖추었다고 한다.

그러하면 퇴계는 어째서 이함형에 편지를 써서 주고는 '길가는 도중에서도 읽지 말고 집안에서도 읽지 말고 반드시 사립문 앞에서 읽으라'고 엄명하였던 것일까. 그곳에는 심오한 뜻이 담겨져 있는 것이다.

무릇 바깥세상과 가정의 경계선이 바로 사립문 앞인 것이다. 이것은 감히 바깥세상의 거센 물결이 신성한 가정으로까지 침범할 수 없는 최후의 방어선인 것이다.

집 안으로 들어설 때는 사람들은 반드시 말에서 내리고, 무장해제를 해야 한다. 말을 타고 그대로 집 안으로 들어가는 사람도 없고, 칼을 찬 채 가정으로 들어가는 사람도 없을 것이다. 세상의 모든 권세와 위엄은 일단 사립문 앞에서는 버려야 하는 것이다.

그러나 오늘날에 일어나고 있는 모든 가정의 붕괴와 해체는 많은 사람들이 욕망의 말과 증오의 칼을 그대로 찬 채 신성한 집 안으로 들어가기 때문인 것이다. 바깥세상의 갈등은 사립문 앞에서는 과감하게 정리해버려야 하는 것이다. 가정은 폭탄을 가득 싣고 자살공격을 단행하는 테러현장도 아니고, 술을 마시고 쾌락을 좇는 연회장도 아닌 것이다. 그런 의미에서 가정은 수도장과 흡사하다.

퇴계는 가정을 외부의 세력이 감히 침범할 수 없는 성지인 소도로 보았던 것이다.

가정은 평화와 화해를 실천하는 수도장이며, 따라서 가정에서 일어나는 분쟁의 고함소리도 울타리 밖에까지 들려서는 안 되는 것이며 또한 바깥세상의 추악한 욕망은 사립문 앞에서는 해제되어야 하는 것이다. 바로 이러한 비무장지대의 경계점이 바로 사립문이었던 것이다.

예수도 '그러므로 내일 일을 걱정하지 말아라. 내일 걱정은 내일에 맡겨라. 하루의 괴로움은 그날에 겪는 것만으로 족하다'라고 말하였다. 예수의 말처럼 사립문 안으로까지 내일의 걱정을 끌어들여서는 안 되는 것이다.

퇴계는 권씨 부인을 살아생전에는 손님처럼 공경하였을 뿐 아니라 죽은 후에도 정성으로 봉양하였다.

명종 원년(1546년) 7월 2일.

권씨 부인이 죽자 한양의 서소문집에서 죽은 부인을 두 아들을 시켜 분상하였을 뿐 아니라 계모를 대접하지 않던 당시의 풍속을 바르게 고쳐 친생모와 같이 적모복을 입히는 한편 시묘도 시켰던 것이다.

남한강의 수로를 거슬러 단양까지 운구하고 퇴계가 단양군수를 끝내고 풍기로 가고 있는 바로 그 죽령에 빈소를 차려 영구가 되어 돌아오는 부인을 맞았다. 장례는 장차 자신이 죽어 묻힐 건지산 기슭의 앞산인 영지산(靈芝山)에 묘를 썼다.

지금도 산등성 하나 전체를 권씨 부인의 묘가 차지하고 있다. 퇴계가 좋아하던 철쭉이 해마다 봄이면 산 일대를 온통 뒤집어 흡사 분홍치마를 두른 듯 붉은 꽃동산이 되는데, 퇴계는 산기슭에 여막을 지어 아들에게 시묘를 살게 하고, 자신은 건너편 바위 곁에 암자를 짓고 일년 넘게 권씨 부인의 무덤을 지켰던 것이다.

그뿐인가.

자신에게 불민한 딸을 맡겨준 장인 권질에게도 극심한 효성을 보였다.

적소에서 풀려난 후 장인 권질은 경치 좋고 한적한 냇가에 초당 하나를 짓고 건강을 회복한다. 퇴계는 해마다 정초에 세배를 드리고 회갑잔치까지 지내준다. 이때 권질이 초당의 이름을 사위에게 지어달라고 하자 퇴계는 사락정(四樂亭)이라고 지어주었으며, 권질은 이를 자신의 아호(雅號)로 삼았던 것이다.

아들이 없어 대가 끊긴 장인이 죽자 비문에 '큰집에 뒤가 끊기므로 내가 이 돌에 적어 새기노니 영원토록 잘 전할지어다' 라고 손수 비문을 짓고 묘비를 세운다. 16년의 긴 각고 끝에 수양과 극복으로 금슬 좋은 부부생활을 끝냄으로써 길사고풍(吉士孤風)의 인격을 지녔던 장인에게 자신의 소임을 무사히 끝마친 후 장인의 묘소를 찾아가 다음과 같은 시를 짓는다.

옛날 그땐 참사람을 몰라보고
까닭없이 저승으로 이분을 데려갔네
고향에 돌아와서 묘사를 지낸 후
매화 피는 모습을 보고 장인 생각하옵니다.

이처럼 두 아내와 사별함으로써 불우한 결혼생활을 보냈던 퇴계. 비록 이함형에게 스스로 고백하였듯 한결같이 불행한 결혼생활이었으나 이를 참고 견디어 처가향념을 완성한 이퇴계.

퇴계가 단양의 군수로 있을 때에는 바로 권씨 부인과 사별한 뒤 2년이 흐른 뒤였고, 그 적요한 공방에서 바로 명기 두향을 만났던 것이다. 그러므로 두향은 퇴계에게 있어 고독하고 적적한 인동의 긴 세월 끝에 맞은 설중매(雪中梅)였던 것이다.

설중매.

흰 눈이 내리는 엄동설한에 피는 매화꽃. 예부터 섣달에 피는 매

화는 '기우(奇友)'라고 불렀고, 봄에 피는 매화는 '고우(古友)'라고
불렀다. 그런 의미에서 두향은 퇴계에 있어 설중매이자 기우였던
것이다.

퇴계는 두향을 통해 처음으로 매화의 향기와 같은 여인의 향기를
알았다. 더구나 이 무렵 퇴계의 나이는 48세, 두향의 나이는 18세.
딸보다 어린 두향이었으나 남녀간의 상사는 나이를 초월하는 것일
까. 퇴계는 두향을 통해 비 오고, 바람 부는 운우의 열락(悅樂)을 알
았다.

두 사람은 주로 강선대 위에서 거문고를 타고 함께 선경을 즐겼
다. 또한 두향에게 있어 퇴계는 첫 남자이기도 하였다. 비록 관기라
하여도 조(操)가 있어 아무리 상대방이 높은 관직에 있다 하더라도
마음에 들지 않으면 수청을 허락하지 않았는데, 이때까지도 두향은
숫처녀였다.

원래 단양에 속한 관기였던 두향은 각 지방 고을 수령의 수청을
들기 위해서 두었던 기생으로 대체로 중앙에서 임명된 관리들이 가
족을 떼어놓고 부임하는 경우가 많아 이들을 위한 위안부 노릇을
전문으로 하고 있었던 것이다. 그러나 두향은 관기였으되 몸을 함
부로 굴리는 '은군자(隱君子)'가 아니었다.

은군자는 내놓고 몸을 팔지는 않지만 은밀히 매음을 하는 천기
로, 이를 비꼬아 '은근짜'라고 부르고 있는 것이다.

두향은 절개가 깊고 자존심이 강한 여인이었다. 대부분의 관기들
이 부임하는 군수의 마음에 들어 첩이 됨으로써 기생팔자를 면하는
것을 꿈꾸고 있었다. 이를 대속(代贖)이라 하였다. 그렇게 되면 비

록 기첩이라 할지라도 일단은 관기의 천민은 면할 수 있음이었던 것이다.

퇴계는 두향에게 있어 머리를 얹어준 첫 남자였다. 원래 기생에게는 '초야권'이라는 것이 있어 동기는 초야권을 통해 처녀성을 파괴함으로써 성인이 될 수 있었다. 동기의 초야권을 사는 사람은 금침(衾枕)과 의복, 그리고 상당한 재산을 줌으로써 하룻밤을 치를 수 있었다.

두 사람이 함께 있었던 것은 불과 9개월. 그러나 함께한 짧은 세월이 무슨 소용이 있으랴. 두 사람의 만남은 일장춘몽처럼 짧았으나 두 사람의 정은 무산지몽처럼 깊었다.

물론 퇴계가 두향을 소첩으로 삼아 단양을 함께 떠난다 해도 부도덕한 일은 아니었다. 이미 두 아내와 사별한 뒤였으므로 또 한명의 여부인(如夫人)을 둔다고 해도 흉잡힐 일은 없었던 것이었다. 그러나 두향은 퇴계가 단양을 떠남으로써 그대로 생이별이 될 것을 잘 알고 있었다. 또한 자신이 퇴계를 졸라 함께 단양을 떠나게 된다면 그것이 퇴계에게 치명적인 누가 될 것을 잘 알고 있었던 것이다.

"단양과 풍기는 지척지간이니, 보고 싶을 때는 사람을 보내어 연락을 취할 터이니 안심토록 하여라."

떠나기 전날 밤 두향에게 퇴계는 약속의 말을 하였으나 두향은 그 말이 다시는 만날 수 없는 메별(袂別)의 말임을 잘 알고 있었다.

"나으리."

두향은 그러나 속내를 드러내지 않고 말하였다.

"나으리께 마지막으로 드릴 말씀은 나으리를 모신 몸으로 더 이

188

상 기적에 올라 있을 수는 없사오니 일부종신할 수 있도록 면천하여 주소서."

기생에 있어 면천이란 기적에서 이름을 빼어 양민을 만들어 주는 일을 뜻하는 것이다. 그 일은 어렵지 않은 것이었으나 문제는 자신이 떠난 뒤 홀로 남아 있을 두향의 처지였다.

2

때는 9월.

반쯤 열린 창밖으로 만월의 달빛이 은장도를 들이댄 듯 눈부시게 흘러 들어오고 있었으나 술잔을 마주하고 앉은 두 사람은 정작 말이 없었다. 가타부타 침묵을 지키고 있던 퇴계가 천천히 입을 열어 말하였다.

"오래간만에 네 거문고 소리를 듣고 싶구나."

두향은 묘비에 새겨 있듯 거문고에 능한 명인이었다. 거문고는 원래 소리가 깊고 장중하여 예로부터 '백악지장(百樂之丈)'이라 일컬어졌는데, 퇴계 또한 율객이었으므로 거문고를 연주하는 두향이나 이를 감상하는 퇴계가 서로 호흡이 맞았다.

두향은 거문고를 무릎 위에 올려놓고 오른손으로는 슬대를 잡아 힘차게 현을 내치면서 연주하기 시작하였다. 그리고 이윽고 거문고 연주에 맞춰 노래를 부르기 시작하였다.

즐겁도다 산 속에 숨어 사는 삶은
큰 사람의 너그러운 모습일러라
홀로 잠자고 홀로 말하니
그 깊은 뜻 길이 잊지 말거라.

　　그 노래는 평소 이퇴계가 좋아하던 노래였다.
　　원래 공자가 편찬한『시경』에 나오는「고반」이란 시였다. 은둔생
활을 하는 군자의 즐거움을 노래한 시가로서 평소에 강선대에서 퇴
계가 즐겨 듣던 노래였던 것이다. 두향은 청아한 목소리로 노래를
계속 불러나갔다.

즐겁도다 언덕에 숨어 사는 삶은
큰사람의 한가로운 마음일러라
홀로 잠자고 홀로 노래하니
그 기쁨 이에서 지나침이 없으리
즐겁도다 물가에 숨어 사는 삶은
큰사람의 유연한 모습일러라
홀로 잠자고 홀로 밤을 새니
그 즐거움 남에게 알려 무엇 하리.

　　철저하게 산과 언덕, 그리고 물가에 숨어 사는 군자의 은둔생활
을 찬미하고 있는 이 노래는 단양에 있을 무렵 앞으로의 마음을 다
짐하는 이퇴계의 애창곡이기도 했던 것이다.

고반.

이는 은둔할 곳을 마련하여 유유자적하는 것을 의미하는데, 또 한편으론 쟁반을 두드리면서 노래에 장단을 맞추는 행위를 말함이다. 퇴계는 이를 '은둔하는 높은 선비가 강의하는 곳'으로 받아들이고 있었던 것이다. 퇴계는 단양에 군수를 하고 있을 무렵 바로 고반을 꿈꾸고 이를 계획하고 있었다.

그로부터 2년 뒤 고향으로 환향하여 도산서당을 짓기 시작하였던 것은 바로 자신의 손으로 '고반'을 완성하기 위함이었던 것이다. 퇴계가 도산서당을 '고반'으로 보고 있었던 것은 10년에 걸쳐 60세에 도산서당을 완성하고 나서 지은 시를 보면 잘 알 수 있다.

　　바위벼랑에 꽃은 피어 봄날은 고요하고
　　새는 시냇가 나무 위에서 울고 물결은 잠잠하구나
　　우연히 젊은 제자들과 산 뒤를 돌아서
　　한가로이 산 밑에 이르러 고반을 찾노라.

퇴계에 있어 성현, 특히 공자의 가르침은 인생의 교훈이었다. 따라서 퇴계는 항상 말하곤 하였다.

"성인이 가르침을 줄 때에는 반드시 사람들이 알 수 있고 실천할 수 있는 것에 대해서 말씀하셨을 터인데, 성인의 말씀은 저와 같고 나의 생각은 이와 같다면 이것은 곧 나의 노력이 투철하지 못했기 때문일 것이다."

퇴계는 이처럼 성현의 말씀을 실천하기 위해서 끊임없이 자신을 반성하고 욕망을 경계하였으며, 내면의 마음을 바로잡고 개선하는 데 노력을 기울였던 것이다. 퇴계는 옛 성현의 가르침을 실천하고 또한 이를 제자들에게 가르칠 수 있는 고반을 꿈꾸고 있었으며, 바로 이러한 이상향이 바로 도산서당이었던 것이다.

이러한 퇴계의 마음을 두향은 눈치채고 있었다. 두향은 퇴계가 풍기의 군수를 마치면 고향으로 돌아가 고반을 짓고 은둔생활을 할 것임을 잘 알고 있었던 것이다.

두향은 또 다른 노래를 부르기 시작하였다. 그것 역시 『시경』에 나오는 다른 노래였으나 이는 먼젓번의 노래보다 더 애절하고 애틋한 사랑노래였다.

즐겁게 산골짜기에 숨어 지내니 큰사람의 너그러움이라
갈대는 우거지고 흰 이슬 서리되었네
사랑하는 우리 님은 강 건너에 산다네
님의 마음 너그러워라 물굽이를 건너자니
험한 길 멀기도 하여라 넓은 여울로 건너자니
강 가운데 멎겠구나 홀로 잠들고 홀로 말하니
이 뜻을 영원히 잊지 않으리라
이 뜻을 영원히 잊지 않으리라.
考槃在澗碩人之寬
兼假蒼蒼白露爲霜
所謂伊人在水一方
碩人之寬遡廻從之

道阻且長遡遊從之

宛在水中央獨寐寤言

永矢勿諼永矢勿諼

노래를 부르던 두향의 목소리가 가늘게 떨리기 시작하더니 이내 멈췄다. 그 대신 가녀린 어깨가 흔들리고 있었다. 두향의 노래는 상사별곡이었다. 사랑하는 님이 지척지간인 강 건너로 떠나간다 하여도 찾아가려면 험한 길이 멀기도 하고 여울을 건넌다고 하더라도 강 가운데서 멎을 수밖에 없음을 탄식하는 이별가였던 것이다. 두 사람의 인연은 이 한 번의 별리로 영원히 끊어지게 될 것이며, 이제는 홀로 잠들고, 홀로 말할 수밖에 없는 가혹한 운명이라 할지라도 영원히 잊지 않음을 맹세하는 단심가이기도 했던 것이다.

두향은 흐느낌을 애써 자제하고 있었다. 퇴계 역시 입을 열어 두향의 슬픔을 달래지 아니하였으나 퇴계에 있어서도 이별은 살을 찢는 고통이었다.

그날 밤.

퇴계와 두향은 마지막 밤을 보낸다. 불을 껐으나 워낙 달이 밝아 문을 통해 들어오는 달빛으로 방 안은 초롱을 밝힌 듯 환하였다.

"옛 중국의 시인 맹교(孟郊)는 이렇게 노래하였느니라."

두향을 팔베개하여 곁에 누이고 나서 퇴계가 말하였다.

"'이제 늙고 마른 몸이 이별마저 하게 되니, 두려운 생각이 든다.' 두향아, 이제 기약 없이 헤어진다고 생각하니 나 역시 두려운 생각마저 드는구나."

그러자 퇴계의 가슴을 파고든 두향이 말하였다.

"기생 일지홍은 님과 헤어질 때 다음과 같이 노래하였나이다. '이별이 하도 설워 잔들고 슬피 울 제 어느덧 술 다하고 님마저 가는구나. 꽃지고 새우는 봄을 어이할까 하노라.'"

일지홍은 유명한 성천의 기생. 갑자기 두향은 몸을 일으켜 앉았다. 그리고 두향은 머리맡에 놓인 문갑에서 지필묵을 꺼내들었다.

"성천의 기생 일지홍이 사랑하는 님과 이별할 때 그리 노래하였다면 단양의 천기 두향이도 님과 노래할 때 상사곡 한 곡 짓겠나이다."

두향은 투명한 달빛 아래에서 듬뿍 붓에 먹을 묻힌 다음 종이 위에 시 한 수를 쓰기 시작하였다. 퇴계는 묵묵히 두향의 모습을 지켜보았다.

轉輾寒衾夜眠 鏡中憔悴只堪憐
何須相別何須苦 從古人生未百年.

두향이가 단숨에 쓴 즉흥시는 한마디로 절창이었다. 그 내용은 다음과 같았다.

찬 자리 팔베개에 어느 잠 하마 오리
무심히 거울 드니 얼굴만 야윗고야
백년을 못 사는 인생 이별 더욱 설워라.

퇴계는 평소에 두향이 거문고에 능하고 매화를 키우는 데 명인이라는 사실은 익히 알 수 있었으나 문장 또한 뛰어나다는 것을 그때야 알았다.

"이제 보니 네가 못하는 것이 없구나. 어느새 글을 배워 이처럼 시까지 쓸 수 있단 말이냐."

퇴계는 태어나서 처음으로 두향을 통해 여인의 향기를 알았고 살아 있는 매화를 보았다. 두향을 통해 운우의 열락을 알았고 말하는 꽃, 해어화를 보았다. 그러나 마침내 두향이가 시에도 뛰어난 가인임을 깨달았던 것이다.

그러자 두향이가 무릎을 꿇고 말하였다.

"나으리, 나으리에게 묻겠나이다. 나으리께오서는 상원사의 동종을 아시나이까?"

"알고 있다."

"상원사의 동종이 죽령고개를 넘을 때의 고사를 알고 계시나이까?"

"들은 바가 있다."

상원사의 동종. 그것은 우리나라에서 제일 오래된 종으로 경주의 에밀레종보다 백년도 더 전에 앞서 주조된 종으로 알려져 있다. 금, 은, 동, 주석을 녹여 만든 것으로 높이 1.4미터, 직경 1.2미터로 용신을 틀로 하여 사방을 구분할 수 있는 비천선녀의 무늬가 있는 천하제일의 명종이었다.

우리나라 제일의 범종인 상원사 동종은 죽령과 깊은 인연을 갖고 있는데, 그것은 세조 때문이었다.

세조는 '왕자의 난'으로 왕위를 찬탈한 후부터 병명을 알 수 없는 괴질에 걸린다. 그것은 전신에 종기가 생기고, 고름이 나오는 견디기 어려운 난치병이었다. 명의와 비약이 모두 효험이 없자 세조는 신라 이래의 문수도량이었던 오대산에서 기도하여 불력으로 병을 고치고자 상원사를 찾아갔던 것이다.

월정사에서 참배를 올리고 상원사로 가던 중 세조는 산간계곡에서 흘러내려 오는 맑은 물에 발을 담그고 쉬어가기로 하였다. 주위 시종들에게 자신의 추한 꼴을 보이기 싫어 평소에도 어의를 풀지 않았던 세조였지만 그날은 하도 경치가 좋아 모든 근신들을 물리치고 혼자서 목욕을 시작하였다.

그때 동자승 하나가 숲 사이에서 노니는 것이 눈에 띄었다. 세조는 그 동자승을 불러 자신의 등을 밀어달라고 부탁하였다. 동자승은 천진하게 세조의 명에 따라 온몸을 구석구석 씻어주었다. 목욕을 마친 세조가 동자승에게 말하였다.

"어디가든지 임금의 옥체를 씻었다는 말은 절대로 해서는 안 된다."

그러자 동자승도 말하였다.

"임금도 어디가든지 문수보살을 친견했다는 말을 함부로 하지 말지어다."

말을 마친 동자승은 홀연히 사라져버리고 세조는 놀라서 주위를 살펴보았는데, 어느새 자신의 몸에 난 종기가 씻은 듯이 나아져 있음을 발견했던 것이다. 크게 감동한 세조는 자신의 기억을 더듬어 화공에게 문수보살의 초상을 그리도록 하였고, 몇 번의 교정 끝에 자신이 친견한 문수보살의 모습을 나무 조각으로 완성할 수 있었던 것이다. 세조는 이 동자상을 상원사에 안치하는 한편 상원사를 중창하였으며, 이를 원찰로 삼는다. 그리고 전국에 어명을 내려 천하제일의 종을 상원사에 봉안하도록 하였는데, 이때 선택된 종이 바로 동종이었던 것이다.

원래 이 종은 이름이 알려져 있지 않은 사찰의 범종이었으나 조선조의 억불정책으로 절이 쇠퇴하자 안동호부의 남문루에서 시간을 알리는 관가의 부속품으로 전락하고 있었다. 그러던 중 세조가 등극한 지 12년 후인 1469년 강원도 오대산의 상원사를 확장하고 원당사찰로 지정하면서 전국에서 가장 소리 좋은 종을 찾기 위해 '상원사 운종도감'이라는 부서까지 신설하고 전국을 수소문하다가 마침내 이 종이 간택되었던 것이다.

그리하여 5백여 명의 호송요원과 백필의 말이 동원되어 안동에서 상원사로 운반되었던 것이다. 그도 그럴 것이 이 동종의 무게는 자그마치 3천3백 근. 이 무거운 종을 상원사로 옮기던 중 마침내 죽령고개에 이르게 되었다.

이때 그 동종과 죽령은 떼려야 뗄 수 없는 불가분의 유명한 고사를 남기게 되는데, 바로 그 이야기에 대해서 두향이가 물었던 것이다.

"하오면 나으리."

두향이가 무릎을 꿇고 앉은 채 낮은 목소리로 물어 말하였다.

"상원사의 동종이 죽령고개를 넘을 때 산기슭에서 꼼짝도 하지 않았다는 이야기를 알고 계시나이까?"

"알고 있다."

"자그마치 닷새 동안이나 5백 명이나 되는 장정들과 말 백 필이 끌어 당겨도 제자리에서 꼼짝하지 않았다는 이야기도 들은 적이 있으시나이까?"

"들은 적이 있다고 내 말하지 않았더냐."

퇴계가 머리를 끄덕이며 대답하였다.

퇴계도 상원사의 동종에 대해서는 익히 들은 바가 있었다.

우리나라에 전하고 있는 동종 가운데 가장 오래된 것으로 한국 특유의 형식을 갖고 있으며, 뛰어난 주조기술과 조각수법을 보여주는 명종이었다.

통일신라시대 때인 성덕왕(聖德王) 24년(725년)에 만들어진 범종으로 용뉴(龍鈕) 좌우에 종명(鐘銘)이 새겨져 있어 조성연대가 확실하게 알려져 있다. 종신에는 서로 마주보는 두 곳에 구름 위에 서서 무릎을 세우고 공후와 생(笙)을 연주하는 비천상(飛天像)이 양각되어 있다.

"하오면 나으리, 제 자리에서 움직이지 않자 운종도감이 처음에는 고개를 넘느라 힘이 빠져서 그렇겠지 하고 생각하였으나 닷새가 지나도 움직이지 않자 묘책을 강구했다 하더이다. 그 이야기에 대해서도 알고 계시나이까?"

"글쎄 그 이야기는 들은 것 같기도 하다만 하도 옛 기억이라 가물가물하니 네 입으로 말해보도록 하여라."

"나으리."

무릎을 꿇고 앉은 두향이가 천천히 말을 이었다.

"갖가지 묘책을 찾았으나 방안이 없어 초조해하던 중 마을의 촌

198

로 하나가 찾아와 이렇게 말하였다고 하나이다. '백살을 못 사는 사람도 생이별을 서러워하거늘 하물며 8백 살이 넘어 숱한 애환을 지닌 범종이 이 죽령을 넘으면 다시는 못 볼 고향이 아쉬워 제자리에서 움직이지 않는 것입니다' 라고 말입니다."

퇴계는 묵묵히 두향의 말을 경청하고 있었다. 순간 퇴계는 두향이가 방금 전에 쓴 '백년을 못 사는 인생 이별 더욱 설워라.(何須相別何須苦 從古人生未百年)' 란 송별시의 한 구절이 바로 동종에 얽힌 고사에서 인용하여 온 문장임을 깨달을 수 있었다.

"제자리에서 꼼짝하지 않은 것은 이처럼 상원사의 동종뿐이 아니나이다. 나으리, 나으리께오서는 송도기생 황진이에 대해서 들은 적이 있으시나이까?"

"들은 바 있다."

퇴계는 머리를 끄덕여 대답하였다.

황진이(黃眞伊).

서경덕, 박연폭포와 더불어 송도삼절로까지 불리웠던 황진이는 전 임금이었던 중종 때의 기생으로 10년 동안이나 수도하여 생불이라 칭송받던 지족선사를 유혹하여 파계시키고, 당대의 성리학자 서경덕을 유혹하려다가 실패하여 스승과 제자를 맺은 소문이 자자하였던 명기였다.

"나으리, 황진이는 15세 무렵에 동네 머슴이 연모하여 상사병으로 죽자 그 길로 기계에 투신하였다고 하나이다. 그런데 황진이 집 앞을 지나는데, 상여는 그 자리에 멈춰 꼼짝도 하지 않았다고 하더이다. 마치 죽령고개에 닷새간이나 멎어 꼼짝하지 않았던 동종처럼 옴짝달싹하지 않았다고 하더이다. 그 상여가 어찌하여 움직였는지 그 소문은 알고 계시나이까?"

퇴계는 묵묵부답이었다.

"소첩이 대신 말씀드리겠나이다. 황진이가 자신이 입던 속치마와 저고리를 벗어 관을 덮자 비로소 상여가 움직이기 시작하였다고 하는데, 이는 황진이의 속곳이 머슴의 넋을 달래주었기 때문이나이다."

두향은 낮은 목소리로 말을 이었다.

"백년도 못 사는 인생에서 생이별을 슬퍼하는 머슴의 넋을 달래기 위해서 황진이가 입고 있던 속곳을 벗어 관을 덮어주어 상여를 움직이게 하였다면 8백 살이 된 범종은 어떻게 하여 움직였는지 그 이야기를 알고 계시나이까?"

퇴계는 여전히 묵묵부답이었다.

"역시 소첩이 대신하여 말씀드리겠나이다. 동종에 있는 젖꼭지 하나를 잘라내었다 하더이다."

두향의 말은 사실이었다.

상원사 동종에는 36개의 젖꼭지가 있었다. 이를 뉴(鈕)라고 부르는데, 사방에 각각 가로세로 세 개씩 불교식으로 배열된 유두(乳頭)가 36개나 돌출되어 있었던 것이다. 이는 종의 울림을 끊어질 듯 끊어질 듯 은은하게 백리 밖으로까지 울려 퍼지게 하는 독특한 음향 장치였다. 상원사의 동종이 국보 36호로 우리나라에서 가장 오래된 범종일 뿐 아니라 그 소리가 아름답기로도 제일인 것은 동종 꼭대기에 있는 용통(甬筒)의 음관(音管) 때문이기도 하지만 바로 36개의 젖꼭지 때문에 그 소리울림이 독특하고 청아하였던 것이었다. 그런데 이 36개의 젖꼭지 중 하나를 잘라내었던 것이다.

"젖꼭지 하나를 잘라낸 운종도감은 이를 종이 있었던 안동 도호부의 남문루 밑에 파묻고 정성껏 제를 올렸다고 하더이다. 그러고 나서 다시 죽령에 돌아와서 범종에게 이렇게 말을 하였다고 하더이다. '이제는 미련을 버리시고 먼 길을 떠나시지요.'"

두향은 일단 말을 끊었다.

밤이 깊자 달은 공중제비를 돌 듯 중천을 거꾸로 돌아 휘영청 밝은 달빛을 방 안으로 되쏘고 있었다.

"그러자."

두향이가 긴 침묵 끝에 다시 입을 열었다.

"그러자 동종이 다시 움직였다 하더이다. 나으리, 이로써 동종은 죽령을 넘어 제천, 원주, 진부령을 거쳐 오대산에 안치되었다고 하더이다. 나으리."

두향의 눈에서 맑은 이슬이 굴러 떨어지기 시작하였다.

"나으리께오서는 날이 밝으면 단양을 떠나시나이다. 단양을 떠나시면 상원사의 동종처럼 죽령고개를 넘으실 것이나이다. 나으리께오서는 지척지간이라 마음만 먹으면 불원간 또 다시 만날 수 있다 기약하셨사오나 소첩이 보기에는 이제 한 번 가오시면 다시는 돌아오지 못할 것임을 잘 알고 있나이다. 나으리, 죽령고개가 아무리 높다 하여도 나으리를 향한 소첩의 그리움은 구름이 되어 단숨에 뛰어오를 수 있고, 동종의 무게가 3천3백 근이나 되어 무겁다고는 하지만 나으리를 향한 소첩의 마음에 비하면 한갓 검불에 불과하나이다. 장정 5백 명과 말 백필이 끈다 하면 상원사의 동종을 움직일 수 있사오나 소첩의 마음은 절대 끌지 못할 것이나이다. 나으리, 나으리를 향한 내 단심은 그 무엇으로도 끌 수도, 당길 수도, 밀 수도 없는 요지부동이나이다. 상원사의 동종이 8백 년이나 되었다고는 하지만 나으리를 향한 내 상사는 전생으로부터 이어진 천겁의 업이오며, 하늘과 땅이 갈라지기 전부터 맺어온 숙연이나이다. 하오니 나으리, 이제 정히 가시겠다면 나으리께오서 소첩의 젖꼭지 하나를 칼로 베어내고 떠나시오소서."

두향의 얼굴은 흘러내린 눈물로 젖어 있었다. 두향은 천천히 저고리를 벗기 시작하였다. 고름을 풀어 내리고 가슴을 헤쳤다.

"나으리, 젖꼭지 하나를 베어내소서. 그래야만 나으리를 향한 소첩의 미련이 끊어질 것이나이다. 하늘과 땅이 갈라지기 전부터 이어진 나으리와의 천겁의 인연이 끊어질 것이나이다."

천천히 저고리를 다 벗은 두향이 은장도 하나를 꺼내어 방바닥 위에 놓았다. 흘러들어온 달빛이 두향의 가녀린 어깨를 감싸고 있었고, 풀어헤친 긴 머리카락 사이로 두향의 젖가슴이 흔들리고 있었다.

"정녕 가슴 하나를 베어달라는 것이냐?"

침묵을 지키던 퇴계가 마침내 입을 열어 물었다.

"베어주소서."

결연한 목소리로 두향이 대답하였다. 그러자 퇴계는 천천히 손을 뻗어 은장도를 집어 들었다. 비록 노리개로 갖고 다니는 작은 칼이었으나 시퍼렇게 날이 서 있었다. 퇴계는 칼을 들어 곁에 벗어둔 두향의 저고리를 펼쳤다. 저고리는 갑사저고리였는데, 퇴계는 망설임

없이 칼을 들어 저고리의 깃을 잘라내었다.

이른바 할급휴서(割給休書)였다.

'할급'이란 말의 뜻은 '가위로 옷을 베어서 준다'는 뜻으로 당시 양반사회에서는 내외가 갈라서는 이혼이 국법으로 엄중하게 금지되어 있었으나 서민사회에서는 할급, 즉 '저고리의 옷섶을 잘라줌'으로써 남편은 아내에게 이혼을 증빙할 수 있는 수세를 줄 수 있었던 것이다.

이 세모꼴의 옷섶을 받으면 그 순간 여인은 자유의 몸이 될 수 있었다. 따라서 '나비'라고 불리는 이 세모꼴의 옷섶을 가진 여인들은 등에 이불보를 진 채 이른 새벽 마을 어귀나 성황당 앞에서 새로운 남자를 만나기 위해서 서성거렸으며, 그 여인을 처음으로 본 남자는 이유 여하를 막론하고 데리고 살아야 했던 것이다.

여인은 그 남자에게 '나비'를 보여줌으로써 자신이 그 어딘가에 매이지 않고 나비처럼 날아다닐 수 있는 자유의 몸임을 증명할 수 있었고, 남자는 그 순간 여인이 등에 진 이불보로 보쌈하여 집으로 데리고 감으로써 새 생활을 할 수 있었던 것이다.

퇴계가 은장도로 저고리의 깃을 베어낸 것은 두 사람의 연분을 끊어내는 일종의 이연장(離緣狀)이었던 것이다.

"이로써."

퇴계가 나비 모양으로 베어진 세모꼴의 저고리 깃을 두향에게 주면서 말하였다.

"상원사의 동종이 죽령의 고개를 넘어가듯 내 몸도 죽령을 무사히 넘을 수 있겠느냐?"

말없이 울고 있던 두향이 퇴계가 내민 세모꼴의 저고리 깃을 두 손으로 받으며 말하였다.

"나으리께오서 저고리의 깃을 자르시니 이것으로 인연이 다 된 것을 알겠나이다. 상원사의 동종에서 잘라낸 젖꼭지를 남문루에 파묻고 제사를 지냈듯 소첩이 이 저고리를 나으리와 함께 지내던 강선대 바위 밑에 파묻으오리다. 그리하여 마침내 다북쑥 우거진 무덤에 함께 묻히겠나이다. 나으리."

두향은 마침내 강선대 바위 옆에 움막을 짓고 평생 퇴계를 생각하며 종신수절할 것을 결심하였음일까. 또한 퇴계가 죽었다는 소식을 들은 순간 남한강 물 속에 뛰어들어 자살할 운명임을 이때 벌써 꿰뚫어보았음일까.

그뿐인가.

자신이 죽은 후에도 바로 그 자리, 쑥대가 우거진 다북쑥 속에서 세세년년 퇴계만을 기리는 임자 없는 초분으로 남아 있을 것을 예견하였음일까.

다북쑥 우거진 무덤.

이는 「모죽지랑가(慕竹旨郎歌)」에 나오는 한 구절이었다. 퇴계도 잘 알고 있는 신라시대 때의 대표적인 향가였다.

신라 효소왕(孝昭王) 때에 득오곡(得烏谷)이란 화랑이 지은 8구체의 향가로서 지금까지 제대로 해독되어지지 않는 난해한 노래인데, 『삼국유사』에는 이 노래의 배경에 대해 설화가 전해 내려오고 있다.

'죽지랑'이란 화랑은 김유신을 도와 삼국통일을 완성하였던 위대한 인물이었다. '죽지랑'의 부하 중에 득오곡이란 낭도가 있었고, 화랑도의 명부에 이름을 올려놓고 매일 출근을 하더니 한 열흘 동안 보이지 않았다. 죽지랑이 그의 어머니를 불러 아들이 어디 갔느냐고 묻자 어머니는 "당전(幢典, 오늘날의 부대장에 해당하는 군직) 익선아간(益宣阿干)이 내 아들을 창고지기로 임명하였습니다. 그리하여 급히 가느라고 낭께 말씀드리지 못하였습니다"라고 대답하였다. 죽지랑은 그 말을 듣고 "그대의 아들이 만일 사사로운 일로 그곳에 갔다면 찾아볼 필요가 없지만 공사로 갔으니 마땅히 가서 위로하고 대접해야겠소" 하고 낭도 137인을 거느리고 떡과 술을 가지고 위로하러 가서는 밭에서 일을 하고 있는 득오곡을 불러 술을 먹이고 상관인 익선에게 휴가를 주어 득오곡을 집으로 돌아가 그리운 어머니를 만날 수 있도록 허가를 내줄 것을 청원하였던 것이다. 그러나 고지식한 익선은 이를 거절한다. 먼 훗날 자신을 그토록 사랑하였던 죽지랑의 인품을 사모하여 득오곡은 이미 죽은 죽지랑을 위해 「모죽지랑가」란 향가를 지었던 것이다.

'다북쑥 우거진 무덤에 함께 묻힐 것이나이다, 나으리' 하고 울며 말하였던 두향의 별사는 바로 「모죽지랑가」에 나오는 내용을 한 소절 인용하였던 것이다.

간 봄을 그리워함에

모든 것이 서러워 시름하는구나

아름다움 나타내신

(그대의) 얼굴에 주름살을 지려고 하는구나

눈 깜박할 사이에

만나 뵈올 기회를 지으리이다

님이여 그리운 마음이 가는 길에

다북쑥 우거진 마을에 함께 잘 밤인들 있으리까.

두향은 퇴계를 떠나보내는 마음을 죽지랑을 사모하여 노래하였던 득오곡의 향가를 빗대어 나타내 보였던 것이다.

두 사람의 9개월의 사랑은 비록 짧았으나 아득히 깊어 이를 '지나간 봄이 그리워서 모든 것이 울며 시름하는구나' 라고 비유하였으며, '눈 깜짝할 사이나마 다시 만나 뵙고 싶지만 그러나 그리운 마음이 가는 길 그 어디에도 다북쑥이 우거진 마을에 함께 잘 수 있는 밤이 있겠는가' 하는 탄식을 통해 '다북쑥마을' 이 상징하는 이 지상에서의 황촌(荒村)에서는 영원히 또 다시 만날 수 없음을 암시하고 있음이었던 것이다.

두향의 불길한 예감은 그대로 적중된다.

퇴계와 두향은 그 후 20여 년간 지척지간에 있어 '눈 깜짝할 사이에 만날 수 있는 기회' 는 있었으나 이 지상에서는 더 이상 함께할 인연이 닿지 않았던 것이다.

그러므로 그날 밤이 퇴계와 두향이가 다북쑥 우거진 마을에서 함께 잠든 마지막 밤이었던 것이다.

퇴계는 두향이가 입던 치마폭에 정표로 다음과 같은 시를 한 수 적어주었다고 한다.

死別已吞聲 生別常惻惻.

퇴계는 평소에 두보의 시를 좋아했다.

두향의 이름이 비록 기명이었지만 자신이 좋아하는 두보의 성과 같음을 기억하고 있다가 헤어지는 별리의 정표로 두보의 시를 한 수 적어두었던 것이다. 그 시의 내용은 다음과 같다.

죽어 이별은 소리조차 나오지 않고
살아 이별은 슬프기 그지없더라.

그로부터 20여 년 뒤.

두향은 치마폭으로 얼굴을 가린 채 강선대 위에서 몸을 던져 남한강 푸른 물에 낙화하여 숨을 거뒀으니, 이때 두향의 얼굴을 가렸던 치마에 적혀 있던 시가 바로 퇴계가 써준 송별시였을까. 또한 두향이가 말하였던 대로 오늘날 남아 있는 다북쑥이 우거져 있는 무덤 속에는 두향의 시신과 더불어 퇴계가 베어준 저고리 깃의 나비가 함께 묻혀 있음일까.

두향이가 퇴계에게 정표로 준 물건은 매분. 양매에 탁월한 재능이 있었던 두향이가 10년 이상 가꾸어오던 분매였다.

퇴계가 『퇴계언행록』에 기록되어 있는 것처럼 단양군수를 떠날 때에 행장 속에 다만 괴이한 괴석 두 개만 들어 있었고, 관졸들이 삼다발을 가지고 와 '이것은 아전에서 키운 것이온데, 노자로 주는 전례가 있기에 삼가 바칩니다' 하자 이내 물리쳤다고 하였는데, 그러나 퇴계의 행장 속에는 두향이가 준 분매 하나가 남의 눈에 띨 새라 깊숙이 보관되어 있었던 것이다.

이후부터 퇴계는 숨을 거둘 때까지 20여 년간 이 분매를 애지중지한다. 이로써 퇴계가 한양의 우사에 머무르고 있을 때 잠시 두고 왔다가 못내 그리워하여 손자 이안도를 시켜 이 분매를 배로 운반해서까지 도산서당으로 가지고 오게 한 그 수수께끼의 비밀이 풀리게 되는 것이다.

퇴계는 자신의 제자인 김취려(金就礪)에게 이 분매를 손자를 통해 가지고 오도록 부탁을 한 후 마침내 이 분매가 오자 '빙설 같은 얼굴'을 보게 되었음을 기뻐하는 시를 짓게 된다. 여기서 '빙설 같은 얼굴'이란 오랜만에 만나는 매화꽃을 말함이지만 실은 꽃으로 의인화된 두향의 모습이었던 것이다.

퇴계는 이 분매를 통해 두고두고 두향이의 향기를 떠올릴 수 있었고, 두향의 모습을 그릴 수 있었던 것이다. 그러므로 이 매분을 두고 노래한 '원컨대 님이시여, 우리 서로 사랑할 때 청진한 옥설 그대로 고이 간직해 주오.(願公相對相思處 玉雪淸眞共善藏)'란 구절은 두향을 그리워하고 두향에게 바치는 헌사였던 것이다

퇴계가 죽는 날 아침 시봉하는 사람을 시켜서 '분매에 물을 주라'라고 최후의 유언을 남기고, 마침내 '저녁 5시 경에 와석을 정돈하라고 명하고 부축하여 일으켜 앉으니 조용하고 편안하게 돌아가시

다' 라는 연보의 기록은 그러한 퇴계의 마음을 엿볼 수 있는 극적인 장면이 아닐 것인가.

아마도 퇴계는 그 분매를 바라보기 위해서 자신을 부축하라고 이른 다음 이 지상에서의 마지막 눈빛으로 매화를 보고 그리하여 조용하고 편안하게 눈을 감았을 것이다.

제 3 장

추로지향

鄒魯之鄕

군자에 이르는 길

1

　퇴계를 태운 가마는 우쭐우쭐 죽령고개 기슭에 닿아 있었다. 때
는 10월이라 만산은 홍엽으로 추색이 완연하였다.

　죽령은 높이 689미터로 영남과 호서를 갈라놓는 대재이자 오르
막 30리, 내리막 30리의 가파른 고갯길. 죽령의 고갯마루는 충청도
와 경상도가 서로 손을 흔들고 헤어져 제 갈 길을 가는 곳이다. 죽
령고개는 단양 땅의 역원인 용부원과 경상도 순흥 땅의 역원인 남
원을 사이에 두고 예로부터 길손과 선비들이 넘나들던 길이었으며
아흔아홉 구비의 고갯길은 각종 곡물과 상품을 수송하는 통로로도
긴요하게 이용되고 있었다.

　죽령은 문경새재와 추풍령과 마찬가지로 백두대간에 나란히 자
리하여 영남과 호서지방을 통하는 관문 역할을 하였으나 모든 면에
서 단연 맏형격이었다.

특히 죽령은 이들 고갯길 중 역사적으로 가장 먼저 개설되었던 길로 『삼국사기』의 신라의 제5대 왕 아달라(阿達羅)왕 5년조에 보면 이런 기사가 나오고 있다.

아달라왕 5년(158년) 3월.
죽령을 열었다.

『동국여지승람』의 기록에 의하면 이 죽령을 연 사람은 죽죽(竹竹). 죽죽은 이 길을 여는 데 지쳐 순사하고 고갯마루에는 그를 기리는 죽죽사(竹竹祠)란 사당이 있었다고 한다. 죽령이란 이름이 생긴 것은 죽령에 대나무가 많이 있어서가 아니라 고갯길을 개통한 죽죽의 이름을 따서 그렇게 붙인 때문이다.

원래는 신라의 땅이었으나 고구려가 죽령을 차지한 것은 장수왕 (470년경) 무렵. 그 40년 뒤인 영양왕 때는 고구려의 명장 온달장군이 왕께 자청하여 군사를 이끌고 나가면서 '죽령 이북에 잃은 땅을 회복하지 않으면 돌아오지 않겠습니다'고 선언하였다는 『삼국사기』의 기록을 보면 죽령이 역사적으로 군사상의 요충지였음을 드러내고 있는 것이다.

퇴계의 일행은 죽령 어귀에 위치한 용부원에서 가마를 내리고 가마꾼을 돌려보냈다. 용부원은 길손들이 높고 험준한 죽령을 넘기 전에 하룻밤을 쉬면서 짚신을 고쳐 신고 말에 물을 먹이던 마방이 있는 곳. 따라서 객고를 달래주던 주막거리도 번창하여 있었고, 역원도 있던 분기점이었다. 역원이란 여행을 하던 관원들이 묵어가는 역로에 있던 관사로 퇴계는 이곳에 이르자 짐을 메고 가는 종자 하나와 마부 한 사람만을 남기고 모두 돌려보낸다.

그리고 퇴계는 말 위에 올라 천천히 구름도 울고 넘는다는 죽령고개를 오르기 시작하였다. 퇴계는 꼬박 하룻길 죽령고개를 넘으면서 지금까지 살아온 오십 평생의 과거를 돌아보고 앞으로 나아가야 할 방향에 대해서 심사숙고하기 위해서 번거로운 일행들을 추려서 돌려보내고 단신이 되었던 것이다.

죽령고개.

특히 죽령은 퇴계와 깊은 인연이 있는 곳이었다. 퇴계가 이 고개를 처음으로 넘은 것은 중종 29년(1534년). 퇴계의 나이 34세 때의 일이었다. 젊어서부터 퇴계는 학문에만 정진하였을 뿐 벼슬에는 전혀 관심이 없었다.

벼슬길에 나서기를 싫어했던 퇴계의 마음은 아들 준에게 보낸 다음과 같은 편지의 내용을 보더라도 잘 알 수 있는 것이다.

"네가 미관말직으로 벼슬에 있어봐야 공사간에 이익 될 게 별로 없다. 혼자 돌아다니면서 고생만 할 것이다. 내가 매양 너를 벼슬살이를 하지 말라고 원하지 않았더냐."

퇴계가 가정 일을 잊어버리고 안심하며 조정에 머물러 있게 하기 위해서 이조판서가 아들 준을 취직시키려 하자 이때도 퇴계는 아들에게 벼슬을 말리며 다음과 같이 훈계했다.

"홍판서가 내가 안심하고 서울에 머물게 하느라고 급히 너에게 벼슬자리를 준 것뿐이다. 이제 너는 벼슬이 바뀌었고 나도 서울에 머물 생각이 없으니 너의 벼슬자리를 도모하는 일을 어찌 홍판서의 뜻에 맡기겠느냐."

이처럼 철저하게 아들의 벼슬을 말렸던 퇴계의 심정은 그 자신이 젊었을 때부터 벼슬에 무심하였던 데서 비롯된다. 퇴계 자신은 '어려서부터 성현의 학문을 기리는 모고지심이 있었을 뿐'이라고 고백하고 있다. 이러한 마음은 제자 기고봉(奇高峰)에 준 답기명언(答奇明彦)의 다음과 같은 편지를 보면 더 명확하게 알 수 있다.

"어려서부터 바로 산림 속에서 늙어 죽을 계획을 세워 조용한 곳에 띠집이나 얽어놓고 독서와 양지(養志)의 미진한 점을 더 구하여 나가는데, 삼십 수년의 공을 더하였더라면 병도 틀림없이 나았을 것이고, 학문도 틀림없이 성취되어 천하 만물을 내가 다 즐기는 바가 되었을 터인데, 어찌하다 이런 것을 깨닫지 못하고 과거나 보고 관직에나 눈을 팔고 육신만을 취하였는지……"

퇴계의 이러한 탄식은 자신이 과거를 보아 벼슬살이를 하였던 과거에 대한 후회에서 비롯된 것이었다.

퇴계가 죽령을 처음으로 넘은 것도 과거를 보기 위해 한양으로 갔기 때문이었다. 이때 퇴계의 나이는 34세. 과거를 보아 벼슬살이를 하기에는 늦은 나이였다.

이미 경상도에서 실시하는 향시에 응시하여 두 번이나 합격하였고, 진사시에도 합격하긴 하였지만 이는 어디까지나 성균관에 들어가 공부할 수 있는 자격이 주어지는 것일 뿐 관리가 될 수 있는 등용문은 아니었다.

탄탄대로의 관직이 보장되는 과거시험은 임금 앞에서 친히 보는 전시(殿試)에 급제되어야만 했던 것이다. 이미 복시(覆試)를 통과

한 퇴계는 전시를 볼 수 있는 충분한 자격이 있었으나 이처럼 학문에만 정진하고픈 학구열만 있었을 뿐 이를 차일피일 미루고 있었던 것이었다.

이미 퇴계는 청년시절 세 번이나 과거시험에 낙방한 경험이 있었다. 퇴계는 연달아 과거시험에 낙방하여도 태연할 만큼 학문에 대한 입지가 굳어 벼슬에 대한 관심이 없었다. 이러한 심정은 퇴계의 다음과 같은 말을 통해 짐작할 수 있음이다.

"내가 24세 때에 세 번이나 과거시험에 낙방하여 뜻을 펴지 못하였으나 실의하지는 않았다. 그런데 하루는 누가 찾아와 '이 서방' 하고 불렀다. 나를 부르는 것 같아 조용히 살펴보았더니 찾아온 사람은 늙은 하인이었다. 곧 나는 '이름을 얻지 못하였기 때문에 이러한 욕을 당하는 구나' 하고 탄식하였다."

향시에만 합격되어도 사람들은 '생원님' 혹은 '진사님' 이라고 불렀는데, 늙은 하인이 퇴계를 '이 서방' 이라고 부른 것은 퇴계가 세 번이나 과거에 낙방하여 달리 부를 마땅한 호칭이 없었기 때문이었다.

그러나 퇴계의 마음을 움직인 것은 늙은 어머니의 간곡한 권유 때문이었다.

퇴계 자신도 연보에서 자신이 학문을 버리고 벼슬길에 나선 것은 '집안의 궁핍과 늙은 어머니와 친구의 강권 때문이었다' 고 고백하고 있다.

특히 늙은 어머니의 권유는 퇴계의 마음을 움직였다.

이미 큰형 해(瀣)가 대과에 급제하여 벼슬길에 올랐음에도 불구하고 어째서 퇴계의 모친 박씨부인이 퇴계에까지 대과에 급제하기를 원하였던가는 이해가 되지 않는다. 박씨부인은 아들들이 벼슬길에 올랐어도 이를 기뻐하지 않고 오히려 세상의 시끄러움을 걱정하던 능간(能幹)한 여인이 아니었던가.

퇴계의 인격형성이나 그의 학구열에 큰 영향을 미쳤던 퇴계의 어머니 박씨부인. 퇴계는 「묘갈문(墓碣文)」에서 어머니에 대해서 기록하고 있다.

선군(퇴계의 아버지 식(埴))이 병으로 돌아가셨을 때 오직 백형(伯兄) 잠(潛)만이 겨우 결혼하였고, 그 나머지는 모두 어린것들로서 슬하에 가득 찼다. 부인께서는 아이들이 많은 데다가 일찍이 과부가 된 것을 뼈아프게 느끼시고, 장차 가문을 유지하지 못할 것 같아서 여러 아들들을 성혼시켜 주는 일 때문에 몹시 걱정하셨다. 선군의 삼년상을 필한 뒤에 제사 받드는 일은 맏아들에게 맡기고, 부인은 그 곁에 집을 따로 짓고 살면서 농사짓기, 누에치기에 더욱 힘쓰셨다. 갑자년, 을축년 같은 해에는 나라에서 세금 징수가 몹시 혹독하고 다급하여 가계가 파산하고 가문이 영체해지는 사람이 많았는데도, 부인께서는 능히 먼 앞을 내다보면서 목전의 난관을 처리해나갔기 때문에 구업(舊業)을 잃지 않고 지켰으며, 여러 아들이 점점 자라남에 이르러서는 또 가난한 생활 속에서도 자금을 변통하여 먼 데나 혹은 가까운 데 가서 공부하도록 하였다. 매양 자식들을 훈계하시되, 문예에만 힘쓰지 말고 더욱 몸가짐과 행실을 삼갈 것을 중요하게 부탁하셨다. 당해오는 사물을 비유로 든다든가 어떤 일을 붙잡아서 교훈을 삼는다든가 하시는 일이 많았는데, 그럴 때마다 친절하고 절실하게 경각심을 높여 주지 않음이 없었다. 늘 말씀하시기를 '세상 사람들이 모두 과부의 자식은 교육이 없다고 조소하는데, 너희들이 글공부를 백 배로 힘쓰지 않으면 어떻게 이런 조소거리를 면할 수 있겠느냐'고 하셨다. 뒤에 두 아들 해(瀣)와 황(滉)이 대과급제하여 벼슬길에 오르게 되었어도 부인께서는 그 영진(榮進)으로써 기쁘다 아니하시고 항상 세상의 시끄러움을 걱정하셨다. 비록 문자는 익히지 않았어도 평소 선군의 정훈(庭訓)과 여러 아들들의 서로 강습하는 말들을 자주 들어 왕왕 깨닫는 바 있었으며, 그 의리에 들어맞고 사리에 통하는 식견과 사려는 사군자와 다를 바 없었다. 그러나 부인께서는 그것을 드러내지 않고 항상 마음속에 함축하여 두시면서 오직 조용히 겸양하는 태도를 지킬 뿐이었다.

퇴계로부터 사군자란 경칭을 받은 어머니 박씨.

그러한 어머니의 권유를 물리칠 수 없어 34세의 퇴계는 바로 이 죽령고개를 넘어 한양으로 알성시를 보기 위해서 떠났던 것이다.

필마 위에 몸을 싣고 마부가 이끄는 대로 흔들흔들 고개 길을 넘는 퇴계의 가슴으로 형형할 수 없는 감회가 물결치고 있었다. 과거를 보기 위해서 한양으로 길 떠나는 퇴계에게 어머니는 몇 번이고 다음과 같이 신신당부하지 않았던가.

"반드시 죽령고개를 통하여 한양에 이르도록 하여라."

그러한 어머니의 당부에는 깊은 뜻이 숨어 있음이었다.

그 당시 안동에서 한양으로 가기 위해서는 반드시 네 개의 고개를 넘어야 했다. 하나는 죽령이고 또 하나는 이화령(梨花嶺), 그리고 조령(鳥嶺)과 추풍령이었다.

그중에서 문경새재라 불리우던 조령은 특히 과거를 보러 한양길에 오르던 선비들만이 갈 수 있던 길이었다. 조선 초기에는 오직 관원들과 양반들만이 넘나들 수 있는 고급 길이었으므로 지체 낮은 서민들은 남의 눈을 피해 몰래 넘어보던 동경의 길이기도 하였다. 그러나 언제부터인가 조령을 통해 한양으로 가서 과거를 보면 합격되더라도 관운이 짧다는 소문이 있었고, 특히 추풍령은 이름 그대로 추풍낙엽처럼 과거에 떨어진다는 속설이 있어 과거를 보러 한양에 가던 선비들은 으레 이화령과 죽령을 통해 한양길에 오르곤 하였던 것이다.

그러므로 '반드시 죽령고개를 통하여 한양에 이르도록 하여라'고 당부하였던 어머니 박씨의 말에는 과거에 떨어지지 말고 반드시 합격하고 돌아오라는 간절한 염원이 깃들어 있음이었다.

34세의 늦은 나이로 인생에 있어 마지막일지도 모르는 대과를 보기 위해서 어머니가 당부하였던 대로 죽령의 고갯마루를 넘은 것이 15여 년 전.

기록에 의하면 어머니 박씨는 퇴계를 잉태하였을 때 꿈에 공자가 대문으로 찾아오는 태몽을 꾸었다고 한다.

퇴계는 1501년 11월 25일. 경상북도 안동시 도산면 온계리에서 진보(眞寶) 이씨 가문의 아버지 이식과 어머니 춘천 박씨 사이에서 태어났다. 일곱 남매의 막내인 퇴계에게는 형이 다섯, 누나가 하나 있었다. 위로 두 형과 누나는 전모(前母)인 의성 김씨에게서 태어났고 아래 네 형제는 박씨부인에게서 태어났다.

퇴계의 아버지는 진사로서 뒷날 퇴계를 비롯한 아들들의 영귀(榮貴)로 인해서 좌찬성을 증직받았는데, 처음에는 예조정랑 김한철(金漢哲)의 딸에게 장가를 들었으나 첫 번째 부인이 29세를 일기로 세상을 뜨자 다시 별시위 박치(朴緇)의 딸에게 장가를 들어 사형제를 낳았던 것이었다.

그렇게 보면 퇴계는 6남 1녀 중의 막내였다. 퇴계의 아버지 식은 퇴계가 출생한 지 7개월 만에 40세를 일기로 세상을 떠났다.

그는 죽기 전에 항상 다음과 같이 말하였다고 한다.

"내 아들 가운데 나의 업을 계승하는 자가 있다면 나는 죽어도 여한이 없겠다."

그렇다면 퇴계의 아버지 식이 유언처럼 남긴 '나의 업'이란 무엇을 말함인가. 이에 대해 퇴계는 「묘갈문」에서 아버지의 업(業)을 설명하고 있다.

공은 젊어서부터 아우 우(堣)와 함께 독지역학(篤志力學)하여 군서를 박람하고 문장은 하되 오로지 과거에는 힘쓰지 아니하였다. 여러 번 과거를 보았으나 늘 떨어지다가 경신년 향시에서 일등으로 뽑히고, 신유년에는 진사에 중시되셨다. 항상 분발하시고 격려하시기를 조금도 게을리 하지 아니하시며 탄식하여 말씀하시기를 '세상의 뜻을 얻지 못하면 학도들을 모아놓고 학문을 가르쳐주면 나의 뜻을 저버리게 되지는 않을 것이다' 라고 하셨다.

퇴계 자신이 쓴 「묘갈문」을 통해 아버지가 말한 '나의 업'이란 바로 '학도들을 모아놓고 학문을 가르쳐주는 학문의 길'을 가리키고 있음을 알 수 있는 것이다.

퇴계의 「묘갈문」에 의하면 아버지 식은 초야에 묻혀 사는 독지역학의 선비. 학문에는 관심이 있었을 뿐 과거에는 인연이 없어 계속 떨어지다가 간신히 진사시에 합격하였던 백면서생이었다. 그러나 퇴계의 아버지 식이 묘갈문의 내용처럼 '군서를 박람하고 학문에 흥미를 갖게 된 것'에는 그의 첫 번째 처가와 밀접한 관련이 있었다.

첫 번째 부인이었던 김씨의 부친은 예조정랑 겸 춘추관을 지낸 김한철로, 집에 모아둔 서적이 매우 많았다. 그가 죽은 후에 장모 남씨는 식이 선비라 하여서 그 많은 서적을 모두 사위에게 물려주었던 것이다.

"이로부터 선군의 학은 더욱 해박하게 되었다."

퇴계가 묘갈문에 쓴 내용처럼 아버지뿐 아니라 이 서적들은 퇴계에게도 자라날 때부터 자연스럽게 접하게 함으로써 학문의 길로 나갈 수 있도록 큰 영향을 주었던 것이다.

특히 아버지는 막내로 태어난 퇴계에게 깊은 관심을 갖고 있었다. 아내 박씨가 퇴계를 배었을 때 공자가 대문을 두드려 문을 열어주자 집 안으로 들어왔다는 말을 전해들은 순간 아버지는 이것이 단순한 꿈이 아니라 공자의 현몽임을 깨달았던 것이다.

박씨부인은 퇴계를 노송정(老松亭)의 본가에서 낳았다. 노송정은 퇴계의 할아버지 계양을 가리키는 것으로 퇴계의 아버지 식은 퇴계가 태어난 태실을 훗날 '성인이 찾아온 문', 즉 '성임문(聖臨門)'이라고 명명하였던 것이다.

이를 통해 알 수 있듯이 연산군의 포악한 정치에 관리가 되는 것을 일찌감치 포기하고 고려 말기부터 선조들이 살고 있던 온계리의 초야에 묻혀 학문에만 정진하던 가난한 선비 이식은 평소 자신의 소원대로 '학도들을 모아놓고 학문을 가르쳐주는 자신의 뜻'을 계승할 수 있는 아들을 얻게 된 것이었다.

퇴계는 아버지처럼 벼슬에는 관심조차 없었고 실제로 아버지처럼 번번이 낙방하였다. 그러나 퇴계에게 과거를 보아 입신출세하라고 강권한 사람은 어머니 박씨뿐 아니라 퇴계의 둘째 형인 대헌공(大憲公). 연보에 의하면 대헌공은 어머니 박씨를 부추겨 퇴계에게 과거를 보도록 압력을 가했던 것이다.

그러므로 34세의 늦은 나이로 신신당부하는 어머니의 말대로 죽령을 넘어 한양으로 가던 퇴계의 마음은 어떠하였을까.

이미 퇴계는 6년 전인 중종 23년(1528년) 4월.

한양에서 치르는 진사회시(進士會試)에서 2등으로 합격하지 않았던가. 이 회시는 지방의 향시에서 합격한 자들을 이듬해 봄에 한성에 모아서 예조에서 주관하던 과거시험.

그러나 퇴계는 시험을 본 후 결과를 기다리지 않고 곧바로 고향으로 향했다고 한다. 고향으로 가기 위해서 한강을 건너려고 하던 중에 합격소식을 들었다고 한다. 그러나 그대로 사공으로 하여금 노를 젓도록 하고 강을 건넜다고 한다.

훗날 사람들은 부귀영화와 출세가 보장된 합격소식, 그것도 2등으로 합격하였다는 소식을 듣고서도 학문의 진리에 몰두하기 위해서 빈 배를 타고 그대로 강을 건넌 퇴계의 모습을 장자풍(長者風)이라고 말하였다고 한다. 이는 '빈 배는 도인을 가리킨다. 즉 도인은 자기를 비워서 세상에 처한다'는 장자의 말을 연상시킬 만큼 속세에 초탈한 모습이었기 때문이었다.

이처럼 국왕친림 하에 시행하는 대과전시. 즉 알성시를 볼 수 있는 여러 조건들을 구비하고 있었음에도 퇴계는 차일피일 시간을 끌고 있었던 것이다.

그러는 사이 퇴계의 첫 번째 부인이었던 김해 허씨가 두 아들을 낳고 죽었으며, 이어서 안동 권씨와 재혼하였다. 전혀 수입도 없이 초야에 묻혀 학문에만 정진하던 이 무렵 퇴계의 생활은 실로 빈곤하고 처연하였다.

『퇴계언행록』에는 '선생은 21세 때에 부인 허씨를 맞이하여 공경하기를 손님처럼 하였다'고 기록하고 있고, 퇴계의 손자 이안도는 '허씨 부인의 집은 자못 넉넉하였다. 선생은 어머니를 봉양하는 여가를 타서 가끔 오가곤 했었는데, 항상 여윈 말을 타고 다녔다. 부인의 집에는 살찐 말이 있었지만 그 말을 타지 아니하였다'고 기록하고 있다. 이를 통해 알 수 있듯이 퇴계는 심지어 부유한 처갓집에 기대어 더부살이 하는 것도 꺼렸던 것 같다.

퇴계의 제자 김성일은 이러한 퇴계의 검약 정신을 다음과 같이 표현하고 있다.

"부인 허씨의 논밭은 영천군에 있어서 자못 넉넉하였는데, 선생의 집에는 오직 변변하지 못한 밭이랑이 있을 뿐이었으나 끝내 부인의 전장(田莊)에 가서 살지는 않았다."

심지어 『퇴계언행록』에는 이 무렵 퇴계의 궁핍한 생활을 엿보게 하는 내용이 하나 남아 전하고 있다.

"농사짓는 일에도 일찍이 때를 놓치는 일이 없으며, 수입에 따라 지출을 지켜 뜻밖의 일에 대비하였다. 그러나 집은 못내 가난해서 가끔 끼니를 잇지 못하고 온 집안은 쓸쓸하여 비바람을 가리지 못했으며 때문에 남들은 견디기 어려운 것이었으나 선생은 항상 넉넉한 듯이 여기셨다."

전처 허씨가 죽고 후처로 정신이 흐린 권씨를 맞이함으로써 제자 이평숙에게 준 편지처럼 '심신이 극히 번거롭고, 어지러워 견디지 못할 때'가 있었으며, 특히 세 어린 아들과 끼니를 거르는 빈한 생활을 하는 것은 견디기 어려운 고난이었을 것이다. 따라서 이를 보다 못한 어머니 박씨가 퇴계에게 과거볼 것을 권유하였던 것은 그것이 어쩔 수 없는 최선책이었기 때문이었을 것이다.

이에 대해 김성일은 다음과 같이 퇴계를 변호하고 있다.

"선생이 일찍이 아버지를 잃자 어머니는 궁하게 살았는데, 선생이 과거를 본 것도 사실은 그 어머니를 봉양하기 위함이었던 것이다. 그러다가 마침 장인의 죄로 말미암아 벼슬에 나갈 수가 없었는데, 얼마 안 있어 어머니가 세상을 떠나셨다. 그래서 선생은 육아와 풍수의 슬픔을 품고 있어서 제자들의 이야기가 부모를 섬기는 일에 미치면 반드시 슬퍼하면서 자기를 죄인이라고 일컬으셨다."

퇴계가 '풍수의 슬픔'을 지니고 있었다는 말은 공자의 말에서 비롯된 고사이다.

공자가 어느 날 길을 가다가 한 사람이 슬피 우는 것을 보고 그 이유를 묻자 그 사람은 다음과 같이 대답하였다.

"객지에서 돌아오니 부모가 이미 돌아가셨습니다. 나무가 가만히 있고자 하나 바람이 끊이지 않고 자식이 봉양하고자 하나 부모가 기다려주지 않습니다.(樹欲靜而風不止 子欲養而親不待)"

퇴계가 자신을 죄인이라고 부르고 '풍수의 슬픔'을 가지고 있었다고 말하였던 것은 이처럼 어머니에 대한 죄책감 때문이었을 것이다.

퇴계가 돌아가신 어머니를 생각할 때마다 '육아의 슬픔'을 품고 있었다는 것은 『시경』「소아(小雅)」에 나오는 '부모를 생각하여 지은 글', 즉 '육아'의 내용을 떠올렸기 때문이었다.

> 아버지는 나의 삶 나를 있게 하셨고
> 어머니는 고생하며 나를 키워 주셨지
> 쓰다듬어 주시고 여며 주시고
> 키우시고 감싸 주셨네
> 언제나 돌보시고 보살피셨지
> 들고나며 따뜻이 보살피셨지
> 크나큰 그 은덕 갚으려 해도
> 저 넓은 하늘 끝이 없구나.
> 父兮生我
> 母兮鞠我
> 置我畜我
> 長我育我
> 顧我復我

出入復我
欲報之德
昊天罔極

　이를 통해 알 수 있듯이 퇴계에 있어 학문의 스승은 공자와 주자를 비롯한 옛 성현들이었으나 인생의 참스승은 일찍 남편을 여의고 농사짓기와 누에치기로 아이들을 훌륭하게 키운 어머니였던 것이었다. 따라서 퇴계는 어머니의 기억을 떠올릴 때면 자신을 항상 죄인이라 일컬으며 슬퍼하였으며, 심지어는 생일날 아침상을 맞을 때마다 자제들이 술잔을 올리면 '나는 어머님이 살아계셨을 때에도 이렇게 하지 못했는데, 어찌 죄인 된 몸으로 차마 이것을 받겠느냐' 하면서 이를 물리치곤 하였던 것이다.

　어머니의 신신당부대로 죽령을 거쳐 한양으로 간 퇴계는『경국대전(經國大典)』과『가례(家禮)』를 암송함으로써 녹명(錄名)한다. 그리고 마침내 국왕이었던 중종의 친림하에 전시를 본후 33명의 최종 응시자 중 을과로 시험에 합격하였던 것이다.

　장원급제는 갑과에 해당하는 3명을 말하는 것으로 7명의 을과에 합격한 퇴계는 따라서 월등한 성적은 아니었던 것처럼 보인다. 그러나 퇴계는 대과에 급제함으로써 중종으로부터 홍패를 받는다. 홍패란 대과 시험에 합격한 것을 증명하는 증명서인데, 흔히 붉은 종이 위에 묵서하였기 때문에 이를 홍패라 불렀던 것이다. 과거시험의 급제자는 전정(殿庭)에서 방(榜)에 의해서 고시되며, 이때 합격자는 어전에서 숙배와 사은을 드린 후 국왕으로부터 직접 홍패와

모화를 하사받게 되었던 것이다.

모화란 어사화라 불리우는 꽃송이로 90센티미터쯤 되는 참대가지에 푸른 종이를 감고 비틀어 꼰 다음 다홍, 보라, 노랑의 3가지 빛깔의 무궁화 꽃송이를 끼워 만든 것이다. 이것을 모자 뒤에 꽂고 길이 10센티미터쯤 되는 붉은 명주실로 잡아맨 다음 다른 한끝을 머리 위로 넘기어 그 실을 입에 물게 되어 있었다.

급제자가 한양에 거주하고 있을 때에는 '유가(遊街)'라 하여 3일에서 5일 동안 시가를 행진하여 친지를 방문하는 축하행렬이 벌어진다. 퇴계처럼 지방 사람인 경우에는 도문(到門)이라 하여 고향으로 돌아가 그곳 관리와 백성들의 환영 속에 부모를 찾아뵙고 문묘에 절한 후 거리를 행진하게 되어 있었다.

이때는 60일의 휴가가 주어졌으며, 이를 신래(新來)라 하였다.

한양으로 떠날 때도 죽령을 넘었고, 대과에 급제하여 고향으로 돌아올 때에도 죽령고개를 넘어 돌아왔던 것이다. 동네사람들은 이 소식을 전해 듣고 모두 나와 길을 닦고 황토 흙을 뿌리며 동네 앞에 임시로 홍살문을 만들어 축하해주었는데, 이것이 퇴계가 어머니 박씨를 위해 행하였던 처음이자 마지막 효행이었던 것이다.

그러나 퇴계가 조상들의 위패를 모신 사당에 들러 아버지의 신위 앞에 홍패를 올리고 인사를 올린 다음 어머님 앞에서 큰절을 올리자 박씨부인은 이제 자신의 아들이 아니라 나라의 공복이니 받을 수 없다고 서로 맞절하여 예의를 갖춘 후 한 말을 『퇴계언행록』은 기록하고 있다.

"너의 벼슬은 주나 현과 같은 지방이 마땅하니 절대로 높은 벼슬에 나아가려 하지 마라. 세상이 너를 용납하지 않을까 두렵다."

일찌기 퇴계는 젊은 시절 성균관에 유학을 하였던 적이 있었다. 성균관은 태학이라 하여 그 무렵 최고의 교육기관이었다. 퇴계는 23세 때인 청년시절 성균관에 유학하였고 또다시 33세 때에도 잠깐 동안 성균관에서 주로 수행론에 관한 공부를 하고 있었다.

당시는 기묘사화가 일어난 지 얼마 안 된 극도의 혼란기였으므로 어지러운 정치의 영향으로 성균관에서까지도 도학을 기피하는 풍조가 생겨 『소학』과 같은 도덕적인 기초학문을 무시하고 사장(詞章)만 숭상하는 경박한 사습(士習)이 이루어지고 있었다. 사장이란 '시가와 문장'을 말하는 것으로 인간의 근본도리를 탐구하는 도학보다는 현란한 기교에 치우치는 일종의 수사학이었다. 성균관의 유생들은 옛 성현의 도학보다는 시를 짓고 문장을 놓는 풍류에만 더 깊은 관심을 보이고 있었던 것이다.

퇴계는 이러한 풍조에 물들지 않고 일상의 언어와 행동을 『소학』의 규범에 벗어남이 없게 하니 그 당시 동료학생들 가운데에는 퇴계를 비웃고 조롱하는 사람이 많았다. 다만 퇴계보다 9세나 연하인 김인후(金麟厚)만이 퇴계를 존경하고 상통하여 친하게 지낼 뿐이었다.

훗날 문과에 급제하여 뛰어난 문인이 되었던 김인후는 일찍이 퇴계의 사람됨을 꿰뚫어보며 퇴계를 부자(夫子)로까지 칭송하였다. 부패한 그 선비사회에서도 드물게 군자로서의 도리를 다하고 말과 행동이 일치되는 퇴계야말로 덕행이 높아 만인의 스승이 될 만한 부자라고 칭송하여 다음과 같은 시를 지었다.

선생은 영남에서 빼어난 분이시다
문장은 이백과 두보와 같으시며
글씨는 왕희지와 조맹보를 비긴다.

　김인후의 시처럼 퇴계는 마침내 등용문에 오름으로써 '영남에서 빼어난 사람(夫子嶺之秀)'이 될 수 있었던 것이다.
　그러나 이것은 모두 퇴계 자신이 고백하였던 '집안의 곤궁을 타파하는 유일한 생계책이었으며, 특히 늙은 어머니의 권유' 때문이었지 그 자신이 원하던 바는 아니었던 것이다. 우선 퇴계는 혼란한 정치와 부패한 관료들의 어지러운 정계에 대해 극도의 혐오감을 갖고 있었다.
　퇴계는 평소에 조광조를 마음속 깊이 존경하고 있었다. 조광조는 퇴계보다 19세 연상으로 퇴계가 19세 때 기묘사화로 억울하게 죽은 사림파의 거두였다.
　퇴계는 행동하는 정치가로서의 조광조와는 달리 현실의 부정과 부조리에 정면으로 도전, 대결하는 개혁가가 아닌 정치란 제왕의 수덕에 의한 위민정치여야 한다는 유가 본래의 덕치, 즉 국민을 중심으로 하는 왕도정치를 주장하면서 임금의 모범적인 정심수기(正心修己)를 강조하고 있는 소극적인 경세론을 펼치고 있었던 것이다. 이를 통해 알 수 있듯이 퇴계는 정치가가 아니었으며 어디까지나 학문의 진리를 탐구하는 선비의 표상이었다.
　퇴계의 이러한 태도는 집안의 가풍이었다. 퇴계의 아버지 이식도 퇴계가 쓴 「묘갈문」의 내용처럼 '세상의 뜻을 얻기보다 학도들을 모아놓고 학문을 가르쳐주는 뜻'을 가졌던 초야의 선비였다. 퇴계는 조광조처럼 과격한 정치가는 아니었지만 썩은 정치를 바로잡으려는 '사림파'의 정신은 높이 존중하고 있었다. 따라서 퇴계는 과감히 조광조의 행장을 지어 그의 공을 기렸으며, 뿐 아니라 시강(侍講)을 통하여 왕에게까지 조광조의 인품과 학행의 비범함을 알려주려 하였던 것이다. 그러나 퇴계가 처음으로 성균관에 유학하고 있을 무렵에는 기묘사화가 일어난 직후였으므로 유생들의 사기는 땅에 떨어져 있었다. 퇴계의 아버지 이식이 연산군의 폭정에 실망하여 과거에는 마음을 두지 않았던 것처럼 퇴계 역시 어지러운 정치에는 애초부터 마음에 없었던 것이다.

특히 퇴계는 4년 전인 45세 때 직접 사화에 연루되어 혹독한 체험까지 하게 된다.

을사사화는 명종 원년(1546년)에 일어난 권력쟁탈전으로 퇴계 역시 사림파로 몰려 주동인물인 이기(李芑) 등에 의해서 삭직되었다. 그러나 퇴계의 형 대헌공은 을사사화의 중핵에 말려들어 매를 맞고 갑산으로 귀양살이를 떠나다가 세상을 떠나는 참극을 맞게 되는 것이다. 비록 자신은 이기의 조카인 이원록(李元祿)의 역간(力諫)에 의해서 환직되었으나 형의 참혹한 죽음은 퇴계에게 깊은 상처를 주었으며, 퇴계로서는 그 참극의 현장에서 벗어나 어릴 때부터 꿈꾸어 왔던 대로 학문의 길을 정진하고 싶은 결심을 다지는 계기가 되었던 것이다.

퇴계가 형의 죽음을 얼마나 슬퍼하였던가는 『퇴계언행록』에 나오는 다음과 같은 장면을 보면 잘 알 수 있다. 이 글을 쓴 사람은 제자 우성전으로 그의 아버지는 우언겸(禹彦謙)이었다. 우언겸은 금부도사가 되어 퇴계의 형을 갑산까지 압송하도록 되어 있었다. 이때의 사정을 우성전은 기록하고 있다.

"선생의 넷째 형인 대헌공이 죄를 입음으로 갑산으로 귀양살이를 떠나게 되었다. 그런데 성을 나서자 곧 세상을 떠났다. 이때 아버지가 금오랑이 되어 대헌공을 호위하여 가게 되었다. 그런데 대헌공의 매 맞은 상처가 악화되어 중도에서 그치어 편히 쉬게 하고자 하였으나 아전들이 화가 미칠까 두려워 몇 번이나 간하였는데도 듣지 않아서 거의 간사한 무리들에게 해를 입을 뻔하였다. 훗날 이 이야기를 알고 있던 선생은 아버지에게 말하기를 '내 형 대헌공이 성주(城主, 성전의 아버지 우언겸이 안동판서로 있었기 때문에 그렇게 일컬었다)에게 본래부터 크게 은혜를 입은 일이 있었으나 차마 말을 할 수 없는 일이라 이때까지 입 밖에 내지 못하였다' 하고 곧 흐느껴 울면서 말을 하지 못하는 것이 마치 초상을 슬퍼하는 것 같았다."

이 구절을 통해 알 수 있듯이 퇴계는 억울하게 죽은 형의 죽음을 항상 처음인 것처럼 슬퍼하고 이를 생각할 때마다 통곡해 마지않았던 것이다.

2

그것이 불과 4년 전.

퇴계를 태운 말은 우쭐우쭐 죽령고개를 오르고 있었다. 고개를 오를수록 늦서리를 맞은 만추의 단풍이 꽃보다 더 붉어 피를 토하는 듯하였다.

순간 퇴계의 가슴으로 어머니와 억울하게 죽은 형에 대한 그리움이 밀려들어와 눈시울이 뜨거워졌다. 퇴계는 형제간에 우애가 깊었는데, 그중에서도 해는 퇴계와 더불어 어려서부터 글 읽기를 좋아하고, 항상 함께 다녀 금과 같은 형제이자 옥 같은 벗이었던 각별한 존재였다.

할반지통(割半之痛).

'몸의 절반을 베어내는 아픔'이란 뜻으로 형제자매가 죽었을 때의 슬픔을 이르는 말이다.

이미 퇴계는 8세 때 형이 칼에 손이 베어서 붉은 피를 흘리며 아파하는 것을 보자 형의 고통을 자신의 고통처럼 받아들여서 슬피 울던 우애 깊은 소년이었다.

연보에 의하면 퇴계는 6세 때 이미 학자의 법도를 갖추어 매일 아침 자기 혼자서 머리를 빗질하고 몸을 단정히 갖추곤 하였다고 한다. 손윗사람에게는 태도가 공손하였고, 누구에게든 늘 공경하는 태도로 대하였다. 한밤중에 곤히 잠을 자다가도 윗사람이 부르면 즉각 응대할 만큼 조심성이 몸에 깊이 배어 있었다.

특히 형 해는 퇴계와 더불어 집안을 빛낼 아이로 일찍부터 촉망받고 있었다.

퇴계와 해는 아버지의 동생이었던 송재공(松齋公)으로부터 어렸을 때부터 학문을 배웠다. 퇴계의 골상에 관해서는 이마가 넓어서 송재공은 퇴계를 '이마가 넓은 아이'라 하여 '광상(廣顙)'상이라 불렀는데, 성품이 엄격한 송재공은 어린 퇴계를 가리켜 '광상이야말로 반드시 우리 가문을 지키고 빛낼 아이이다'라는 기대감을 감추지 않았다. 또한 퇴계의 넷째 형이었던 해도 영민하고 똑똑한 것을 꿰뚫어보고는 항상 '형님께서는 일찍 돌아가셨지만 이 두 아들을 두셨으므로 결코 세상을 떠나신 것은 아니다'라고 칭찬을 아끼지 않았던 것이다.

이러한 사이였으니 두 사람은 금과 같은 형제이자 옥 같은 벗이었으며, 학문으로는 동문수학의 경쟁자이기도 했던 것이다.

옛말에 이르기를 남편이 죽었을 때는 하늘이 무너지는 슬픔이라 하여서 '천붕지통(天崩之痛)'이라 하였고, 아내가 죽었을 때는 '고분지통(鼓盆之痛)'이라 하였는데, 이는 아내가 죽었을 때 물동이를 두드리며 한탄하였던 『장자』의 고사에서 나온 용어였다. 또한 아들이 죽었을 때는 '상명지통(喪明之痛)', 형제가 사망하였을 때는 '할반지통(割半之痛)'이라 하였다. 바로 이렇게 각별한 관계였던 형 해가 억울하게 죽자 퇴계는 자신의 몸을 절반이나 베어내는 할반의 고통으로 받아들여 생각할 때마다 흐느껴 울며 통곡하였던 것이다.

퇴계가 진정한 스승이었던 송재공에게 글을 처음으로 배웠던 것은 12세. 그 전까지는 이웃서당에서 천자문을 배웠다고 연보는 기록하고 있다.

퇴계가 학문에 입문하였던 것은 6세 무렵. 그때는 송재공이 벼슬살이 중이었으므로 집안에서는 천자문을 가르쳐줄 사람이 없어 부득이 이웃서당에 글을 배우러 가지 않으면 안 되었던 것이다.

그 무렵 송재공은 진주목사로 있었는데, 셋째 형 의와 넷째 형 해는 각각 13세, 11세로 송재공을 따라 진주 월아산 청곡사에서 공부를 하고 있었다.

퇴계는 6세이었으므로 형들을 따라가지 못하였고 이웃 노인으로부터 글을 배웠다. 훈장은 어린 퇴계를 무척 신망하였다고 한다.

숙부 송재공 이우(李堣)는 안동부사, 강원감사, 승지 등을 지내고 병이 들어 마침내 벼슬을 사직하고 고향으로 내려와 몸을 조리하고 있었다. 이때 퇴계는 송재공의 아들인 사촌동생 수령(壽苓)과 해와 셋이서 처음으로『논어』를 배우게 된다.

이로써 퇴계는 학문의 지혜를 열어준 참스승을 맞이하게 된 것이었다.

송재공은 문의를 깨치게 한 참스승이었을 뿐 아니라 퇴계에게 가학을 이어 받게 함으로써 가문의 전통에 눈을 뜨게 해준 참어른이기도 하였다.

송재공에 대한 존경심은 퇴계가 직접 쓴「묘갈문」에 표현되고 있다.

"그는 신골(神骨)이 청수하고 운치가 고원하며, 기상이 화락하고 단아하며 효와 의에 돈독하였다. 대부인을 섬기되 승순(承順)과 이유(怡愉)를 다하여 즐겁게 하고 많은 고아된 어린 조카들을 자기 자식처럼 길러 가르쳤으며, 사물을 접함에 화로써 하여 비록 창졸지간이라도 언성을 높이거나 노한 기색을 나타내는 일이 없었다. 평소 거처하는 곳에는 좌우에 항상 도서 사적이 가득 차 있어 그것을 즐기기를 맛난 음식같이 하고, 비록 질병이 지리한 때라도 손에서 책을 놓는 일이 없었다. 그의 문장은 맑고 풍부하고 전아(典雅)하며 더욱 시에 능하여, 언제나 명승(名勝)을 만나면 반드시 술을 따르게 하고 시를 읊어서 유유히 자적하면서 형해(形骸)를 잊어버린다."

「묘갈문」의 내용을 보면 퇴계의 문학적 취미와 시적 소양은 아마도 송재공으로부터 크게 영향을 받은 것이 분명하다.

제자 이덕홍이 쓴 『퇴계언행록』에 의하면 퇴계는 항상 말하였다고 한다.

"나는 일찍이 12세 때에 숙부 송재 선생에게 『논어』를 배웠다. 선생은 과정을 엄격하게 세워서 조금도 어른어른하지 못하게 하셨다. 나는 그 가르침을 받아서 깨우치고 가다듬어 조금도 게을리 하지 못하였다. 새로 배운 것이 있으면 반드시 전에 읽은 것을 되풀이하여 한 권을 마치면 한 권을 내리외우고, 두 권을 마치면 두 권을 내리 외웠다. 이렇게 하기를 오래하매 점점 처음 배울 때와 달라져서 3, 4권을 읽게 될 때에는 저절로 알아지는 데가 있었다."

송재공의 가르침은 엄격하여 다른 『퇴계언행록』에는 다음과 같이 고백하고 있다.

"숙부 송재공은 나를 공부시키는 데 몹시 엄격하셔서 칭찬하는 말이나 기뻐하는 안색을 하지 않으셨다. 내가 『논어집주』까지 외워서 처음부터 끝까지 한 자도 틀림이 없었으나 역시 칭찬하는 말은 한마디도 없으셨다. 내가 학문에 게으르지 않은 것이 있다면 다 숙부께서 가르치고 독려하신 힘이다."

이를 통해 알 수 있듯이 송재공은 퇴계에게 『논어』를 가르친 스승이 아니라 사람을 인도하는 스승이었으니 일찍이 사마광(司馬光)이 『자치통감(資治通鑑)』에서 '경서를 가르치는 스승은 만나기 쉽고,

사람을 인도하는 스승은 만나기 어렵다'는 말을 남겼듯 송재공은 퇴계를 사람의 길로 인도하였던 위대한 스승이었던 것이다.

『논어』의 구절 중 퇴계의 심혼을 처음으로 울린 말은 「학이편」에 나오는 문장이었다.

　공자께서 말씀하셨다.

　"젊은이들은 집에 들어오면 부모에게 효도하고, 밖에 나가서는 이웃어른들을 공경하여 행동을 삼가고 신의를 지키며 널리 여러 사람과 사귀되 어진 이와 가까이할 것이다. 이런 일들을 행하고 남은 힘이 있거든 비로소 글을 배운다."

이 문장을 읽은 후 퇴계의 마음은 홀연히 밝아지고 크게 깨달은 바가 있었다. 이때 퇴계는 자신의 무릎을 내리치고는 다음과 같이 탄식하였다고 한다.

"아아, 사람의 자식으로 반드시 해야 할 도리가 바로 여기에 있구나."

12세의 소년 퇴계는 이처럼 공자가 남긴 『논어』를 통해 마침내 '사람의 자식으로 마땅히 지켜야 할 도리'를 깨달은 것이었다. 그러나 그보다 더 큰 수확은 미래의 대사상가이자 대철학가로서의 씨앗을 바로 『논어』에서 발견했다는 점이었다.

뉴턴이 페스트의 만연으로 잠시 고향으로 돌아와 우연히 떨어지는 사과 한 알에서 '만유인력'을 발견하였던 것처럼 바로 이 무렵 12세의 소년 퇴계는 평생 지켜나가야 할 화두를 『논어』 속에서 발견하였던 것이다.

그렇다면 퇴계가 발견했던 사과 한 알, 즉 화두는 무엇이었을까.

그것은 뜻밖에도 '리(理)'란 한 글자였다. 사실 마땅히 사람으로서 지켜야할 도리를 가르친 공자의 말을 기록한 『논어』에 나오는 '리'란 단어는 한마디로 설명할 수 없는 복잡한 의미를 가진 글자이다. 퇴계는 우연히 눈에 띈 '리'의 한 글자에서 사물의 이치와 법칙을 추구하는 이학(理學)의 씨앗이 마음속에 파종되었음을 느꼈으며, 평생 동안 '리'의 씨앗을 가꾸고 '리'의 나무를 키우고, 마침내 '리'의 열매를 맺게 함으로써 유림의 완성자가 될 수 있었던 것이다. 그러는 의미에서 '리'란 글자는 퇴계의 눈을 뜨게 해준 공양미 삼백 석이자 심청이었다. 퇴계는 12세 때 이미 '리'와의 만남을 통해 깨달은 사람, 즉 선각자가 될 수 있었던 것이다.

퇴계가 '리'의 글자를 발견한 것은 『논어집주』에서였다.

퇴계가 고백하였던 것처럼 퇴계는 송재공이 시키는 대로 『논어집주』까지 '처음부터 끝까지 한자도 틀리지 않게 외우게 하였던 철두철미한 방법'에 의해서 공부를 했다.

『논어집주』는 주자(朱子, 1130~1200)가 여러 사람들의 해석을 모아서 주석한 것으로 일종의 해설문이라고 할 수 있다. 퇴계는 12세 때 『논어』를 통해 공자를 만날 수 있었을 뿐 아니라 주석을 집대성하여 집주한 주자까지 동시에 만날 수 있었던 것이다.

자장(子張)은 공자의 제자 중의 한 사람으로 일찍이 공자에게 어떤 사람이 '자장과 자하 중 누가 더 현명합니까' 하고 물었을 때 공자로부터 '자장은 지나치고 자하는 미치지 못하다'라는 평가를 들

238

었던 다소 성격이 급하고 의협심이 강한 사람이었다. 그는 평소에 공자의 가르침을 자기의 허리띠에 적어두고 이를 지켜나가던 사람이었다. 그런 자장이 어느 날 공자에게 인에 대해서 묻는다.

공자께서 말씀하셨다.
"천하에서 다섯 가지를 실천할 수 있으면 어질다고 할 수 있을 것이다."
"다섯 가지라니요."
그러자 공자가 대답하였다.
"공손과 관대, 신의와 민첩, 은혜이다. 공손하면 모욕을 당하지 않고, 관대하면 사람들의 마음을 얻고, 신의가 있으면 남들이 믿게 되고, 민첩하면 공로를 이루게 되고, 은혜로우면 남들을 부릴 수가 있게 된다."

이 구절을 주석하면서 주자는 다음과 같이 말하고 있었던 것이다.
"공자의 이 말은 인간이 본시부터 지니고 있는 본성, 즉 인, 의, 예, 지, 신의 오상(五常)에 충실하라는 뜻이다."
그리고 나서 주자는 다름 아닌 자기의 사상인 '성즉리(性卽理)'를 주장하였던 것이다.
바로 이 한 문장에서 12세의 소년 퇴계는 평생의 화두인 '리'를 발견한 것이다.
주자의 '성즉리'란 말은 퇴계의 뇌리에 비수처럼 내리꽂혔다.
직역하면 '본성이 곧 리'라는 말의 뜻은 12세의 퇴계에겐 난해한 사상이었다. 훗날 '성즉리'의 주자사상은 육구연(陸九淵, 1139~1192)에 의해서 '심즉리(心卽理)'로 바뀌게 됨으로써 '마음이 곧 리'라는 사상으로 변화하게 된다. 이는 진리의 탐구로부터 실천 원리의 발견에 이르기까지 모든 학문의 바탕을 자기 개인이 본심의 자각에 두었던 것이다. 그래서 이를 심학이라고 불렀는데, 이는 '심즉불(心卽佛)', 즉 '마음이 곧 부처'라는 불교의 선사상과 매우 흡사하였던 것이다.

유교가 이처럼 본심의 자각을 추구하는 심학으로 발전되었다면 불교는 마음의 본자리를 깨닫는 심법으로 발전되었던 것이다.

그러나 '인간의 본마음이 곧 리'란 주자의 말은 퇴계에게 벽력과 같은 충격이었다.

그렇다면 '리'란 무엇을 말함일까. 주자가 주장하였던 공자의 '인, 의, 예, 지, 신'의 오상을 뛰어넘는 '리'란 도대체 무엇을 가리키고 있음일 것인가.

'리'는 이성을 가리키며, 도리를 가리키며, 이치를 가리키며, 이학을 가리킨다. 심지어 유교는 주자에 이르러 주자학 또는 성리학으로까지 명칭이 바뀌지 아니하였던가. 이성이란 '사물을 조리 있게 생각하여 바르게 판단하는 능력'을 가리킨다. 그러므로 '리법(理法)'은 사물의 이치와 법칙을 가리키는 명칭인 것이다.

퇴계는 마침내 큰 의혹에 사로잡혀 송재공에게 다음과 같이 물었다고 한다.

"'리'자의 뜻이 도대체 무엇입니까."

그러나 송재공은 묵묵부답, 그 어떤 대답도 하지 않았다. 12세의 퇴계에게 설명하기 어려운 핵심적인 '리'의 개념을 몇 마디로 가르쳐줄 수도 없을 거니와 무엇이든 스스로 깨닫기를 원했던 송재공으로는 당연한 침묵이었다. 오랜 침묵 끝에 송재공은 다만 이렇게 대답하였다고 한다.

"조용히 생각해보라. 생각을 조용히 해보라."

이 말은 일찍이 공자가 진나라를 지날 무렵 아홉 구비나 구부러진 구멍이 있는 진귀한 구슬을 얻어 그 구멍에 실을 꿰려 했지만 실패하고 근처에서 뽕을 따고 있는 아낙네에게 그 비결을 물었을 때 아낙이 공자에게 해준 대답이었다.

송재공은 퇴계가 '리(理)자의 뜻이 무엇입니까' 하고 물었을 때 순간 어린 퇴계가 마침내 '아홉 개의 구멍이 있는 진귀한 구슬'을 갖게 되었음을 깨달았던 것이다. 그 '리'의 구멍에 실을 꿰는 것은 퇴계의 몫이지 송재공의 몫이 아니었던 것이다. 그 구멍에 '리'의 실을 꿰는 것은 퇴계의 평생과업이었던 것이다. 그래서 송재공은 뽕을 따던 아낙네의 말을 빌려 '조용히 생각하라, 생각을 조용히 하라.'라고만 대답하였던 것이다.

송재공의 말을 듣고 퇴계는 몇날 며칠을 '거경궁리(居敬窮理)' 하기 시작하였다.

'거경'이란 말은 송나라 초기 학자들이 매우 중요시하였던 학문의 태도로 언제나 올바른 길을 유지하기 위한 일종의 정신통일을 가리키는 것이었다. 즉 공경 속에서 삶을 산다'라는 뜻으로 도학자적인 몸가짐과 학문태도를 항상 지극정성으로 지켜야 한다는 교훈이었던 것이다.

또한 궁리란 말은 문자 그대로 '만물의 이치를 골똘히 연구한다'는 뜻으로 '모든 사물에 대해서 그 원리를 추구함으로써 완전한 지식, 또는 지혜를 이룬다는 의미'를 지니고 있는 주자의 '격물치지 (格物致知)' 사상과 일맥상통하는 것이다.

퇴계는 이처럼 몇날 며칠을 '거경' 속에 있으면서 '골똘히 리를 연구' 하였던 것이다.

12세의 퇴계는 확실한 것은 아니지만 문득 한 소식을 얻는다. 불교에서 말하는 일종의 초견성(初見性)을 한 것이었다. 공자가 평생을 두고 말하였던 사람이 사람답게 살기 위해서 지켜야 할 다섯 가지 도리, 즉 인, 의, 예, 지, 신의 도덕적 윤리보다도 인간에게는 본성으로 갖고 있는 그 무엇이 있음을 깨달았던 것이다. 그 본성은 인보다 우선하고 심지어 불의하고 무례한 사람의 마음에 존재하고 있으며, 무식하거나 믿음이 없는 인간의 마음속에서도 이미 존재하고 있는 것이다. 따라서 이 마음이 마부라면 인, 의, 예, 지, 신과 같은 오상은 말에 불과하며, 이 본성이 주인이라면 오상은 주인을 따라가는 종인 것이다. 이 마부와 주인이 바로 인간의 본성이며, 이것이 바로 '리' 인 것이다.

며칠 동안 '거경궁리' 하였던 퇴계는 다시 송재공을 찾아와 '리'에 대해서 말하였다.

"몇날 며칠을 리에 대해서 궁리하였습니다."

"그래 무엇을 좀 깨달았느냐."

"너무 어려워 아직 아무것도 깨닫지는 못하였습니다."

그러나 송재공은 퇴계의 밝은 얼굴에서 뭔가 느꼈음을 꿰뚫어보왔다. 그래서 다시 말하였다.

"그래도 뭔가 얻은 것이 있을 터인데."

그러자 퇴계는 대답하였다

"아직 정확히는 잘 모르겠사오만 모든 사물에서 마땅히 그래야할 시(是)를 리(理)라고 하는 것 같습니다."

퇴계의 이 대답에 평소에 조금도 칭찬하거나 기뻐하는 기색을 보이지 않았던 송재공도 크게 기뻐하면서 말하였다고 『퇴계언행록』은 기록하고 있다.

"……송재 선생은 크게 기뻐하면서 '너의 학문은 리로써 문리를 얻은 것'이라고 크게 평가하였다."

12세의 퇴계가 '리'를 '모든 사물이 마땅히 그래야할 시(是)로 본 것'은 이미 성리학의 대사상가와 대철학자로서의 기틀이 마련되었음을 나타내는 중요한 장면인 것이다.

공자가 인간에게 '어질어야 한다'는 가르침을 편 것은 강제조항의 윤리적인 것이 아니라 마땅히 그래야하는 인간의 본성에 의거한 자연스러운 행위인 것이다. 굳이 말하자면 인간에게는 태어날 때부터 '양심'이라고 불리우는 이성이 존재하고 있는 것이다.

그러므로 태어날 때부터 가진 인간의 본성이 마음의 본체라면 인, 의, 예, 지, 신의 오상은 마음의 그림자에 불과한 것이다.

12세 때 초견성했던 퇴계는 마침내 18세에 이르러 다시 크게 깨닫는다. 이른바 오도(悟道)하였던 것이다.

원래 '오도'란 불교의 진리를 뜻하는 말이지만 퇴계는 유교의 철학을 확철대오하였던 것이다. 이때 남긴 오도송(悟道頌)이 지금도 남아 전하고 있다.

『퇴계언행록』에는 18세의 퇴계가 야당(野塘)이란 오도송을 노래하게 된 배경에 대해서 기록하고 있다.

선생은 젊었을 때 우연히 연곡(燕谷)가에 가서 놀았다. 연곡에는 조그만 못이 있는데 물이 매우 맑았다. 선생은 시를 지으셨다.

고은 풀 이슬에 젖어 물가를 둘렀는데
고요한 못 맑디맑아 티끌도 없네
나는 구름 지나가는 새는 원래 비추는 것이지만
나는 저 제비 물결 찰까 두렵기 하네.
露草夭夭繞水涯
小塘淸活淨無沙
雲飛鳥過元相管
只怕時時燕蹴波

퇴계가 고향에서 가까운 연곡으로 놀러가 즉흥적으로 읊은 이 시는 퇴계의 시 중에서 공식적으로 처녀작이라고 말할 수 있다. 훗날 퇴계는 이 시를 스스로 가소로운 것이라고 평가하였지만 그러나 이 시 속에는 12세 때 초견성한 '리' 의 사상이 진일보하여 마침내 천리를 깨달았음을 엿보게 하는 것이다.

즉 우리의 본성은 원래 '모래 같은 티끌이 한 점도 없는 맑은 못처럼 맑고 깨끗한 것이다. 물론 쉴새없이 일어나는 구름과 나는 새와 같은 희로애락의 감정들은 못에 비추는 그림자에 불과한 것이지만 다만 두려운 것은 그러한 새들이 못을 차고 지나감으로써 감정의 동요가 물결칠 것을 두려워한다'라는 뜻의 오도송이었던 것이다.

스승의 시에 대해서 제자 이덕홍은 중요한 평가를 내리고 있다.

"이것은 선생이 천리가 유행하는데 혹시 인욕(人欲)이 낄 것을 두려워 하셨던 것이다."

그러나 퇴계의 이 시는 솔직히 말해서 주자의 시「관서유감(觀書有感)」에서 크게 영향을 받은 것이었다.

제자 김부윤(金富倫)과 김성일도 이 시를 '주자의 관서유감이란 시와 그 뜻이 같다'는 평가를 내리고 있는 것을 보면 어쩌면 퇴계가 이 시를 가소롭다고 일축하였던 것은 누가 보아도 이 시가 주자의 영향이 너무 짙게 드러나는 일종의 모작시라는 약점 때문이었을지도 모른다.

그러나 이 시는 어쨌든 '리'의 화두를 타파한 퇴계의 오도송이며, 훗날 퇴계가 '옛날이나 지금이나 많은 사람들이 이 학문을 닦는다고는 하지만 그들의 공부에 모두 차이가 나는 까닭은 오직 리를 제대로 깨닫지 못하기 때문이다'라고 말하였던 것은 퇴계의 학문이 시종일관 '리'를 추구하는 데 있다는 사실을 극명하게 보여주는 산 증거인 것이다.

이를 통해 알 수 있듯이 퇴계는 위대한 옛 성현이었던 공자의『논어』에서부터 학문을 시작하였지만 실질적으로 퇴계에게 문리를 가르쳐준 직계 스승은 주자였다.

퇴계는 평생토록 주자를 자신의 사표로 삼았다. 이는 퇴계가 일찍이 서울에서 『주자전서(朱子全書)』를 구하여 문을 닫고 고요히 보아 한여름에도 그치지 않았다는 『퇴계언행록』의 내용을 보면 잘 알 수 있다. 사람들이 더위로 몸을 상할 것을 경계하면 선생은 이렇게 말하였다고 한다.

"이 글을 읽으면 가슴속에 문득 시원한 기분이 생기는 것을 깨닫게 되어 저절로 더위를 잊게 되는데 무슨 병이 생길 수 있겠는가."

뿐 아니라 퇴계는 이렇게까지 말한다.

"능히 이 책(주자서)을 읽으면 학문하는 방법을 알 수 있을 것이요, 이미 그 방법을 알게 되면 반드시 느끼게 되어 흥이 날 것이다. 여기서 공부를 시작하여 오랫동안 익숙한 뒤에 사서(四書)를 다시 보면 성현의 말씀이 마디마디 맛이 있어 비로소 자기 몸에 수용하는 바가 있을 것이다."

14세가 되자 퇴계는 호학지인(好學之人)으로 성장하였으며, 그 무렵 도연명(陶淵明)의 시에 심취하였다고 한다. 그의 인격을 흠모하여 도시(陶詩)를 모작하여 지어보기도 하였으며, 15세 봄에는 송재공을 따라 형과 함께 청량산에 가서 독서를 하였고, 6월에 송재공이 안동부사로 부임하자 겨울에 안동으로 가서 친구들과 함께 수렵에 참가하기도 하였다.

이 수렵에서 퇴계는 뼈아픈 교훈을 얻는다. 『퇴계언행록』에는 퇴계가 스스로 고백한 실수담이 기록되어 있다.

"내가 젊었을 때에 숙부 송재공을 따라 안동에 가 있었다. 하루는 여러 사람들과 들에 사냥을 하러 나갔다가 술에 취하여 말에서 굴러 떨어졌다. 술이 깨자 어찌나 마음이 아픈지 견딜 수가 없었고, 그 후부터 스스로 술을 경계하는 생각을 잠시도 잊지 않았다. 지금 와서 생각하여도 두려운 마음이 마치 어제 일과 같다."

16세 때에는 봄에 사촌동생과 함께 안동의 천등산에 있는 고찰 봉정사에 들어가서 수학하였다. 이 해에 송재공은 집안 젊은이들의 공부장소로서 안동의 자성(子城) 서북쪽에 애연정(愛蓮亭)을 세워 그곳에서 공부하였다.

17세 되던 8월에는 순찰하러 온 경상감사 김안국(金安國)의 강연을 형과 함께 가서 경청하였다.

향교의 학생 모두가 참가한 일종의 '시국강연회'였는데, 퇴계는 김안국의 강연을 통해 견문을 넓힐 수가 있었다.

김안국은 조광조와 함께 지치주의를 주장하였던 진보적인 문신이었으나 조광조와는 달리 급진적인 개혁은 반대하였던 온건한 성리학자였다. 성리학적 이념을 바탕으로 한 통치강화에 힘쓰는 김안국의 강연은 퇴계에게 깊은 영감을 주었다. 김안국은 『소학』을 관내 향교에 권함으로써 자라나는 유생들에게 생활 속에서 유교의 실천을 널리 권장하였는데, 퇴계가 평생 동안 『소학』의 내용과 일치한 행실로써 살았던 것은 이때의 깊은 영향 때문이었을 것이다.

그 무렵 정신적 스승이었던 숙부 송재공은 별세하였고, 퇴계는 마침내 독자적으로 연곡에서 오도송을 읊음으로써 12세 되던 해 '리'를 통해 문리를 얻은 후 6년 동안 줄곧 머릿속으로는 주자의 사상에 천착하고 있음을 드러내 보였던 것이다.

퇴계의 오도송은 제자들의 평가대로 주자가 쓴 「관서유감(觀書有

感)」, 즉 '책을 읽으며'란 시에서 깊은 영향을 받았던 것임에 틀림이 없다.

　　주자는 두 개의 연작시를 지었다.

　　　　조그만 네모 연못이 거울처럼 열리니
　　　　하늘 빛과 구름 그림자가 그 안에 떠 있네
　　　　무엇일까 이 연못이 이리 맑은 까닭은
　　　　샘이 있어 맑은 물이 흘러오기 때문이지.
　　　　　半畝方塘一鑑開
　　　　　天光雲影共徘徊
　　　　　問渠那得淸如許
　　　　　爲有源頭活水來

　　　　지난 밤 강가에 봄물이 불어나니
　　　　거대한 전함이 터럭처럼 떠올랐네
　　　　이전엔 힘을 들여 옮기려고 애썼는데
　　　　오늘은 강 가운데 저절로 떠다니네.
　　　　　昨夜江邊春水生
　　　　　蒙衝巨艦一毛輕
　　　　　向來枉費推移力
　　　　　此日中流自在行

　　주자의 「관서유감」과 퇴계의 「야당」 시의 차이점은 주자는 연못이 저리도 맑은 것은 그 속 어디엔가 맑은 샘이 있어 계속 흘러나오기 때문이니, 그것은 우리의 마음 어디엔가 리가 있기 때문이라는 성즉리의 사상을 노래한 것이었다. 주자는 책을 연못에 비유하였으며, 책 속에는 인간의 기(氣)와 감정을 초월하는 리(理)의 진리가 숨어있음을 노래한 것이었다.

두 번째 시도 마찬가지였다. 연못 속에 들어 있는 거대한 전함도 아무리 힘으로 들어올리려 애를 써도 안 되지만 물이 불어나면 터럭처럼 떠올라 강 가운데 저절로 떠다닌다는 표현은 인간만사는 자신의 의지에 의해서 좌우되는 것이 아니라 오직 순리에 의해서만 생성되는 것이며, 이 또한 자연스러운 이성에 의해서만 가볍게 다뤄질 수 있음을 노래하였던 것이다.

주자는 맑디맑은 못의 깨끗함을 마음 내부 속에 있는 「심연속의 리」로 보고 있었고, 퇴계는 맑디맑은 못의 깨끗함은 원래 그대로인데, 다만 그림자에 불과한 나는 제비가 물결을 참으로써 파문이 일어나고 마음의 동요가 일어나는 것이라는 「마음 바깥의 리」로 본 것이었다.

따라서 훗날 퇴계가 이 처녀시를 가소롭다고 평가하였던 것은 주자의 「관서유감」이라는 시에서 영향을 받아 모작시를 썼기 때문보다는 사물의 현상을 성(性) 바깥에서 찾으려 했던 자신의 미숙함이 유치하게 느껴졌기 때문이었을 것이다.

어쨌든 18세 때 읊은 퇴계의 처녀시는 제자들의 평가대로 주자의 천리시(天理詩)를 방불케 한 것이었다.

퇴계는 송재공이 죽은 후부터 유아독존 시대로 넘어간다. 홀로 공부하고, 홀로 깊은 사색에 잠길 수밖에 없었던 것이다.

선불교에서는 깨달음보다는 깨달은 후인 보임(保任)을 더욱 중요시하고 있다. 보임은 '보호임지(保護任持)'의 준말로, 견성하여 참된 자아를 발견한 뒤에는 참된 자기를 보호하고 지켜나가는 생활을 가리키는 불교용어인 것이다. 즉 도를 이뤄 깨달음을 이뤘다 해도 그것을 지키기는 참으로 어려워서 '얻기는 쉬워도 지키기는 어렵다.(得易守難)'란 말이 생겨난 것이었다.

선불교의 중시조라 할 수 있는 육조혜능도 깨달음을 얻어 확철대오하였으나 전국을 15년 동안이나 돌아다니면서 보임 생활을 하였고, 대매(大梅)선사도 깨달음을 얻은 후 40년 동안이나 산속에서 내려오지 않았으며, 위산(潙山)은 산으로 들어가 6년 동안이나 도토리와 밤을 주워 먹으면서 보임 생활을 하였던 것이다.

특히 자신의 깨달음을 인정해줄 스승도, 선지식도 없는 퇴계로서는 얼마나 고통스러운 보임 생활에 침잠하였을 것인가.

19세 되던 해 퇴계가 읊은 두 번째 시를 보면 바로 그러한 퇴계의 고통을 엿볼 수가 있다.

> 산림 속 초당에서 만권서 홀로 즐기며
> 다름없는 한 생각에 십년이 넘었도다
> 요새 와서야 근원과 마주친 듯
> 도 틀어 내 마음 휘어잡아 태허를 알아본다.
> 獨愛林廬萬卷書
> 一般心事十年餘

邇來似與源頭會

都把吾心看太虛

퇴계의 이 시는 일종의 선시이다.

퇴계가 노래한 대로 '다름없는 한 생각' 이란 12세 때 발견한 '리' 의 화두임을 알 수 있으며, '리를 깨달아야만 마침내 성리학의 공부를 이룰 수 있다' 는 퇴계의 가르침과 일치하는 것이었다.

10년 동안 퇴계는 한결같이 '리' 의 한 생각에 전념하며 비로소 근원과 마주쳤음을 노래하였는데, 노래 중에 나오는 태허(太虛)란 용어는 북송의 학자였던 장횡거(張橫渠, 1020~1077)가 주장하였던 '기일원(氣一元)' 사상에서 나온 말이었다. 사상적으로는 불교를 배척하였으며, 우주의 만유(萬有)는 기(氣)의 집산에 따라 생멸, 변화하는 것이며, 기의 본체는 태허로서 태허가 곧 '기' 라고 설법하였던 송나라 유학의 기초를 세운 사상가였다.

장횡거의 '태허는 곧 기' 라는 사상은 소강절(邵康節, 1011~1077)의 태극사상에서 영향을 받은 것으로, 유교의 역철학을 발전시켜 역(易)은 음과 양의 이원으로써 우주의 모든 현상을 음과 양의 태극으로 주장하였던 수리철학(數理哲學)의 대가였던 것이다.

퇴계가 유교의 도를 깨달아 태허를 알아보았다고 노래한 것은 이미 19세 때 이들의 철학에 깊이 빠져 음과 양, 그리고 강(剛)과 유(柔)의 사원(四元)을 깨달았을 뿐 아니라 리에서 파생되는 기에도 깊은 관심을 갖게 되었음을 암시하는 것이다.

퇴계는 『성리대전(性理大全)』을 통해 이들을 만날 수가 있었다.

이때 심경을 퇴계는 『퇴계언행록』에서 다음과 같이 고백하고 있다.

"내가 19세 때 처음으로 『성리대전』의 첫 권과 끝 권 두 권을 얻어 시험 삼아 읽어 보았더니 나도 모르게 마음이 기쁘고 눈이 열리는 듯하여 숙독하기를 오래하여 점점 그 의미를 알게 되었다. 비로소 학문의 길로 들어가는 것을 느끼게 되었다."

학문의 길.

퇴계는 비로소 학문의 길에 들어설 수 있게 되었던 것이다.

이는 일찍이 공자가 『논어』에서 '아침에 도에 대해서 들어 알게 되면 저녁에 죽어도 좋다.(朝聞道夕死可矣)'라고 말하였던 것처럼 자신이 득도하였음을 드러낸 말이었다.

『성리대전』은 명나라의 '영락제(永樂帝)'의 명을 받아 호광(胡廣) 등 42명의 학자가 편찬한 책으로 송나라와 원나라의 성리학자 120여 명의 학설을 집대성해 놓은 것이었다.

퇴계는 장횡거와 소강절과 같은 성리학자들을 바로 이 책을 통해 만날 수 있었다. 이 책은 일종의 성리학 대백과사전이었는데, 퇴계는 이 책을 통해 마음이 기쁘고, 눈이 열리는 '심안'을 얻을 수 있었던 것이다.

퇴계가 얼마만큼 공부에 열심이었던가는 이 무렵의 고백을 통해 상세히 알 수 있다.

"내가 젊었을 때 이 학문에 뜻을 두고 낮에는 쉬지 않고 밤에는 자지도 않고 공부를 하다가 드디어 고질을 얻어 지금까지 병폐한 사람이 됨을 면치 못하였다. 학자들은 나를 따라올 것이 아니라 반드시 자기의 기력을 헤아려서 잘 때는 자고 일어날 때는 일어나며,

때와 곳을 따라 자기 마음을 살피고 헤아리며, 이 마음으로 하여금 방일(放逸)하지 않도록 힘써야 할 것이다. 나처럼 병이 나서는 무엇을 어떻게 하겠는가."

그러나 퇴계에 있어 가장 큰 고통은 자신을 깨우쳐줄 스승도 벗도 없다는 사실이었다. 이에 대해 퇴계는 『퇴계언행록』에서 탄식하고 있다.

"……나는 젊어서부터 학문에 뜻을 두었으나 뜻을 깨우쳐줄 스승과 벗이 없어 헤매기를 수십 년이나 하였다. 어디서부터 착수할 줄을 몰라 헛되이 마음만 허비하여 사색하기를 마다 하지 않아 때로는 눕지도 않고 고요히 앉아서 밤을 새우기도 하여 이 때문에 심병을 크게 얻게 되어 여러 해 동안 학문을 중지하였다. 만약 스승과 벗을 일찍 만나 이러한 길을 지시해주었더라면 어찌 심력을 헛되이 써서 늙도록 얻은 바가 없기에 이르렀겠는가."

스승의 이러한 말에 제자 김성일은 '이것은 겸손한 말이지만 스승의 학문은 스승과 벗의 힘을 입지 않고, 초연히 독학으로 얻은 것임을 드러내고 있다'라고 촌평을 내리고 있다. 특히 퇴계가 항상 몸이 마르고 쇠약해지는 평생의 지병을 얻은 것은 20세 때 이르러 『주역』을 읽고 그 뜻을 강구하기에 거의 침식을 잊을 정도로 몰두하였던 데서 비롯된다.

연보에 의하면 퇴계는 용두산 용수사에서 역학 공부에 몰두하였다고 한다. 퇴계가 침식을 잊을 정도로 몰두하였던 것은 마치 공자가 말년에 역(易)을 좋아하여 스스로 『역경』을 편찬했던 사실을 연상시킨다.

역에 심취한 공자를 『사기』는 이렇게 기록하고 있을 정도였다.

"공자는 말년에 역을 좋아하여 역을 읽는 사이 책을 엮은 가죽 끈이 세 번이나 끊어졌었다. 그리고 말하기를 '내게 몇 년의 여유만 더 주어져 이렇게 공부를 해나가면 큰 허물이 없을 것이다'라고 말하였다."

옛날 중국에서는 종이가 나오기 전에는 주로 대나무에 글을 써서 그것을 끈으로 묶어 책을 만들었다. 이것을 죽간이라 하였다. 공자는 그 엮은 가죽끈이 세 번이나 끊어질 정도로 『주역』을 탐독하였던 것이다.

위편삼절(韋編三絕).

'책을 엮은 죽간의 끈이 세 번이나 끊어진다'는 말은 『사기』의 「공자세가」에 나오는 고사를 성어로 만든 용어. 이는 곧 책이 닳도록 정독하였음을 뜻하는 말인 것이다.

공자가 책을 엮은 죽간의 끈이 세 번이나 끊어질 정도로 『주역』에 열중하였다면 퇴계도 평생의 지병을 얻을 정도로 『주역』을 탐독하였던 것이다.

원래 『역경』은 팔괘(八卦)가 변화하여 이뤄지는 64괘의 변화를 따라 길흉을 점치는 점술책이었다.

역점은 본시 시초(蓍草)라 불리우는 풀대공으로 만든 50개의 점가치인 서(筮)로 그때그때 괘를 이루어 역경에 있는 그 괘의 성격에 따라 길흉을 점치는 것이었다. 이것과 함께 말린 거북껍질을 불로 지지어 생기는 균열의 모습을 보고 길흉을 점치는 것을 복(卜)이라 하여, 이 거북점은 복서(卜筮)라고 불리운다. 나라의 중요한 일은

물론 개인에 관한 중요한 일까지도 모두 이 복서를 통하여 진행여
부를 결정하는 것이 옛 중국 사람들의 습관이었다.

말년에 공자는 『역경』에 심취하였다. 『논어』의 「술이(述而)편」에
도 다음과 같은 공자의 말이 나오고 있을 정도이다.

나에게 몇 년을 보태주어 50세에 이를 때까지 역을 공부할 수
있으면 큰 과오가 없게 될 것이다.(加我數年 五十以學易 可以無
大過矣)

『역경』의 원작자에 대해서는 설이 분분하다.

팔괘는 옛날에 복희씨(伏羲氏)가 만들었다고 전해오며, 이를 64
괘로 중괘한 사람은 주나라의 문왕이라는 설이 유력하다. 64괘의
각 효(爻), 즉 384효에 이르는 효사(爻辭)는 주공(周公)이 지었다는
설도 유력하다.

어쨌든 『역경』은 점책으로 주나라 초기에 완성되었으므로 흔히
'주역' 이라고 불리우고 있었던 것이다.

그렇다면 어찌하여 성인 공자가 한갓 점술책인 『주역』에 그토록
심취하여 책을 엮은 가죽 끈이 세 번이나 끊어질 정도로 정독하였
을까. 그것은 『주역』이 한갓 점책이긴 해도 공자가 이상적인 인물로
사숙하고 있었던 주공이 효사를 지었기 때문이었을 것이다.

주공은 주나라 건국의 공신이며, 문물제도의 창제자였다. 공자는
언제나 이 주공을 꿈꾸며 주공이 제정한 문물제도를 자신의 시대에
새로이 살려내려 했던 것이다. 이처럼 공자는 자신의 이상을 주공

에게 걸고 있었던 것이다.

따라서 주역은 점책이었다고 하더라도 그 원리를 논하자면 자연히 우주론에서 시작하여 자연의 섭리, 만물의 기원, 인생론, 음양론 같은 문제를 다루고 있었다. 그 때문에 송대에 이르러 만물의 근원이나 자연의 원리로 공자의 학문을 연구하는 성리학이 발전하고부터는 『역경』은 자연 유가의 철학을 논하는 중요한 경전으로 크게 각광을 받게 된 것이다.

퇴계는 그야말로 침식을 잊고 고찰에 틀어박혀 『주역』을 읽고 또 읽었다. 퇴계 역시 점을 치는 복신이나 미신에 관심이 있어 『주역』을 공부했던 것이 아니었다.

퇴계는 평소에 무당을 불러 굿을 하는 미신행위에 대해서 단호할 정도로 거부감을 갖고 있었다.

『퇴계언행록』「가훈(家訓)편」에는 퇴계가 아들 준에게 보낸 편지가 실려 있다.

"……또 들으니 무당들이 자주 집을 드나든다는데 이것은 우리 집의 가법을 매우 해치는 것이다. 나의 어머니 대부터 전혀 미신을 숭상하지 않았고, 또 나도 늘 그것을 금하여 그들이 드나드는 것을 허락하지 않았었는데, 이것은 다만 어른의 가르침을 따르고자 하는 것뿐이 아니라 감히 가법에 어긋나기 때문인 것이다. 그런데 네가 어찌 그 뜻을 모르고 가벼이 고쳐서야 될 일이겠느냐."

이처럼 미신을 혐오하였던 퇴계가 20세의 젊은 나이 때 산사에 들어가 지병을 얻을 정도로 주역에 몰두하였던 것은 이미 우주의 모든 현상을 음과 양의 태극으로 보는 소강절의 태극사상에 깊은 영향을 받아 자연적으로 우주론에서 시작하여 모든 자연의 섭리를 다루고 있는 『주역』에 깊은 관심을 보일 수밖에 없었기 때문이었다.

생전에 퇴계는 제자들과 더불어 이따금 『주역』을 통해 점을 치기도 했다고 한다.

실제로 퇴계가 종명하던 날 선조 3년(1570년) 12월 8일 아침.

퇴계의 제자들은 모여서 주역을 통해 스승의 운명을 점쳐보았다고 한다.

이때 나온 점사는 군자유종(君子有終).

이 점사야말로 퇴계의 인생행로와 그 후광을 잘 알아맞힌 기막힌 점괘라 할 수 있을 것이다.

제자들이 스승의 운명을 점쳐보았을 때 나온 겸괘는 '간하곤상(艮下坤上)'.

땅(坤) 밑에 산(艮)이 있는 괘상이었다. 땅 위에 산이 있는 것이 당연한 일인데, 땅 밑에 산이 있다니 도대체 무슨 뜻일 것인가.

이 괘상에 대해 『주역』은 기록하고 있다.

"겸(謙)은 형(亨)이니 군자유종이다."

이에 대해 주자는 다음과 같이 풀이하고 있다.

"겸이란 가지고 있으면서도 가진 체하지 않는다는 뜻이다. 안에 그치고 밖으로 순한 것이 겸의 뜻이다. 산은 지극히 높고 땅은 지극히 낮은 것인데, 이에 높은 것이 굴하여 낮은 아래에 그쳤으니 이는 겸의 상(象)이다. 점치는 자가 이러하면 형통하여 끝이 있으리라. 끝이 있다는 말은 굴하다 뒤에 펴진다는 뜻이다."

군자유종.

퇴계가 종명하던 날 아침, 제자들이『주역』을 통해 스승의 운명을 점쳐보았을 때 나온 점괘. 문자 그대로 '군자에게 끝이 있다' 라는 뜻은 퇴계가 수를 다해 죽는다는 점괘이지만 그 뜻을 풀이해보면 주자의 말처럼 지극히 높은 산이 지극히 낮은 땅 밑에 있으니 이는 '겸의 상' 인 것이다.

그 괘상을 풀이하자면 이 점괘는 오히려 유종(有終)함으로써 좋은 결과를 얻는다는 뜻인 것이다. 덕이 있으면서도 있는 체 아니하고 항상 겸손하고 퇴양(退讓)하니 그럴수록 사람들은 도리어 더 존경하고 덕은 더욱 빛나서 크게 형통하는 결과를 가져온다는 것이 이 겸괘의 괘상인 것이다.

이 점괘에 대한 정이천(程伊川, 1033~1107)의 풀이도 있다.

정이천은 북송 중기의 유학자로 정주학(程朱學)의 창시자이다. 그는 훗날 퇴계에게 깊은 영향을 주었는데 특히 정이천은『주역』에 관한 연구가 깊었고 '이기이원론(理氣二元論)' 의 철학을 수립하여 큰 업적을 남긴 거인이었다.

훗날 그의 철학은 주자에게 계승되어 집대성되었다. 그는 사람은 리(理) 그 자체이고, 본래 선하지만 기질의 성(性)은 실체를 구성하는 청탁에 의해서 선하고 악하게 나뉜다고 하였다.

그래서 학문과 수양이 필요하며 그 방법은 마음의 긴장상태를 정신통일의 경지로까지 유지하는 '거경(居敬)'과 사물의 '리(理)'를 밝히는 '궁리(窮理)' 라고 하였다. '거경궁리' 를 통하여 이른바 도학자적인 몸가짐과 학문태도를 확립한 정이천의 학설은 남송의 주희에게 계승되어 주자학으로 발전되었다. 주희가 수용한 것이 대부분

정이천의 학설이므로 주자학을 '정주학'이라고도 부르는 이유가 바로 여기에 있는 것이다.

정이천의 '군자유종'의 점괘에 대한 풀이는 이렇다.

겸은 형이 있는 도(道)이다. 덕이 있으면서도 있는 체 아니하니 겸이라 이르는 것이다. 사람이 겸손으로 자처하면 어디를 간들 형통하지 않겠는가. '군자는 유종하리라'는 말은 이런 뜻이다. 즉 군자는 겸손에 뜻을 두고 이치에 통달함으로 천을 즐기어 경쟁하지 아니하고 안으로 충실함으로 퇴양하여 자랑을 아니 하여 겸손함을 편하게 지키어 종신토록 변치 않는다. 그리하여 스스로 낮추면 남이 더 존경하고 스스로 감추면 덕은 더욱 빛나게 드러나니, 이것이 이른바 군자가 끝(終)을 가진다는 뜻인 것이다.

결론부터 말하면 퇴계가 종명하던 날 아침, 제자들이 스승의 운명을 점쳐보았을 때 나온 '군자유종'이란 점괘는 신통하게 들어맞는다.

바로 그날 밤 퇴계는 수를 다해 죽었지만 주자와 정이천의 풀이처럼 그 후광은 세월이 갈수록 찬연하게 빛나는 것이다.

우선 선조가 부음을 듣고 곧 대광보국(大匡輔國) 숭록대부(崇祿大夫) 의정부 영의정이라 작호를 내렸으며, 우승지를 보내어 치제(致祭)토록 하였다. 5년 후에는 도산서원을 세워 사액까지 하고, 시호를 문순(文純)이라 내렸으니, 이것만으로도 유종의 후광이라 할 수 있을 것이다. 그러나 그것보다 더 빛나는 것은 그의 제자와 문인들이 그 뒤 제제다사(濟濟多士)로 이어나와 그의 학통을 계승한 것과 퇴계가 심혈을 기울인 모든 저서들이 학술사상사에 한 획을 그었을 뿐 아니라 그 빛이 현해탄을 넘어 일본에까지 뻗치어 퇴계학파의 결실을 맺은 것. 그리고 사후 5백 년이 흘러도 빛바래지 않는 퇴계의 사상이 바로 군자 퇴계가 남긴 진정한 광배(光背)인 것이다.

이처럼 주역에 몰두한 퇴계는 21세 때 용수사에서 내려와 허씨 부인과 결혼하였으며, 24세 때 첫아들 준을 낳는다. 잠시 서울에 올라와 태학에 유학하였으나 도학을 기피하는 성균관의 경박한 풍조에 크게 실망한 후 두 달 만에 고향에 내려와 어머니를 모시고 살면서 더욱 학문에 정진하였다. 이때 퇴계는 자신의 생활을 「산거(山居)」라는 제목으로 짧은 시를 짓는다.

산중에 사는 사람이라고 아무 할 일 없다 말을 마오
내 평생하고 싶은 일 헤아리기 어려워라.
莫道山居無一事
平生志願更難量

26세 때 지은 이 짧은 시는 퇴계의 마음을 단적으로 드러내고 있다.

이때까지 퇴계는 벼슬에 관심 없이 오직 '헤아리기 어려운 평생 하고픈 일', 즉 이학(理學)에만 매어달리고 있었다. 퇴계가 어머니와 형의 권유로 지방에서 실시하는 진사시에 수석으로 합격한 것이 그 다음 해인 27세 때 일이었으니, 이 시를 지을 무렵에는 그야말로 초야에 묻혀 사는 산중거사(山中居士)였던 것이다.

12세 때 『논어』에 나오는 '리' 자의 화두를 얻음으로써 문리를 터득한 퇴계는 오직 14년 동안 스승이나 벗도 없이 혼자서 거경궁리하였던 것이다.

퇴계는 이를 지경(持敬)이라고도 표현하고 있는데, 이는 일종의 불교에서 말하는 선과 같은 것이었다.

즉 몸과 마음을 일심으로 몰두하여 밥을 먹을 때는 밥을 먹을 뿐이며, 잠을 잘 때는 오직 잠을 자는 일에만 열중하는 참선과 같은 것이었다. 그리하기 위해서는 마음을 분산시키고 정신을 산만하게 하는 잡다한 일에서 벗어나 마음을 단순화시키는 것이 무엇보다 중요한 방법이었다.

이에 대해 퇴계는 이렇게 말하고 있다.

"화려하고 시끄럽게 떠드는 일은 사람의 마음을 가장 쉽게 빠져들게 한다. 나는 일찍부터 여기에 힘을 써서 이러한 일에 거의 움직이지 않게 되었다."

이 말은 단순한 것 같지만 실은 의미심장하다.

퇴계는 '화려하고 시끄럽게 쾌락에 빠지는 것'과 '그것에 초연할 수 있는 평상심'을 '살고 죽는 생사의 갈림길(機則生死路頭也)'로 보고 있음인 것이다.

특히 퇴계는 술을 경계하고 있었다.

일찍이 15세 되던 해 송재공을 따라 안동에 갔을 때 술에 취해 말에서 떨어진 실수를 한 이래로 술에 대해 평생 근신하였다. 퇴계는 병약했으나 술은 즐기고 있었던 것처럼 보인다. 이는 퇴계가 만년에 도산서당에서 지은 시 중에 술에 관한 시가 서너 수 나오는 것을 보면 잘 알 수 있다.

퇴계는 직접 집 뒤의 산속에 술 빚는 창고를 두어 서당에 손님이 찾아오면 산봉우리로 불러 술을 마셨다고 한다. 「달밤에 이문량이 도산으로 찾아오다.(月夜大成來訪陶山)」란 시는 다음과 같은 내용으로 이루어져 있다.

> 좋은 밤 함께 즐겁네
> 좋은 손님들 찾아오니
> 산봉우리 넘어 불러
> 탁주잔 기울여 마시네
> 관란헌에 셋이서 솥발처럼 앉아
> 그윽한 마음 열고
> 다시 난초 배에 올라
> 달 놀이 하다 돌아왔네.
> 良夜同欣好客來
> 隔岑呼取濁醪盃
> 臨軒鼎坐開幽款
> 更上蘭舟弄月回

이처럼 술을 좋아하던 퇴계였으나 평생 술을 절제하여 취하지는 않았다. 술에 대한 경각심을 퇴계는 이렇게 고백하고 있다.

내가 처음 벼슬에 올라 서울에 있을 때에 늘 사람에 이끌려 날마다 술을 마시고 놀았다. 그러나 얼마 뒤 한가한 날에는 문득 심심한 마음이 들어서 돌이켜 생각해보고는 부끄러워 어찌할 줄 몰랐다.

또 내가 일찍이 금문원(琴聞遠, 제자)의 집에 놀러간 일이 있었는데, 산길이 몹시 험하였다. 갈 때는 말고삐를 잔뜩 잡고 조심스러워하는 마음을 놓지 않았는데, 돌아올 때는 술이 거나하게 취해서 길 험한 것을 아주 잊어버리고 마치 탄탄한 큰길을 걷듯 하였으니, 마음을 잡고 놓음이 이처럼 심히 두려운 것이다.

퇴계의 두 번째 고백 역시 학문의 길은 몹시 험한 산길을 가는 것과 같으니, 항상 말고삐를 잡고 마음을 놓지 않아야 하며, 마치 탄탄한 큰길처럼 함부로 했다가는 낭패를 본다는 내용으로 제자들에게 내리는 경책이다.

실제로 퇴계는 오로지 한마음으로 정신 통일하는 심법에 홀로 매어 달린다.

심지어 퇴계는 한 발자국 걸을 때마다 자신의 마음이 한걸음에 집중되는지 아닌지 혼자서 실험해보기도 하였다. 그러나 얼핏 보면 이 발걸음 하나도 지극히 어려운 것임을 퇴계는 깨닫는다.

발걸음 하나가 습관적이거나 일상적이 되지 아니하고 마치 천지가 움직이는 것 같은 무게를 지니기 위해서는 한걸음 동안에 온 마음이 그곳에 실려 있어야 하는데, 한걸음 동안에 이미 만감이 교차

하고, 나중에는 걷는다는 자의식이 생겨나 마음이 산란되고 분열됨을 느낄 수밖에 없었던 것이다. 나와 외계가 혼연일치되는 무심에 들어가는 것을 정진하듯 퇴계는 심법을 터득하기 위해서 이 독특한 걸음공부를 혼자서 연구하였던 것이다.

"마음을 온전히 지키는 것은 가장 어려운 일이다. 젊었을 때 나는 걸음을 걸으면서 마음을 실험해보았는데 한 걸음 동안에 마음이 오직 한걸음에 머물러 있기가 참으로 어려웠다."

먼 훗날 도산서당에서 제자 김성일이 퇴계에게 마음이 어지러운 까닭을 묻자 퇴계는 이렇게 대답했다.

"대개 사람은 '이'와 '기'가 합해서 '마음'이 되는 것이니, 이가 주인이 되어 기를 거느리면 마음이 고요하고 생각이 한결같아서 스스로 쓸데없는 생각이 없어지지만은 이가 주인이 되지 못하고 기가 이기게 되면 마음은 어지럽기 그지없어서 사특하고 망령된 생각이 뒤섞여 일어나 마치 물방울바퀴가 둘러 도는 것 같아 잠깐 동안의 고요함도 있을 수 없는 것이다. 또 사람은 생각이 없을 수 없는 것이다. 다만 실없는 생각을 버려야 하는 것이다. 그러기 위해서는 거경만한 것이 없으니, 경하면 마음이 한결같고, 마음이 한결같으면 생각은 스스로 고요해지는 것이다."

이 말을 들은 다른 제자 이덕홍이 '거경'이 무엇인가 하고 물었다. 이에 퇴계는 주자의 가르침을 빌어서 다음과 같이 대답한다.

"사람이 일을 하려면 반드시 뜻을 세움으로써 근본을 삼아야하는 것이다. 뜻을 삼지 않으면 일을 하지 못하는 것이며, 또 비록 뜻을 세웠다고 해도 진실로 거경하여 이 마음을 바로 지키지 않으면 또

한 범연히 주장이 없어져서 아무 하는 일 없이 나날을 보낼 것이니, 다만 실속 없는 말에 그치게 될 것이다. 뜻을 세우려면 모름지기 사물 밖으로 높이 뛰어 넘어서야 하고 거경하려면 항상 사물 가운데 있으면서 이 경과 사물로 하여금 어긋나지 않게 하여야 하는 것이다. 말할 때도 모름지기 경해야 할 것이고, 움직일 때도 모름지기 경해야 할 것이며, 앉아 있을 때도 모름지기 경해야 할 것이니, 잠깐이라도 이 경을 버릴 수 없는 것이다."

그리고 나서 퇴계는 자신을 쳐다보고 있는 제자들을 둘러보고 말을 이었다.

"이 말은 학자의 생활에 가장 절실한 것이니 반드시 깊이 체험하여 실행해야 할 것이다."

거경궁리.

이처럼 퇴계는 12세 때부터 학문에 뜻을 세웠으며, 그 뜻을 거경하여 마음을 바로 지키면서 자신이 제자들에게 설법하였던 대로 말할 때도, 움직일 때도, 앉아있을 때도 항상 지극한 마음과 정선된 마음으로 지경(持敬)하여 학문에 정진하였던 것이다.

거경이 퇴계의 마음을 바로잡는 방법이었다면 궁리는 퇴계 학문의 한결같은 화두였다.

'궁리'는 문장 그대로 '리를 깊이 연구한다는 뜻'인데, 일찍이 12세 때 『논어』를 읽다가 주자의 집주를 통해 '리란 무엇인가'를 골똘히 생각하고 마침내 송재공에게 '리란 모든 사물이 마땅히 그래야 할 시(是)를 리라고 하는 것입니까' 하고 질문한 이래 퇴계의 평생화두가 되었던 것이다.

그 유명한 퇴계의 '이기이원론'이란 것도 결국 '리'의 핵심을 꿰뚫어본 퇴계 사상의 골수인 것이다.

공자는 『논어』를 통해 인간으로서 마땅히 지켜야 할 인, 의, 예, 지와 같은 도덕률, 즉 '인간의 조건'을 제시하고는 있지만 이성에 대해서는 거의 침묵하고 있다.

이성에 대해서 처음으로 문제를 제기한 사람은 공자보다 1세기 후에 태어난 공자의 후계자인 맹자였다. 맹자는 공자의 사상을 한 단계 발전시켜 끌어올린 중시조로 유교가 '공맹사상'으로까지 불리우는 것은 맹자로 인해 비로소 공자의 유가사상이 체계적으로 자리잡을 수 있었기 때문이었다.

맹자는 공자로부터 시작된 유가사상이 인간의 자유를 이해하면서 일종의 이성주의적 경향을 갖고 있음을 꿰뚫어보았다. 기독교나 불교 같은 세계적 종교가 신에게 의지하고 인간의 이성을 신적인 전지능력에 의지하고 있는 것에 반하여 공자의 유가는 오직 인간이 가진 이성을 지식의 근원으로 보고 있음을 맹자는 깨달았던 것이다.

물론 공자는 지식의 근원이 이성이라고 주장한 적은 없다. 공자는 다만 인간의 지식은 나면서부터 알고 있는 것(生而知之). 즉 천부적으로 형성된 지식과 다른 하나는 배워서 알게 되는 것(學而知之). 곧 후천적 학습을 통해 얻은 지식으로 나누고 있을 뿐이었다. 공자는 나면서부터 아는 것이 있음을 인정하면서도 천부적인 지식보다는 후천적인 노력을 더 중요시하고 있었다.

공자가 남긴 중요한 어록 중의 하나는 '아는 것을 안다고 하고, 모르는 것을 모른다고 한다는 것이 바로 아는 것이다.(知之爲知之

不知爲不知 是知也'란 말은 그러한 공자의 인식론을 극명하게 보여주고 있음인 것이다.

일반적으로 우리는 '알지 못하는 것(不知)'을 '지식이 없는 것(無知)'로 동일시한다. 그러나 '부지'와 '무지'는 현격한 차이가 있다. 왜냐하면 공자가 말하였던 '모르는 것을 모른다고 하는 것'은 '유지'이지 '무지'가 아니기 때문이다.

즉 모른다는 것을 인식하는 바로 그것이 실제로는 '아는 것을 추구해가는 인식의 출발점'이라고 공자는 주장하고 있었던 것이다.

소크라테스의 후계자인 플라톤은 인식의 발생을 힐난한 적이 있었다.

"주체(사람)가 완전히 무지한 상태에 있다면 인식은 생겨날 수가 없다. 절대 무지라는 조건에서는 인지(認知)의 문제는 발생할 수 없기 때문이다. 또 주체가 어떤 대상을 이미 잘 알고 있는 경우에도 인식의 문제는 대두되지 않는다. 이미 알고 있는 것은 더 이상 인식을 진행할 필요가 없기 때문이다."

플라톤은 스승 소크라테스의 핵심철학인 '너 자신을 알라'라는 명제에서 자신을 알기 위해서는 반드시 무지와 유지의 두 가지 대립을 걸쳐 인식을 선천적 지식의 기억으로 여기는 회고설의 중요성을 강조하였던 것이다.

맹자가 공자에 있어서 서양철학의 플라톤으로 불리고 있는 것은 바로 이러한 이유 때문이다.

그러나 맹자는 플라톤과는 달리 '스스로 모르는 것을 아는 것'은 무지함이 아니라 지식추구의 출발점, 즉 인식의 출발점으로 봄으로써 공자의 유가사상에 인식, 즉 이성의 숨결을 불어넣었던 것이다.

맹자는 이렇게 주장하였다.

"자유는 의지의 충동으로만 나타나는 것은 아니다. 자유는 항상 이성의 제약을 받기 마련이다."

따라서 맹자는 이성을 '나에게 있는 것(在我者)'과 '외부에 있는 것(在外者)'으로 구분하였다. 공자는 비교적 초기에 인식, 즉 이성을 발견했던 사상가였으나 근대적 의미의 의식론 체계를 수립하지는 못하였다. 교육자로서 공자는 자신이 가진 지식과 학습의 경험을 총동원하여 인식론의 문제를 제시해 놓고 있었을 뿐인 것이다.

이에 대해 맹자는 유가사상 속에 이성의 문제를 불어넣었던 아성(亞聖)이었다.

이러한 맹자의 '리' 사상은 후대의 유가들에 의해 보다 확대되고 보다 심화된다.

맹자에 의해서 발전된 유가사상은 천년의 세월을 거치는 동안 때로는 역사적으로 공격목표가 되어 비난을 받고 수면으로 가라앉기도 하고 때로는 칭송을 받는 등 부침을 거듭해오다가 마침내 주자를 비롯한 이정(二程, 정호와 정이 형제)에 의해서 맹자의 사후 천3백 년 후인 송 대에 이르러서야 비로소 동양사상의 원류가 되는 것이다.

특히 주자는 사상과 이론의 양면에서 맹자의 사상을 해설하고 숭상하였으며, 맹자사상의 지위를 높이는 데 힘써 『맹자』를 『논어』 『중용』 『대학』과 나란히 사서로 규정하고 『사서집주(四書集註)』를 저술하였다. 또한 『논맹정의(論孟精義)』 『사서혹문(四書或問)』을 펴내 맹자사상을 체계적으로 확대시켰는데, 퇴계는 바로 주자로부터 12세 때 '리'의 화두를 얻음으로써 평생 동안 주자의 영향에서 벗어나지 않았던 것이다.

일찍이 퇴계는 '나는 젊어서부터 학문에 뜻을 두었으나 뜻을 깨우쳐 줄 스승과 벗이 없어 헤매기를 수십 년에 어디서부터 착수할지를 몰라 헛되게 마음만 허비하였다'고 탄식하고 있었으나 실제로 퇴계는 공자에서 맹자로 다시 주자로 내려오는 유가사상의 법통을 이어받았던 유일한 적자였다.

주자.

그는 퇴계에 있어서 단 하나의 스승이자 오직 한 사람의 벗. 즉 도반이었다.

이러한 태도는 『퇴계언행록』곳곳에 나타나고 있다. 그 내용을 대충 헤아려 보면 다음과 같다.

"나는 젊어서부터 학문에 뜻을 두어 학문에 힘쓴 것이 없다고는 할 수 없으나 밝은 스승과 벗을 얻지 못하여 의혹된 것을 질문하여 풀지 못하였기 때문에 도리에 있어서 진전을 본 것이 없고, 또 학문이 성취되기도 전에 문득 벼슬길에 오르게 되어 또 학문에 전념할 수 없었다. 그러나 근년에 와서 『주자대전(朱子大全)』을 읽고 조금 깨달은 바가 있었다. 그러나 그 '문장'이 길고 그윽한 것이야 어찌 감히 엿볼 수가 있겠느냐."

퇴계가 말하였던 문장(門墻)이란 '대문과 울타리'를 말하는 것으로 일찍이 『논어』에 나오는 자공의 말에서 비롯된다.

많은 사람들이 자공을 빗대어 스승 공자보다 더 낫다고 빈정거리자 자공은 이러한 말로 스승의 위대함을 증언하고 있었던 것이다.

"나의 문과 울타리는 겨우 어깨에 미치는 정도라 바깥에서 들여다 볼 수가 있지만은 부자(夫子, 공자)의 문장은 높이가 두어 길이라 그 문을 찾아들어가지 못하면 그 안의 모든 것을 볼 수가 없습니다."

퇴계는 스승의 위대함을 칭송한 자공의 말을 인용하여 주자의 '길고 그윽한 경지'를 찬탄하고 있는 것이다.

퇴계는 이 『주자전서』를 자신의 교본으로 삼았다. 일찍이 한여름에 『주자전서』를 구해 읽다가 누가 더위로 몸을 상할까 걱정하면 '이 글을 읽으면 가슴속에서 문득 시원한 기운이 생기는 것을 깨닫게 되어 저절로 더위를 모르게 되는데 무슨 병이 생기겠는가'라고 대답하였던 것은 이미 상기한 내용이고, 『퇴계언행록』에 보면 퇴계가 이 『주자전서』를 얼마나 정독하였는가를 알려 주는 내용이 실려 있을 정도이다.

선생의 집에 『주자전서』 수사본(手寫本, 손으로 일일이 베껴 쓴 책)이 한 질이 있었는데, 매우 오래된 것으로 글자의 획이 거의 희미하여졌으니 선생이 읽어서 그렇게 된 것이었다. 그 뒤에 사람들이 『주자전서』를 인출(印出)한 것이 많았는데, 선생은 새 책을 얻을 때는 반드시 교정하면서 다시 한 번 읽음으로 장(章)마다 환하고 구(句)마다 익숙해져 그것을 몸과 마음에 수용함이 마치 직접 손으로 잡고 발로 디디듯, 귀로 듣고 눈으로 보는 듯하였다. 그러므로 일상생활에 있어서 말하고 침묵하며, 동(動)하고 정(靜)하며, 사양하고 받으며, 취하고 주며, 나아가 벼슬하며 (進), 들어와 집에 있고(退) 하는 데 있어 『주자전서』의 글에 들어맞지 않는 것이 없었다. 어쩌다 남이 질문하는 일이 있으면 선생은 반드시 이 책에 의거해서 대답하여 사정과 도리에 합당하지 않음이 없었다. 이것은 모두 자기가 실지로 알고 실지로 믿어 정신이 융합된 소치로서, 한갓 책에만 의지하고 귀와 입으로만 따르는 자의 할 수 있는 바가 아니었다.

자신이 직접 수사본으로 베껴서 책을 만들 만큼 금과옥조로 삼았던 『주자대전』. 너무나 정독해서 글자의 획이 희미할 정도로 닳아졌던 『주자대전』. 이러한 스승에 대해서 제자 우성전은 다음과 같이 증언하고 있다.

선생의 학문은 대개 주자로써 근본을 삼았으니 공리(功利)에도 그 뜻을 빼앗기지 않으셨고, 이단에도 현혹되지 않으셨다. 널리 알면서도 잡되지 않았고, 간략히 잡아도 고루하지 않았다. 학문을 의논할 때에는 반드시 성현을 근본으로 하면서 자신이 얻은 바의 진실을 참고하였다.

제자 정유일(鄭惟一)은 스승의 학문을 이렇게 기술하고 있다.

선생의 학문은 한결같이 정·주(程·朱)를 표본으로 삼았다. 경·의(敬·義)를 함께 가지고 지·행(知·行)이 아울러 나아가 표리가 일치하고 본말이 겸비하여 큰 근원을 밝게 보고, 큰 근본을 굳게 세웠으니 만일 그 조예를 논한다면 우리 동방에서 선생님 하나뿐일 것이다.

이처럼 정·주를 학문의 표준으로 삼았던 퇴계의 태도는 또 다른 제자 김부륜(金富倫)에 의해서 다음과 같이 기록되고 있다.

선생은 '학자가 도로 들어가는 문을 알고자 하거든 반드시 『주자대전』 가운데서 찾으면 학문의 힘쓸 곳을 얻기가 쉬울 것이다' 하셨다.

이처럼 퇴계는 주자를 학문의 문으로 보고 있었으며, 주자를 자신의 학곡(學鵠)으로 섬기고 있었다. 이러한 태도는 만년에 도산서당에서 지은 잡영(雜詠) 속에 분명히 드러나고 있다.

일찍이 공자의 제자 자공이 스승을 '감히 엿볼 수 없는 문장(門墻)'으로 표현하였듯이 퇴계도 주자를 '감히 넘을 수 없는 높은 담장'으로 표현하고 있는 것이다.

「정자인 오건이 떠나려 하여 지어 주다.(吳子强正宇將行贈別)」라는 시에서 퇴계는 노래하고 있다.

운곡의 주자가 남긴 글
백 세대의 스승이라
하늘에 닿고 땅에 서리어
털같이 가는 실에 들어 있네
그대에 감격스럽네 나귀에 책상자 실어 와

바로잡아 달라고 함이
나 부끄럽네 높은 담장
늙어서 엿볼 수 없었음이.
雲谷遺書百世師
際天蟠地入毫絲
感君轤笈來相訂
傀我宮墻老未窺

이 시는 오건이 나귀에 책상자를 싣고 와 잘못된 학문을 바로잡
아달라고 간청하자 비록 내가 늙어 궁궐의 담장 안을 엿볼 수는 없
지만 일찍이 맹자가 '성인은 백세의 스승이다.(聖人百世之師也)'
라고 말하였듯 하늘과 땅, 심지어 터럭같이 가는 실에도 숨어 있는
주자의 진리를 추천할 뿐이라는 퇴계의 마음을 나타내 보인 시인
것이다.

주자를 향한 퇴계의 존경심은 스스로 편찬한 『도산잡영(陶山雜
詠)』이란 만년의 시집 속에 몇 수 더 남아 전하고 있다.

퇴계는 애제자 김성일에게 시를 써서 자신의 마음을 전하고 있음
이다.

운곡의 주자의 글은
모든 성인의 마음전하여
읽어보니 해와 같아
어두운 그늘 깨뜨리네

평생에 나부산에

올라 바라보지도 않고

몇 차례나 어두운 길로 뛰어들어

잘못 찾아 헤매었던가.

雲谷書專千聖心

讀來如日破昏陰

平生不上羅浮望

幾向冥塗枉索尋

이 시는 주자께서 운곡에 서당을 짓고 살면서 천고의 모든 성인들의 마음을 온전히 전하였다. 읽어보니 마치 밝은 해와 같아 여태까지 몰랐던 어두운 의혹을 다 알게 하셨으니, 명나라의 진헌장(陳獻章, 학문을 하는 것은 오직 마음에서 구해야 한다고 주장했던 명대 심학의 거두)은 나부산(羅浮山)에 올라 힘써 게으르지 말기를 경계하였지만 나는 한번도 그곳에 올라가 보지도 않고 어두운 길로 잘못 뛰어들어 길을 잃고 헤매었음을 스스로 한탄하는 내용인 것이다.

이처럼 퇴계는 주자를 '자신의 어두움'을 깨트리는 '밝은 해'로 비유하였을 뿐 아니라 주자의 진리는 삼라만상 모든 것에 깃들어 있어 백세의 스승으로 섬기고 있었던 것이다.

퇴계의 이러한 태도는 또 다른 애제자 이덕홍(李德弘)이 찾아와 물었던 질문에 대한 퇴계의 대답에서도 극명하게 드러난다.

이덕홍은 '재질이 노둔하고 뒤처짐으로 과연 제대로 학문을 할 수 있겠습니까' 하고 근심하며 묻자 퇴계는 대답한다.

"공자의 문하에서 도를 전한 사람은 바로 재질이 우둔하다고 알려져 있던 증자였다. 그러니 어찌 노둔하다고 걱정을 하겠느냐. 다만 노둔한데도 독실을 하지 못한다면 그것이 근심일 따름이니라."

그러고 나서 다음과 같은 절구 한 수를 지어 이덕홍에서 전해준다. 「완락재에서 우연히 쓰다.(齋中偶書)」라는 제목의 시이다.

> 네 편으로 나누어 풀 매는데
> 한 편은 느릿느릿
> 손 빠른 세 편이
> 모두 그를 꾸짖네
> 빠른 사람이 뿌리 남겨
> 번거롭게 다시 뽑으니
> 느린 자만 못하겠네 처음부터
> 모조리 뽑아 버린 것만.
> 四兵耘草一兵遲
> 捷手三兵共詫伊
> 捷者留根煩再拔
> 不知遲者盡初時

자신의 노둔함을 근심하는 제자를 격려하기 위해서 준 퇴계의 이 절구는 유명한 주자의 일화를 인용한 것이었다.

『주자의 말씀을 분류함(朱子語類)』이라는 언행록에는 주자가 제자들에게 주는 교훈이 명기되어 있다.

어느 날 주자는 병산(屛山) 서당에서 독서를 하고 있었다. 하루는 여러 문인들과 함께 높은 산에 올랐는데, 풀이 무성한 것을 보고 여러 편으로 나누어 풀을 매게 하였다. 한편은 뿌리까지 찾아 뽑아버렸는데, 그리 많이 김을 매지 못하고, 나머지가 김맨 곳은 일제히 끝이 났다. 주자는 김을 다 매지 못한 사람을 보고 여러 학생들에게 물었다.

"여러분들은 여럿이서 김맨 것을 봤는데 어느 쪽이 빠른가."

그러자 여러 학생들이 "여러 패가 모두 빠른데 유독 이 한 사람만이 느립니다"고 손가락질하며 말하였다. 그러자 주자는 대답하였다.

"그렇지 않다. 내가 보기에는 이 사람만이 빠르다."

그래서 여러 패가 김맨 것을 자세히 보았더니 풀이 모두 완전히 제거되지 않았다. 그래서 모두 다시 불러와 새로 김을 매도록 하였다. 이에 주자는 다시 말하였다.

"저 패는 비록 그리 빠르지는 않았지만 그 속을 자세히 보면 뿌리까지 찾아 없애도록 하였다. 따라서 비록 한때의 어려움은 있었지만 오히려 한 번으로 공부를 끝마칠 수 있었다. 그러나 빠른 패의 몇몇은 또 처음부터 다시 공부를 해야 하니, 다만 처음에 빨리 하려고 하다가 실로 소홀히 하여 이렇게 힘을 낭비하게 된 것이다. 이것을 보는 것이 곧 학자가 책을 읽는 방법인 것이다."

속도가 빠르기보다 다소 늦더라도 뿌리까지 뽑아내는 철저한 공부를 강조한 주자의 가르침은 그대로 퇴계의 평생 학습법이 되었다.

철두철미(徹頭徹尾).

책을 읽고 학문에 정진하는 퇴계의 태도는 마치 코끼리가 한발 한발 내딛는 것과 같이 처음부터 끝까지 철저한 것이었다.

이에 대해 『퇴계언행록』에는 제자들이 평한 스승의 태도가 나온다.

"선생은 책을 읽을 때에는 바로 앉아 엄숙하게 외웠다. 문자에서는 그 새김을 찾고 글자에서는 뜻을 찾아서 비록 한 자 한 획에 미세한 것에서도 예사로 지나치지 않아서 어로시해(魚魯豕亥)의 헷갈리기 쉬운 것도 반드시 분별하고야 말았다. 그러나 일찍이 기왕 있는 글자를 지우거나 고치지 않고 그 글 위에다가 주를 붙이기를 '아무글자는 마땅히 아무 글자로 해야 하지 않을까'라고 곰곰이 생각하였으니, 그 자세하고 삼가고 정밀함이 이와 같았다."

특히 『퇴계언행록』에는 '기거와 어묵(語默)의 절(節)'이란 항목이 별도로 취급되어 있다. 이곳에 나타나고 있는 퇴계의 면학태도는 대략 다음과 같다.

"거처하는 곳은 조용하고 정돈되었으며, 책상은 반드시 말끔하게 치우고, 벽장에 가득한 책은 가지런히 순서대로 되어 있어서 어지럽지 않았다. 새벽에 일어나면 반드시 향불을 피우고 고요히 앉아 온종일 책을 읽어도 나태한 모습을 보이신 적이 없었다."

"평상시에는 날이 밝기 전에 일어나서 고요히 앉아 마음을 삼가고, 생각에 잠길 때에는 마치 흙으로 빚어 만든 사람 같았다. 그러나 학자들이 와서 묻는 일이 있으면 샅샅이 파고 캐어서 환히 가르쳐주었으므로 비록 아주 어리석은 사람이라도 모두 감동되어 깨달음이 있었다."

이렇듯 응연(凝然)하고, 적연(寂然)한 면학태도는 퇴계의 백세사표였던 주자의 뿌리를 뽑는 철저한 학구태도를 본받은 것이었으니, 실제로 퇴계는 주자를 학문의 문이라고까지 숭상하여 그를 일러 '주문(朱門)'으로까지 극찬하고 있었던 것이다.

퇴계가 주자를 '주문'으로 섬기고 있었다는 사실은 말년에 쓴 퇴계의 시를 보면 잘 알 수 있다.

병인년 겨울에 안동대도호부사로 있었던 행당공 윤복(尹復, 1512~1577)은 아들들을 퇴계에게 보내어 학문을 배우도록 한다. 아들들의 이름은 강중(剛中)과 흠중(欽中). 이들은 퇴계를 뵈옵고 '주서'의 뜻을 묻는다. 몇 달을 퇴계에게서 배운 이들이 안동으로 돌아가려 할 때 퇴계는 시를 지어 그들의 아버지인 행당공에게 보낸다.

주문의 글과 예법 두 가지 공부
온 성인의 근원이 예와서 밝아지네
알뜰히 남긴 글 극진한 가르침이요
정미로운 심법은 뭇 영재(英才) 길렀네
하염없이 나는 늙어 머리만 희였으니
그대가 거둔 공에 비하면 부끄럽기 한이 없네
다시 여러 아들 보내어 장님에 물어주니
어린 정 저버림을 앓아누워 깨닫노라.

퇴계를 태운 말은 마침내 버들밭을 지나 죽령고개에 이르렀다. 오르막 30리의 길을 다 올라 이제 내리막 30리의 고갯마루에 이른 것이었다. 아침 일찍 떠난 길이라 산마루턱에 이르렀어도 아직 해가 많이 남아 있었다.

오르는 중간 고비마다 퇴계는 산신당에 들러보기도 하고 한때는 거대한 석굴사원이 있었던 보국사 절터를 둘러보기도 하였다. 그러나 꼬박 하룻길 죽령을 넘으면서 퇴계는 지금까지 살아온 오십 평생의 과거를 돌이켜보고 있었으므로 마부가 이끄는 대로 말 위에 앉아 줄곧 깊은 생각에 잠겨 있었다.

퇴계는 말이 죽령고개에 이르자 마부에게 일러 말을 세우고 잠시 쉬어가기로 하였다. 지친 말에게 물을 먹이고 짐을 들고 가는 종자도 쉬게 할 요량이었다.

이제 고갯마루를 넘으면 그대로 경상도. 그러므로 버들밭을 지난 고갯마루는 충청도와 경상도의 갈림길인 것이다.

퇴계는 종자가 가져온 찬물을 마시고 묵묵히 산 아래로 펼쳐 보이는 아득한 벌판을 바라보았다. 옛 속담에 '마루 넘은 수레 넘어가기'란 말이 있듯이, 이제 풍기까지는 30리의 산길이라 하더라도 꼬불꼬불 내려가는 길이었으므로 지척지간인 것이다.

퇴계는 연화봉에서부터 연결된 백두대간이 도솔봉으로 이어져 산맥을 이루고 있는 소백산의 준령을 물끄러미 바라보았다. 그 험준한 산맥 사이로 죽령의 고갯길이 아슬아슬하게 펼쳐져 있었다.

소백산.

퇴계는 단양과 풍기 사이에 있는 소백산을 특히 사랑하고 있었다.

해발 1440미터의 소백산은 일찍이 한국의 노스트라다무스라 불리우던 예언자, 남사고(南師古, 1509~1570)가 '사람이 살 만한 산'이라고 넙죽 절하고 갔다던 명산. 백두대간인 태백산 어름에서 문득 서해를 향해 말머리를 돌려 내륙으로 달리다가 한껏 가쁜 숨을 몰아쉬는 곳이 바로 소백의 연봉들인 것이다.

퇴계가 소백산을 사랑하였다는 사실은, 죽령고개를 넘어 풍기군수로 전근한 이퇴계가 당시 충청감사로 있었던 형이 고향 예안으로 다니러 갈 때면 죽령에 쉼터를 마련하고 마중하고 배웅하던 두 곳의 주호자리가 남아 있었다는 사실을 통해 잘 알 수 있는 것이다.

이를 '잔운대'와 '촉령대'로 불렀다는데 지금은 그곳의 위치가 어디인지는 알려진 바 없다.

퇴계가 소백산을 사랑하였다는 것은 제자 김성일이 쓴 『퇴계언행록』의 내용을 보면 잘 알 수 있다.

군(郡, 풍기군. 그때 선생은 풍기의 군수로 있었다.)에 소백산이 있으니 곧 남쪽 갈래의 명산이다. 선생은 일찍이 말을 타고 혼자 가서 그 봉우리에 올랐다가 여러 날 만에 돌아오시곤 하였다. 표연(飄然)히 남악(南嶽)의 흥이 있었다.

김성일이 기록한 대로 퇴계는 혼자 말을 타고 소백산에 올랐다가 여러 날 만에 돌아올 만큼 소백산을 사랑하고 있었던 것이다. 그렇다면 퇴계는 어찌하여 소백산을 그토록 좋아하였을까.

그것은 김성일의 표현처럼 '남악의 흥' 때문이 아니었을까.

남악의 흥.

이는 일찍이 주자가 남악에 올라 속세를 떠날 뜻을 시로 읊은 사실을 의미한다. 남악은 형산(衡山)의 별칭으로 중국 오악(五岳) 중의 하나이다. 호남성에 있는 명산으로 주자는 29세 때부터 33세 때까지 남악에 살면서 사묘(祠廟)를 관장하는 벼슬을 지냈던 것이다. 이때 주자는 남악에서 '마음을 어지럽히지 않는 것이 공부의 본령(本嶺)'임을 깨닫고 세속을 떠날 결심을 하는 것이다.

형산에는 72개의 봉우리가 있는데 그 중에서 가장 높고(1290미터) 기암괴석의 유명한 봉우리는 축융봉(祝融峯)이었다.

주자는 축융봉에서 산의 본령을 본 것이 아니라 학문의 본령을 본 것이었다. 학문의 본령이야말로 마음을 어지럽히는 세속을 떠나는 길임을 깨달은 주자는 축융봉에서 「축융봉을 내려오며 쓴 시(醉下祝融峯 作詩)」란 제목의 시를 짓는다. 그 시의 내용은 다음과 같다.

내가 만리를 와서 기(氣) 바람을 타니
끊어진 계곡, 겹친 구름에 가슴이 호탕해지네
막걸리 석 잔에 호기가 일어
멋대로 읊조리며 축융봉을 날아서 내려온다.

주자가 28세 때 모든 관직을 버리고 남악에 칩거한 이후로 오직 학문과 저술에 전념하였듯이 퇴계 역시 48세 때 죽령고개를 넘은 이후로 더 이상 벼슬에 연연하지 않고 단호히 학문에 전념한다. 그런 의미에서 퇴계에 있어 소백산은 주자의 남악과도 같은 인생의 분기점이었던 것이다.

퇴계는 죽령 고갯마루에 앉아서 묵묵히 마음을 다잡아 결심하였다.

'지금까지 몇 번이나 벼슬길에 올랐던가. 34세의 늦은 나이로 첫 출사한 뒤부터 오늘에 이르기까지 30여 종의 벼슬을 하지 않았던가. 그러나 주자는 28세의 나이 때 과감히 퇴직하여 남악의 형산으로 올라가 속세를 버리고 학문에 전념하였다. 주자에 비하면 나는 이미 20년이나 늦은 것이다.'

아득한 시야 저편으로 굽이쳐 흘러내린 소백산은 그야말로 형형색색의 단풍으로 휘황찬란하게 물들어 있었다. 그 순간 퇴계의 머릿속으로 주자의 목소리가 천둥이 되어 울려 퍼졌다.

"도가 있으면 반드시 완전히 태평해지기를 기다려서 나아갈 것이 아니오. 도가 없으면 또한 반드시 어지러워지기를 기다려서 숨는 것이 아니다. 도가 있다 함은 마치 하늘이 곧 새벽이 되려는 것과 같아서 비록 아주 밝지는 않았어도 지금부터 밝음을 향해가는 것이니 나아가지 않을 수 없는 것이오. 도가 없다 함은 마치 하늘이 곧 밤이 되려는 것과 같아서 비록 아주 어둡지는 않았어도 지금부터 어두움을 향해가는 것이니 모름지기 기틀을 보아서 행동하여야 한다."

퇴계의 존경하는 스승 주문의 육성은 사자후가 되어 퇴계의 뇌리에 내리박혔다.

'무엇을 망설이고 있는가.'

282

퇴계는 모골이 송연해짐을 느꼈다.

'주문의 말처럼 하늘이 새벽이 되려는 것과 같아서 아직 밝지는 않았어도 밝음을 향해가는 것이니 '나아가지 않을 수 없는 길'이 아닐 것인가. 그러므로 더 이상 늦어서는 안 된다. 이것이 어차피 마지막 기회인 것이다.'

퇴계는 종자가 준 냉수를 단숨에 들이키면서 자신의 과거를 되돌아 보았다. 순간 퇴계는 견딜 수 없는 부끄러움을 느꼈다.

퇴계는 스스로를 깊이 자성하였다. 이에 대해 퇴계는 『퇴계언행록』에서 고백하고 있다.

나는 젊어서부터 병이 많아 사마시에 합격한 뒤부터는 더욱 벼슬에 나가려는 뜻이 없고 오직 부모를 받들고 몸을 보살필 생각뿐이었다. 그런데 백씨 중씨의 간절한 권고 때문에 다시 반궁(泮宮)에 유학하여 과거를 볼 계획을 세워 여러 달 힘을 써보았으나 일에 많은 구속을 받게 되었다. 시끄럽고 분주함 속에 살게 되니 정신이 어지럽고 휘둘리어 밤중에 생각해보면 견디기 어려울 지경이었다. 그러나 얼마 안 되어 과거에 합격되었으므로 오늘에 이르게 된 것이다.

이렇듯 퇴계는 견디기 어려운 분주한 생활 속에 살고 있으면서도 나라에서 내리는 벼슬을 과감히 뿌리치지는 못하였다. 이는 '임금의 은혜가 하늘처럼 무거운데 어찌 이를 물리칠 수 있는가' 하는 신하된 도리 때문이었다. 그러나 죽령 고갯마루 위에서 퇴계는 그러한 자신의 태도가 주자의 말처럼 결코 옳은 것이 아님을 깨달았던 것이다.

이는 퇴계에 있어 중요한 변화 중의 하나이다.

48세 되던 해 죽령을 넘기 이전에 퇴계는 29종의 벼슬을 하면서도 이를 사퇴하여 물러가기를 한결같이 청하였으나 국가에서 퇴계를 원하면 어쩔 수 없이 이를 물리치지 못하고 받아들였다. 그러나 죽령을 넘어 부임한 풍기군수를 끝으로 경상도 감사에게 사직원서를 낸 이후부터는 허락도 없이 회보를 기다리지 않고 무단으로 행장을 꾸려 고향으로 돌아가 버리는 일이 비일비재하였던 것이다.

허락도 없이 직책을 떠났다고 해서 경상도 감사로부터 2계급 강등처분까지 받았지만 이를 전혀 개의치 않았던 것이다. 심지어 임금으로부터 부르심을 받고 입경하였을 때도 퇴계는 신병과 노쇠, 재능의 부족과 직책의 불감당, 염치 등 네 가지의 이유를 들어 사퇴원을 내던지고 고향으로 내려오는 것이다.

퇴계는 49세 되던 명종 4년 9월에 감사에게 군수 사임장을 올린 것을 시작으로 70세가 되던 선조 3년 9월에 최후 사장(乞致 辭狀)을 올리기까지 무려 53회의 사퇴원을 낸다.

이것은 퇴계가 죽령고개를 넘을 때 느낀 대오 각성 때문이었다.

이때의 깨달음은 「무오사직소(戊午辭職疏)」 중에 나오는 내용을 통해 짐작할 수 있다.

……신이 비록 무식하오나 어려서부터 임금을 섬기는 도는 익히 들었사옵나이다. 이른바 '불사가(不俟駕, 임금이 부르면 수레

284

를 기다릴 틈이 없이 바빠 감)'가 임금께 공경을 다하는 일인 줄 어찌 모르겠습니까. 그런데 한 모퉁이를 고수하여 뭇사람이 비난하고 의심하는 속에서도 '물러갈 뜻'을 변치 않은 것은 그 나아감이 임금 섬기는 의리에 크게 어긋나지 않을까 두려워하지 않기 때문입니다. 도대체 의란 무엇입니까. 일의 마땅한 것입니다. 그러면 어리석음을 속이고 벼슬자리를 도적질하는 것이 마땅한 것입니까. 병든 몸으로 일도 못하면서 녹만 타먹는 것이 마땅한 일입니까. 빈 이름으로 세상 사람을 속이는 것이 마땅한 것입니까. 나가서는 안 될 것을 알면서 덮어놓고 나가는 것이 마땅한 것입니까. 이 다섯 가지 마땅치 못함을 가지고 감히 조정에 나선다면 신하된 도리에 어찌 그럴 수가 있겠습니까. 엎드려 바라옵건대 신의 어리석음을 살피시고 신의 병든 몸을 가긍히 여기시어 전리(田里)에 물러가 있게 해주옵소서.

불사가.

이는 유가에서 말하는 오륜 중의 하나인 군신유의에 관한 중요한 덕목이었다. 이 구절은 『논어』의 「향당(鄕黨)편」에 나오는 말로 공자의 다음과 같은 태도를 가리키고 있음이었다.

"병이 들었을 때 임금이 문병오시면 머리를 동쪽에 두시고 조복을 위에 덮고 큰 띠를 그 위에 걸쳐놓고 맞으셨다. 임금이 오라는 명이 내리면 수레가 준비되기를 기다리지 않고 떠나셨다.(疾 君親之 東首加朝服 拖紳君命召 不俟駕行矣)"

지금까지 퇴계는 공자의 가르침을 본받아 임금이 오라는 명이 있으면 물러가기를 청하였다가도 어쩔 수 없이 수레를 타고 기다리지 않고 떠났던 것이다.

그러나 죽령을 넘어 풍기군수를 끝으로 퇴계는 더 이상 임금의 부르심이 있다 하더라도 유의에 매달려 벼슬에 연연하지 않았다.

이에 대해 퇴계는 죽령을 넘기 전과 죽령을 넘은 후를 '앞과 뒤'로 나누고 이에 대해 설명하고 있다.

"나의 인생에 있어 나아가고 물러감에 있어서 '앞과 뒤(前後)'가 다른 듯하다. 전에는 임금의 명령을 듣기만 하면 곧 달려갔으나 뒤에는 부르시면 반드시 사양하였으며, 가더라도 굳이 머무르지 않았다. 자리가 낮으면 움직임이 가벼우므로 한번 나가볼 수도 있지만 벼슬이 높으면 책임이 큰데 어찌 가벼이 나갈 수 있겠는가. 옛날 사람들은 벼슬을 받으면 곧 가서 '임금의 은혜가 하늘처럼 무거운데 어찌 물러가겠습니까' 고 하였다. 하지만 내 생각으로는 그렇지 않은 것 같다. 만약 나아가고 물러가는 대의(大義)를 돌아보지 않고 임금의 사랑만을 따를 것을 생각하면 이것은 임금이 신하를 부리고 신하가 임금을 섬기는 것을 예의로써 하는 것이 아니라 작록(爵祿)으로 하는 것이니 그 어찌 옳겠는가."

이러한 태도의 변화는 퇴계의 인생에서 중요한 전환기를 맞게 하게 된다.

그전까지 퇴계는 공자의 '학문을 하면 녹이 그 가운데 있다.(學也祿在其中)' 라는 말과 자하의 '벼슬을 하고 여유 있으면 학문을 하고, 학문을 해서 여유 있으면 벼슬한다.(仕而優則學 學而優則仕)' 라는 말에 충실하여 벼슬과 학문을 병행하였던 것이다.

그러나 퇴계는 마침내 단양군수를 떠나는 죽령 고갯마루에서 그
것의 불가함을 깨달았던 것이다. 어차피 작록이란 벼슬과 학문 사
이에 게재되어 있으므로 전념할 수 없으면서도 임금의 사랑을 이유
로 해서 벼슬을 하는 것은 곧 작록을 훔치는 도둑이라는 사실을 깨
달았던 것이다.

이 때의 결심이 퇴계의 인생을 '앞과 뒤'로 나누며 퇴계의 학문을
'전반기'와 '후반기'로 나누는 분기점이 되는 것이다.

후반기의 이러한 태도에 대해 제자들은 다소 의아해하였다. 제자
들은 스승이 사직원서를 내고서도 회보를 기다리지 않고 무단으로
고향으로 돌아온 사실이 국법을 어긴 것이 아니냐는 의문을 갖고
있었고 특히 명종이 승하하였을 때 인산(因山)도 마치기 전에 서울
을 떠나 귀향에 나서 시론이 분분할 지경에까지 이르렀음을 잘 알
고 있었던 것이다.

'인산'이란 임금이 승하하였을 때 하는 국장으로, 신하는 마땅히
장례가 끝날 때까지 서울에 머물면서 조의를 표하는 것이 신하된
도리였기 때문이었다.

인산이 끝나기도 전에 고향으로 돌아가 버린 퇴계의 태도에 대
해 그 '출처대의(出處大義)'가 의심된다고 여론이 들끓자 당시 홍
문관의 응교(應教)로 있던 기대승은 일반여론의 분위기를 편지로
전한다. 이때 퇴계는 다음과 같은 내용의 답장을 보낸다.

……나의 처신은 참으로 어렵다. 왜냐하면 나는 첫째로 대우
(大愚, 크게 어리석음) 하고, 둘째는 극병(劇病, 병이 심함)하며, 셋

째로 허명(虛名, 빈 이름)만 내었고, 넷째로 오은(誤恩, 그릇되게 임금의 은총을 받음)만 받아왔다. 이 네 가지가 한곳에 몰려 서로 모순되고 방해되니 옛사람에 비춰보아도 나처럼 어리석은 사람이 없었고 지금 사람에 견주어보아도 나처럼 병이 심한 사람이 없다. 허명을 피하려 하면 허명이 매양 따라오고 오은을 사퇴하려 하면 오은이 오히려 더 가해진다. 그렇다고 해서 대우로써 허명을 채우려 하나 그것은 망령된 일이요, 극병으로써 오은을 받아 당하려 하니 그것 또한 염치없는 짓이다. 염치없는 자로서 망령된 일을 한다는 것은 덕에 있어서 상서롭지 못하고 사람에게 있어서 길할 것이 아니요, 나라에 있어서도 해가 되는 것이다. 내가 벼슬맡기를 꺼려하고 항상 물러서려 하는 것이 어찌 다른 뜻이 있겠는가. 오직 이 네 가지 결함과 두 가지 걱정 때문이다.

그러고 나서 퇴계는 자신이 세운 중요한 원칙에 대해 부연설명하고 있다.

……옛 군자는 진퇴의 명분이 밝아서 조금도 함부로 하지 않았다. 맡은 직책을 조금이라도 다하지 못하면 반드시 몸을 들어 그 자리에서 떠나는 것이다. 그 임금 사랑하는 점에 있어서는 차마 하지 못할 일이지만 그러나 이 때문에 물러감을 그만두지 않는 것은 그 의에 있어서 몸을 그대로 둘 수 없으니 반드시 그 몸을 물러나게 해야 의에 따르는 것이 되지 않겠는가. 이런 때를 당하면 차마 못하는 정이 있다 하더라도 의에 굴하지 않을

수 없다.

　명종이 승하하였을 때 인산이 끝나기도 전에 곧바로 귀향해버린
자신에 대해 나쁜 여론이 들끓자 퇴계는 변명하기보다는 오히려 단
호하게 자신의 입장을 밝히는 것이다.

　퇴계의 편지에 나오는 '옛 군자는 진퇴명분이 밝아서 조금도 함부
로 하지 않는다' 는 구절 역시 죽령고개를 넘을 때 퇴계가 깨달은 중
요한 진리였다.

　이는 주자가 편찬한 『송명신언행록』이라는 책 속에 나오는 옛 군
자들의 진퇴를 퇴계가 심사숙고하고 이들의 태도를 본받은 것이었
다. 『송명신언행록』은 송나라 때의 유명한 신하들의 언행을 기록한
책으로 제왕학의 교재로서 널리 읽힌 책이었다.

　여기에는 두범(杜範)이란 명신 이야기가 나오고 있다.

　두범은 자기의 의견이 받아들여지지 않자 임금 이종(理宗)에게
이를 항의하는 상소문을 쓰고 즉시 물러가기를 청하였다. 임금은
정성껏 만류하였으나 두범은 오히려 더 물러가기를 마지않았기 때
문에 임금은 두범을 막기 위해서 성문을 닫을 것을 명령하였던 것
이다. 이는 공자의 불사가 정신에 위배되는 불충한 신하로서의 태
도였다. 그러나 보다 큰 의를 위해서는 임금의 어명이라 할지라도
이를 단호히 물리칠 수 있는 용단을 내릴 수 있어야 한다는 사실을
퇴계는 비로소 깨달았던 것이다.

　그러나 퇴계의 제자들은 이에 대해 여전히 의구심을 갖고 있었
다. 따라서 제자들은 퇴계에게 다음과 같이 물었다고 『퇴계언행록』

은 기록하고 있다.

"벼슬하는 사람으로서 의로써 마땅히 물러나야 할 경우에는 임금이 비록 만류한다고 하더라도 글만 올리고는 그 명령을 기다리지 않고 바로 가버릴 수 있겠습니까. 아니면 임금에게 나아가는 것이 옳겠습니까."

제자들의 질문은 임금이 성문을 닫아 만류했음에도 불구하고 곧바로 성을 나가버린 두범의 행동이 옳은 것이냐 그른 것이냐를 묻는 내용이었다. 이는 두범의 행동을 빗대어 스승의 진의를 엿보려는 다목적용 질문이었던 것이다. 이에 대해 퇴계는 이렇게 대답한다.

"옛 군자였던 범순인(范純仁)은 귀양살이에서 돌아오는 도중에 임금 휘종(徽宗)이 사신을 보내어 불렀으나 자신은 늙고 병들었다 하여 사양하고 곧 자기 고향으로 돌아가 버렸다. 그렇다고 범순인을 불의한 사람이라고 말할 수는 없을 것이다."

범순인은 '내가 평생을 통해 배운 것은 충(忠, 충성)과 서(恕, 용서) 두 글자뿐이다. 이것은 평생을 두고 써도 부족함이 없다'고 말하였던 송나라 최고의 명신. 범순인의 이 말은 일찍이 공자가 '나의 도는 하나로 관통되어 있다'고 하였을 때 다른 제자들이 뜻을 몰라 증자에게 묻자 대답한 증자의 말을 인용한 것이다. 증자는 '선생님의 도는 충과 서에 있다'는 대답으로 공자의 사상을 요약하고 있는데 범순인은 그 말을 평생의 좌우명으로 삼고 있었던 것이다.

특히 남을 용서함의 중요성에 대해 범순인은 말하고 있다.

"남을 꾸짖는 마음으로 자신을 꾸짖고 자신을 용서하는 마음으로 남을 용서하라."

범순인은 임금이 사신을 보내어 자신을 불렀음에도 불구하고 늙고 병들었다고만 대답하고 곧 고향으로 돌아가 버렸다는 고사를 불의가 아니라는 결론으로 퇴계는 자신의 입장을 밝히고 있음인 것이다.

퇴계의 대답은 다시 이어진다.

"또 오징(吳澄)은 나라를 버리고 떠나가는 날에 임금이 사신을 보내어 좇았으나 미치지 못하고 곧바로 가버렸다. 이를 본다면 옛 군자들도 또한 명령을 기다리지 않고 간 사람이 있었던 것이다."

퇴계가 말하였던 오징은 오초려(吳草廬, 1249~1333)라 불리웠던 원나라의 유학자. 원래 그는 남송의 학자였으나 남송이 멸망하자 나라를 버리고 원나라의 벼슬에 올라 경서를 깊이 연구, 발전시켰던 성리학자였다.

오초려가 나라를 버리고 원나라에 입주하려는 것을 임금이 말렸으나 오초려는 단호히 나라까지 버렸던 것이다. 자신의 학문을 위해서 나라까지 버렸던 오초려의 행동을 변호하는 퇴계의 대답은 위인지학(爲人之學)에서 위기지학(爲己之學)으로 바뀌어가는 퇴계의 학문관을 분명하게 드러내보이고 있음인 것이다.

위기지학.

자기의 인격이나 학식, 덕행의 향상과 실천을 목적으로 하는 학문. 곧 군자학이야말로 앞으로 전념해야 할 학문의 방향임을 깨달았던 것이다.

이 모두가 죽령 고갯마루 위에서 깨달은 절대원칙이었으니 소백산은 퇴계에 있어서 과거를 청산하는 대발심(大發心)의 출가처인지도 모른다.

공자는 68세 때에 이르러 13년에 걸친 주유열국을 끝내고 고향으로 돌아온다. 그런 의미에서 48세 때 죽령고개를 넘으며 내린 퇴계의 결단은 마치 고향으로 돌아오는 공자의 행위에 비할 수 있다. 또한 주자는 28세 때에 이르러 남악에서 세속을 버릴 것을 결심하는데 그렇게 보면 죽령은 퇴계에게 있어 남악의 결단이라고 말할 수 있는 것이다.

주자에 비한다면 20년 늦은 출가행위이고 공자에 비한다면 20년 빠른 출가행위니 그렇다면 늦지도 빠르지도 않은 가장 알맞은 때에 단행한 퇴계 인생에 있어서의 가장 중요한 제2의 출가행이었던 것이다.

이러한 결심은 훗날 제자들이 스승에게 조광조를 주자에 빗대어 물었던 질문에 답변한 퇴계의 내용을 통해 분명하게 드러나고 있다.

제자 우성전은 어느 날 퇴계에게 다음과 같이 묻는다.

"만일 주자가 기묘년에 임금의 부르심을 받게 되었다면 과연 나아갔겠습니까."

우성전의 이 질문은 의미심장한 뜻을 내포하고 있다.

기묘년은 바로 조광조가 중종으로부터 사약을 받고 죽은 1519년을 가리키는 말로 기묘사화가 일어난 해.

그러므로 우성전은 정암 조광조가 임금의 총애를 받고 개혁을 하다가 마침내 사화 끝에 목숨을 잃은 일이 과연 옳은 것이냐 아니면 어리석은 행동이냐를 묻는 질의였다.

이미 조광조를 비롯한 사림파들을 존경하여 행장기까지 지은 퇴계에게 나아가는 출사(出仕)가 옳은 것이냐 아니면 물러가는 치사 (致仕)가 옳은 것이냐는 질문을 던짐으로써 퇴계의 진의를 파악하려는 의도였던 것이다.

특히 우성전은 정암 조광조를 퇴계가 가장 존경하고 있는 주자와 비교하여 감히 질문을 던짐으로써 한 치의 빈틈도 용납하지 않겠다는 제자로서의 결의마저 번득이고 있는 준엄한 질문이었던 것이다. 이에 퇴계는 대답한다.

"주자는 반드시 나아갔을 것이다. 그러나 기묘년, 사람들은 끝에 가서 너무 지나쳐서 몸을 상하게 된 것이다. 정암은 그 잘못을 고치려 했으나 젊은 무리들은 따르지 않았다. 따라서 내 생각으로는 이렇다. 주자로서 그런 때를 당하게 되면 틀림없이 하루도 조정에 있지 않았을 것이다."

'물론 나가긴 하겠지만 자신의 뜻이 받아들여지지 않을 때를 당하게 되면 틀림없이 하루도 조정에 있지 않을 것이다'라는 퇴계의 대답은 '나의 인생에 있어 나아가고 물러감이 앞과 뒤가 다른 듯하다. 전에는 임금의 명령을 듣기만 하면 곧 달려갔으나 뒤에는 부르시면 반드시 사양하였으며 가더라도 굳이 머무르지 않았다'는 말과 일치하는 대답인 것이다.

퇴계의 이러한 절대원칙은 죽령 고갯마루에서 주자를 통해 깨달았던 철칙이었다. 그런 의미에서 죽령은 퇴계에 있어 학문의 화두를 타파한 견성처이자 '리'의 본자리를 꿰뚫어본 구경(究竟)인 것이다.

퇴계의 이러한 마음은 그가 남긴 한시를 통해 여실히 드러나고 있다.

명종 21년 서기 1566년.

퇴계는 명종으로부터 공조판서와 홍문관 대제학의 높은 벼슬을 제수 받는다. 이미 50여 회의 사퇴원을 제출하였으나 명종으로부터 출사하기를 간곡히 요청하는 부름을 거듭 받자 퇴계는 66세의 나이로 어쩔 수 없이 서울로 가던 중 풍기에서 병을 얻는다.

이때 퇴계는 죽령고개를 넘으며 자신의 심정을 노래하고 있다.

『병인도병록(丙寅道病錄)』에 실린 이 시는 최근에야 발굴되었는데, 그동안 미공개되었던 이 시의 제목은 「이월초육일대풍설(二月初六日大風雪)」, '이월 초엿새에 눈보라가 몰아치다' 라는 뜻의 이 제목은 벼슬에서 물러나기를 간절히 원하는 '걸치사(乞致辭)'의 심정이 통절하게 드러나고 있다.

눈보라치는 한겨울에 죽령고개를 넘으면서 병든 퇴계는 노래하고 있다.

눈 덮인 죽령고개 하늘 높이 솟았는데
소 떼가 달려가듯 세찬 바람 불어오네
은혜로운 임의 명령 언제나 내릴는지
온갖 병든 외로운 신하 간절히 바라노라.
雪嶺截半空
陰風如逐萬牛雄
九天恩何時下
百病孤臣正渴衷

294

퇴계가 이 시를 얼마나 소중히 여기고 있었던가는 이 시에 퇴계 스스로 '꼭 집어넣어라.(此首當考入)'는 부전지를 붙여 놓았던 것을 통해 잘 알 수 있다.

이 시를 통해 퇴계가 죽령고개를 자신의 일주문(一柱門)으로 삼고 있었음을 짐작할 수 있다. 일주문은 속계(俗界)와 진계(眞界)를 구별하는 사찰입구에 기둥을 하나씩만 세워 짓는다는 문. 기둥을 하나씩만 세운다는 것은 오직 일심(一心)으로 부처에 귀의한다는 의미를 지닌 것으로 퇴계는 죽령고개를 최후의 보루로 여기고 있었던 것이다. 즉 죽령고개 저편은 소 떼가 달려가듯 세찬 바람이 불어오는 권력과 세속이 흘러넘치는 화류항. 죽령고개 이편의 도산서당은 학문의 도량으로 퇴계는 죽령을 산문(山門)의 경계선으로 삼고 있었던 것이다.

추로지향(鄒魯之鄕).

가파른 죽령고갯길을 올라와 마루 위에서 펼쳐진 새로운 지평을 바라보면서 퇴계는 문득 추로지향이란 단어를 떠올렸다. 추로지향은 맹자가 추나라 사람이고 공자가 노나라 사람이라는 것을 뜻하는 말. 여기서부터 예부터 성현을 존경하며 도덕을 가지고 학문을 숭상하며 예의를 지키는 고장을 추로지향이라고 부르고 있으며, 또한 고학군자와 홍유석학(鴻儒碩學)이 많이 배출되는 고장을 일컬어 말함이었던 것이다.

추로지향이라는 단어가 떠오른 순간 퇴계는 종자가 떠온 차가운 냉수로도 풀리지 않았던 갈증이 씻은 듯이 사라지고 가슴속에 환희가 발분하는 것을 느꼈다.

순간 퇴계의 머릿속으로 공자와 맹자의 고향 추로에서 전해오는 말이 떠올랐다.

"자손에게 큰 상자 가득하게 황금을 남겨주는 것은 일경(一經)을 가르쳐주는 것보다 못하다."

퇴계의 얼굴에 미소가 떠올랐다. 염화시중(拈華示衆)의 미소였다.

'마찬가지로.'

퇴계는 중얼거려 말하였다.

'내가 벼슬길에 나서서 백성들에게 큰 상자 가득하게 황금을 가득 남겨준다 하더라도 이는 은둔하여 제자들에게 일경을 가르쳐주는 일보다 못한 것이다.'

"어디 있느냐."

퇴계는 고개를 들어 주위를 돌아보며 말하였다.

"예, 있습니다. 나으리."

멀찌감치 물러앉아 나무 그늘 아래에서 휴식을 취하고 있던 마부와 종자가 동시에 나는 듯 달려왔다.

"말에게 물은 먹였느냐."

"먹였나이다. 나으리."

"모두들 충분히 쉬었느냐."

"쉬었나이다."

마부가 대답하자 퇴계가 몸을 천천히 일으키면서 말하였다.

"그럼 이제 가자."

마부는 말을 끌고 왔다. 퇴계는 말 위에 올라탔다. 종자는 행장을 꾸려 들고 마부는 앞장서서 죽령고개를 내려가기 시작하였다.

쩔렁쩔렁.

말모가지에 매달린 삼환령이 방울 소리를 내며 울었다.

'나는 이제 갈 것이다.'

말 위에 올라앉아 퇴계는 결심하였다.

'공자가 살았던 노나라와 맹자가 살았던 추나라의 고향으로 돌아갈 것이다. 추로지향으로 돌아가 맹자를 비롯한 도학군자와 주자를 비롯한 홍유석학들을 만날 것이다. 추로지향으로 가는 길에는 이제 아무런 걸림돌이 없을 것이다. 설혹 추상과 같은 주상의 어명이라 할지라도 내가 가는 길을 막아 세우지는 못할 것이다.'

퇴계를 태운 말은 우쭐우쭐 죽령고개를 타고 추로지향을 향해 내려갔다. 또한 퇴계는 수사(洙泗)와 낙민(洛閩)을 찾아가고 있음이었다.

수사는 공자가 살았던 '수수(洙水)'와 '사수(泗水)'에서 나온 말이고, '낙민'은 정자가 살던 '낙수(洛水)'와 주자가 살았던 '민(閩)' 땅의 지명이 합쳐져서 생긴 말. 퇴계는 공자가 태어난 노나라와 맹자가 태어난 추나라뿐 아니라 정자를 키운 낙수의 강과 주자가 살았던 민 땅을 찾아 제2의 출가행을 단행하였던 것이다.

결론적이지만 이로써 퇴계가 태어난 고향 온계(溫溪)는 퇴계(退溪)로 이름이 바뀌게 된다. 이로써 퇴계는 이황(李滉)의 호가 되는 것이다. 퇴계라는 호가 암시하듯 '은둔하여 물러서는 삶'으로 극적인 탈바꿈을 하게 되는 것이다.

그뿐인가.

퇴계를 낳은 안동은 조선의 '추로지향'이 되는 것이다.

이러한 마음은 퇴계가 자신이 살던 도산(陶山)남쪽에 서당을 짓기로 결심하고 읊은 시에 분명히 드러나고 있다. 퇴계는 직접 쓴 『도산잡영(陶山雜詠)』 속에서 '영지산의 한줄기가 동쪽으로 나와 도산이 되었는데 혹자는 말하기를 산이 또 이루어졌기 때문에 도산이라고 명명하였다고 하고, 혹자는 말하기를 산속에 질그릇 가마터가 있었기 때문에 그러한 사실을 가지고 이름을 붙인 것이라 한다'고 설명하고 있는데 퇴계는 바로 이곳 도산이 서당을 고쳐 지을 명당임을 깨닫고 다음과 같은 시 한 수를 짓는 것이다.

계상서당에 비바람 부니
침상조차 가려 주지 못하여
거처 옮기려고 빼어난 곳을 찾아
숲과 언덕을 누볐네
어찌 알았으리 백년토록
마음 두고 학문 닦을 땅이
바로 평소에 나무하고
고기 낚던 곳 곁에 있는 줄이야.
風雨溪堂不庇床
卜遷求勝徧林岡
那知百歲藏修地
只在平生采釣榜

퇴계의 이 시는 '봄을 찾아 헤매다가 집으로 돌아와 뜰에 핀 매화

꽃을 보니 바로 그곳에 봄이 와 있다'고 노래한 옛 선시를 떠올리게 한다.

퇴계는 이처럼 자신이 나무 하고 고기 잡던 고향이 바로 추로지향이자 낙민의 땅임을 비로소 깨달았던 것이다.

안동이 오늘날 조선의 '추로지향'으로 불리우는 것은 이처럼 퇴계가 세운 도산서당으로부터 뻗어 내린 유림의 숲 때문일 것이다.

(2부 4권에 계속)

유림의 숲과 숲 사이에 징검다리를 놓으며

　우선 『유림』의 전 6권 중 제1부 3권만을 상재키로 한다. 소설이 완성되기 전 미리 출간하는 경우는 『잃어버린 왕국』 이후 두 번째로 내겐 드문 예에 속한다. 그러나 『유림』의 제1부 3권은 연속성을 가진 대하소설이기는 하지만 따로 독립성을 지니고 있어 한 권씩 떼어내 출간해도 무리가 없다고 생각한다.

　왜냐하면 제1권은 공자의 지치주의(至治主義)를 현실정치에 접목시켜 보려다 실패하였던 개혁주의자 조광조의 사상과 생애를 다루고 있으며 제2권은 공자가 정치적 이념을 세상에 펼쳐보기 위해서 춘추전국을 순회하는 전기시대를 집중적으로 다루고 있고 제3권은 조광조와는 달리 공자의 사상을 학문적으로 거경궁리(居敬窮理)하였던 이퇴계의 생애를 독자적으로 다루고 있기 때문이다. 이퇴계의 생애도 제2권의 공자의 경우처럼 전기라고 할 수 있는 출사기(出仕期)를 다루고 있어 각 권마다 독립된 성격을 갖고 있는 것이다.

앞으로 쓸 제2부 역시 전 3권으로 제4권은 공자에서 퇴계로 이어지는 유가의 계승자들이었던 맹자를 비롯하여 순자, 묵자, 주자, 왕양명 등 유림의 숲을 다룰 예정이다. 제5권은 과감히 벼슬을 버리고 70세에 세상을 떠날 때까지 도산서당에서 학문에 정진하였던 퇴계의 은둔강학기(隱遁講學期)를 다룰 것이다. 퇴계사상의 골수인 '이기이원론(理氣二元論)'이 어떻게 형성되었으며 그것이 오늘을 사는 우리에게 어떠한 의미를 갖고 있는가 하는 철학적 질문을 던지는 한편 22세의 젊은 나이로 퇴계를 찾아와 단 사흘 동안이지만 깊은 영향을 받은 또 하나의 거유(巨儒) 이율곡의 사상도 함께 다루게 될 것이다.

제6권은 68세의 늦은 나이 때 고향으로 돌아와 73세의 나이로 숨을 거둘 때까지 불과 6년의 짧은 기간 동안에 인류의 교과서라고 할 수 있는 경전을 편찬하였으며 위대한 유교의 진리를 완성한 성인 공자의 생애를 공자의 고향 곡부를 통해 되살리게 될 것이다.

그러므로 먼저 상재하는 1부 3권은 유가의 전반기 원시림이라면 나중에 완성될 2부 3권은 유림의 숲이라고 할 수 있을 것이다.

나는 유교의 시조인 공자에서부터 유교의 완성자인 퇴계에 이르기까지의 유림의 숲을 주유함으로써 유교가 꽃피운 동양의 찬란한 사상과 황홀한 문화, 또한 동양정신이 낳은 대사상가들을 지금 이 시대에 시공을 초월하여 함께 되살림으로써 '하늘에 이르는 길'과 '사람에 이르는 길'과 '군자에 이르는 길'의 방향을 열어주고 싶은 것이다.

아직 마무리짓지 못한 대하소설에 작가 스스로 이처럼 후기를 쓰는 이유는 굳이 둑을 막지 않더라도 자연스럽게 강을 넘어갈 수 있도록 앞과 뒤의 강물에 징검다리를 놓으려 함인 것이다.

요즘 나는 내가 작가라는 사실에 무한 감사를 느낀다. 글쓰는 일이 이처럼 기쁘고 기쁘고 기쁜 요즘의 열정이 다리를 건너 유림의 숲이 끝나는 그곳까지 그대로 이어져 불꽃처럼 타오르기를 나는 소망한다.

2005년 여름 無二堂에서

최인호